Francesco Di Pietro

Filibustieri

Indice

Ouverture	9
Atto primo - Alcibiade	13
Contesto storico (V secolo a. C.)	15
Scena 1: esordio in Atene (450 – 415)	17
Scena 2: giravolta a Sparta (415 – 412)	42
Scena 3: salto mortale in Persia (412 – 407)	58
Scena 4: ritorno ad Atene (407 – 406)	85
Scena 5: morte gloriosa (404)	97
Scena 6: dichiarazione spontanea dell'imputato	103
Scena 7: requisitoria	110
Scena 8: arringa	119
Scena 9: sentenza	125
Atto secondo - Cesare Borgia	139
Contesto storico (XV/XVI secolo d.c.)	141
Scena 1: lo studente (1475 – 1493)	143
Scena 2: il cardinale (1493 – 1498)	159
Scena 3: il Duca Valentino (1498 – 1501)	194
Scena 4: il condottiero d'Italia (1501 – 1506)	214
Scena 5: morte gloriosa (1507)	234
Scena 6: dichiarazione spontanea dell'imputato	240
Scena 7: requisitoria	243
Scena 8: arringa	250
Scena 9: sentenza	257

Atto terzo - Catilina	267
Contesto storico (I secolo a.c.)	269
Scena 1: esperienze iniziali (108 – 67)	271
Scena 2: la prima congiura (66 – 65)	282
Scena 3: la seconda congiura (64 – 63)	288
Scena 4: la sconfitta (63)	325
Scena 5: morte gloriosa (gennaio 62)	349
Scena 6: dichiarazione spontanea dell'imputato	354
Scena 7: requisitoria	361
Scena 8: arringa	369
Scena 9: sentenza	377
Epilogo	385

Ouverture

Dai lineamenti delicati, soffusi tra barba e capelli candidi, eppure tutt'altro che vecchio nell'aspetto, il giudice siede solenne al posto d'onore nell'aula di tribunale ed osserva con limpidi occhi chiari il pubblico convenuto, ansioso di ascoltare la sua saggia parola.

Plutarco presenta il processo

Rendo riconoscente omaggio all'autore Francesco Di Pietro, che mi ha conferito l'impegno di scrutare nell'animo di tre celeberrimi personaggi la cui memoria non appare in purezza proprio adamantina.

Quell'uomo, fedele alle norme della convivenza civile, è incuriosito da figuri che assunsero a guida della vita tutt'altra bussola. Essi, infatti, maestri di tradimento, perversione, malvagità, raggiro, tramandarono ai posteri un'immagine banditesca, nel contesto delle rispettive epoche.

Eppure il mandante è attratto, in qualche modo, talchè mi sorprendo a pensare che egli, in fondo, addirittura li ammira e magari vorrebbe assomigliare a loro, pur sapendo di esserne incapace.

Francesco, questo è il suo nome, studia i tre briganti inverecondi e ne valuta la condotta non in ottica di inappellabile condanna, bensì per l'eventuale possibilità a essere riabilitati dal giudizio infamante diffuso e consolidato nella Storia.

Egli, pure sensibile alla suggestione romanzesca, non è sprovveduto e, se per un verso predilige l'atteggiamento corrivo verso i "cattivi" come futile *divertissement*, d'altro lato desidera capire se davvero i tre meritino l'indelebile suggello della vergogna o se invece la mala reputazione non derivi dal conformismo di storici superficiali, o da subdole trame avversarie.

Il revisionismo, d'altronde, cioè la propensione a valutare in meglio il dato storico cristallizzato in tinte fosche, è un approccio non certo infrequente, spesso fuorviante ma talvolta attendibile, e i nostri ceffi si prestano quant'altri mai a verificare tale assunto.

Quindi, dicevo, il mandante mi ha affidato l'ufficio di considerarne l'incidenza e, utilizzando il collaudato sistema delle Vite Parallele, ha scelto due uomini a me noti (greco e romano), poi ha allargato il tema inserendone un terzo, a me ignoto (europeo). Eccomi così giudice nel processo instaurato contro Alcibiade greco, Catilina romano, Cesare Borgia italico, spagnolo, europeo.

Orbene, ho ricevuto da Francesco puntuali istruzioni al riguardo.

Devo sovraintendere al dibattito tra rappresentanti d'accusa e difesa tenendo in pugno le redini con impegno di correttezza procedurale nell'esame di prove e testimoni.

Devo considerare per parametri e criteri obiettivi azioni e omissioni degli imputati ed al contempo sviscerare le pulsioni umane entro la complessa personalità.

Devo infine pronunciare una giusta sentenza, come già ho tentato su Alcibiade e Catilina, però senza lasciarmi andare all'indulgenza che condivido con il mandante nei confronti dei ribaldi in genere.

E di ciò ho dato non pochi esempi nelle Vite Parallele.

Sul metodo di indagine peraltro mi preme dichiarare una cautela nei confronti del pubblico: poiché non sono giudice di professione, non mi pronuncerò su reati classificati a rigor di codice, e meno che mai sancirò una pena precostituita tra minimo e massimo.

Non mi avvarrò pertanto di canoni strettamente tecnici giuridici, ma sonderò gli animi in intima analisi.

Il ruolo dell'accusa e della difesa, del resto, atti ad illuminare il mio cammino, sono stati attribuiti a uomini eccellenti per virtù e talento, cioè a coppie di notevole spessore, vissute dentro o fuori lo scenario politico sociale in cui gli imputati agirono:

- Licurgo e Solone su Alcibiade
- Ortensio e Cicerone su Catilina
- Francesco Guicciardini e Niccolò Machiavelli su Cesare Borgia

Francesco interviene

Perdonami Plutarco ma devo procedere a una rettifica: io ammiro te storico e filosofo, non i mascalzoni, come erroneamente presumi.
E tra questi ultimi, più che mai aborro i biechi mostri esecrati senza appello nella Storia dell'umanità quali, per un lapalissiano esempio, i due dittatori di opposta ideologia che ammorbarono il secolo XX. Cada quindi l'oblio su costoro poichè non è dato edificarvi intorno una qualsivoglia speculazione di revisionismo che possa modificare la demoniaca memoria.
Sui nostri imputati, invece, con cui mi identificherei, sì, ma solo per gioco di ruolo in rappresentazione scenica, non sono sicuro che essi abbiano ricevuto dalla Storia un equo giudizio.
Anzi, sono incline a ritenere che abbiano sofferto squallide calunnie e maldicenza.
Intravedo, infatti, nelle loro brevi epopee la presenza di un autentico ideale, seppure distorto nell'attuazione.
Ecco perché, in luogo di criminali, o farabutti, mi pare più consona la definizione di spregiudicati ed affascinanti avventurieri.
Ma procedi insigne giudice. La tua sapienza compensi il mio avviso dilettantesco. Emetti le sentenze che a te solo competono.

Plutarco conclude

Grazie ancora, Francesco. Si dia inizio dunque al dibattimento entro quest'aula rivestita di legno pregiato, dove il mio seggio protetto dai Carabinieri in alta uniforme si erge di fronte ai tavoli delle parti.

Atto primo

Alcibiade

Plutarco – L'abbinata Solone/Licurgo, nei rispettivi ruoli di difesa e accusa, è composta da figure non contemporanee all'imputato bensì assai più antiche. Entrambi leggendari legislatori, l'uno in Atene e l'altro a Sparta, essi furono protagonisti nelle mie Vite Parallele, uniti rispettivamente ai romani Publicola e Numa Pompilio. Solone visse in Atene all'epoca del tiranno Pisistrato, oltre un secolo prima rispetto ad Alcibiade, e ottenne la fiducia dei concittadini per la sua avveduta politica equidistante tra aristocrazia e popolo. Licurgo visse in Sparta circa tre secoli prima rispetto ad Alcibiade e dotò la Patria di un complesso di diritto ispirato all'eguaglianza ed al disprezzo per la ricchezza smodata, in rigore e severità. Anche Alcibiade fu un protagonista tra le mie Vite Parallele, unito al romano Coriolano.

Contesto storico (V secolo a. C.)

Scena 1: esordio in Atene (450 – 415)

Scena 2: giravolta a Sparta (415 – 412)

Scena 3: salto mortale in Persia (412 – 407)

Scena 4: ritorno ad Atene (407 – 406)

Scena 5: morte gloriosa (404)

Scena 6: dichiarazione spontanea dell'imputato

Scena 7: requisitoria

Scena 8: arringa

Scena 9: sentenza

Contesto storico (V secolo a. C.)

L'arco della vita di Alcibiade si estende dal 450 al 404 avanti Cristo, val a dire in uno scenario di conflitto armato quasi permanente, sia in terra sia in mare, nella penisola ellenica e nel Mediterraneo.
Le guerre del Peloponneso, cioè l'evento caratterizzante tale periodo (460 – 404 a.c.), abbracciarono un passo più lungo rispetto alla vita dell'imputato, coincidendo peraltro l'anno in cui cessarono le ostilità e l'anno della morte del soggetto.
La cronologia però è controversa: dopo il successo contro i persiani, infatti, a cui Atene e Sparta contribuirono in parti uguali, l'egemonia delle due πόλεις, parimenti distribuita sull'intera penisola ellenica, le trascinò infine al duello, e quindi sorse la prima delle due guerre, che iniziò nel 460 e finì nel 445 con un trattato di pace trentennale.
Alcibiade, per evidenti ragioni anagrafiche, rimase escluso.
In seguito a tale primo passaggio, del quale è contestata tra gli storici l'appartenenza al ciclo Peloponnesiaco nel senso stretto, l'equilibrio delle forze in campo non risultò sconvolto in modo irreparabile.
Atene, di stirpe ionica, incline alla cultura e al commercio, mantenne inalterato il fiorente impero marittimo, in regime di democrazia, non aliena da metodi coercitivi ed anche violenti contro le città suddite.
Sparta, di stirpe dorica, dedita alla disciplina guerresca, campione di oligarchia, rimase un'invincibile potenza terrestre nè perse un palmo del suo compatto territorio.
Ma inevitabilmente la guerra riesplose, nel 431, a causa di vari attriti pretestuosi che determinarono la denuncia anticipata del patto, sino a che nel 404 Atene uscì sconfitta e dilagò l'egemonia spartana.

In questo secondo passaggio lo scenario territoriale si articolò in via molto più estesa rispetto al precedente, con vicende più complesse e con imprevedibili e rivoluzionarie modifiche di schieramenti politici e di strategie belliche.

Atene e Sparta si combatterono con feroce accanimento, mentre pure l'impero persiano fu coinvolto, ma soltanto nelle persone dei satrapi dell'Asia minore e non dell'Imperatore, Re dei re.

Alcibiade, in particolare, esercitò un ruolo protagonista e militò con ciascuna delle parti (Atene, Sparta, Persia) fornendo in ogni fase, un apporto determinante.

La valutazione della sua condotta costituisce l'oggetto del processo.

Scena 1: esordio in Atene (450 – 415)

Dalla nascita alla partenza in campagna militare siciliana.

Plutarco – Innanzitutto parli l'imputato ed esponga il riepilogo di se stesso e delle proprie origini.

Bello, dalla chioma d'oro fluente, di imponente statura, abbagliante come un nume in armoniosa figura drappeggiata in elegante chitone rosso, l'imputato dardeggia spavaldo lo sguardo sprezzante.

Alcibiade – Non avrei potuto aspirare a una più illustre ascendenza, in Atene, se ricordo che mio padre, Clinia, già valoroso trierarca alla battaglia sull'Artemisio, proveniva dalla stirpe di Eurisace, un figlio dell'eroe omerico Aiace Telamonio, re di Salamina.
Dinomache, mia madre, nacque da Megacle, un illustre appartenente alla casata degli Alcmeonìdi, progenie di Nestore da Pilo, consigliere anziano del Re dei re Agamennone durante l'assedio di Troia.
Agariste poi, sorella di nonno Megacle e moglie di Santippo, generò Pericle, il magnifico custode dell'impero ateniese, talchè egli, cugino maggiore, assunse nei miei confronti l'ufficio del tutore mentre stava al culmine della straordinaria carriera politica.
La nascita entro il più elitario circolo aristocratico ateniese, pertanto, garantì a me l'ingresso agevolato entro l'arena politica, preceduto da una formazione di prim'ordine, impartita da grandi maestri: Socrate, primo fra tutti.

Plutarco – Grazie Alcibiade, non ti si richiede altro per il momento. Sia data pertanto la parola all'accusa per la chiamata del primo teste, con facoltà di controinterrogatorio dalla difesa.

Profonde rughe sulla fronte conferiscono un'espressione pensosa sul volto del vecchio legislatore spartano, ma non cancellano il carisma di uomo energico nonostante la veneranda età.

Licurgo – Iniziamo pure da Socrate allora, figura di riferimento atta a delineare i primi passi di Alcibiade nell'Atene del V secolo a.c.
Sia introdotto l'insigne principe della filosofia, venerato come tale in ogni tempo e luogo.

Il mormorio del pubblico riempie la breve attesa.

Plutarco – Eccoti alfine tra noi, maestro, preceduto dalla tua fama. Ti prego dunque, illustraci le glorie della città che fu il palcoscenico d'esordio di uno tra i più famosi dei tuoi discepoli ed amici.
Parlaci in libertà di Alcibiade, e delle imprese anteriori all'accesso in politica, prima che i rappresentanti dell'accusa e difesa rivolgano ad altri testimoni domande più circoscritte sugli eventi successivi.

L'innata eleganza di Plutarco e la superba avvenenza di Alcibiade si trovano in stridente contrasto con la parvenza esteriore del maestro.
Ripugnante omiciattolo, semicalvo e barbuto, dal volto grossolano e volgare, dal portamento sgraziato, accentuato dall'informe vestire.
A bene guardare, tuttavia, lo sguardo lampante di acuta intelligenza contraddice all'impressione immediata dell'ordinaria figura.

Socrate – Immagino, Plutarco, che tu invero, interpretando la parola di Licurgo, rappresentante di Sparta, rivale di Atene, sia propenso a concedermi sì l'elogio della mia città ove ebbi natali vent'anni prima di Alcibiade, ma solo per demolirne poi ogni immagine positiva.
Prevenendo pertanto tale presunta intenzione, procederò a un'analisi aperta e coinvolgerò non soltanto Atene e Sparta ma l'Ella-

de intera, contrapposta alla congerie dei barbari, per dimostrare, infine, che le gelosie e i rancori serpeggianti tra di noi, soli Elleni, furono la rovina della nostra splendida civiltà.

Splendida, per l'appunto, Omero definisce Atene nella remota epoca della guerra di Troia, quando la città inviò cinquanta navi in ausilio a re Agamennone, sotto il comando di Acamante e Demofoonte, i figli di Teseo, sovrano dalla mitica fondazione per opera della dea Atena, da cui la città stessa acquisì il nome.

Oltre alla chimerica genesi divina, Atene emerse nella Storia con la progressiva unione delle tribù dell'Attica nel corso del secolo VIII.

Allora, ai re, o antichi capi tribù, subentrò il collegio di nove arconti: eponimo, basileus, polemarco, più altri sei tesmoteti. Essi erano magistrati civili in carica per dieci anni, poi un solo anno, eletti dall'εκκλέσια: l'assemblea popolare.

Ma non si immagini per questa via un assetto democratico poiché il potere era accentrato nell'Areopago: il consiglio di trecento membri, fior fiore dell'aristocrazia, entro il quale si esercitava la giurisdizione per i misfatti di sangue, il controllo sugli atti degli arconti e giudizio finale sull'operato degli stessi, la custodia delle leggi.

Leggi arcaiche dapprima, inasprite in seguito da Dracone, un arconte che intervenne, nel VII secolo, per scongiurare il primo tentativo di fondare la tirannide per opera di Cilone, un aristocratico collegato da vincoli di famiglia con Teagene, il tiranno della vicina Megara.

Gli Alcmeonìdi, rivali oligarchi, trucidarono l'aspirante despota ed i suoi seguaci sinchè, senza abrogarsi il codice draconiano, un testo di estremo rigore in base al quale essi stessi vennero esiliati, subentrasti tu Solone, nel VI secolo, per neutralizzare la tirannia. Ha detto bene al riguardo Plutarco, rammentando che le tue riforme, Solone, furono caratterizzate da ammirevole imparzialità. Esse infatti, per un verso, esentarono il ceto meno abbiente dai debiti con garanzia sulla persona, riducibile così in schiavitù, e per un altro suddivisero il popolo in quattro classi di reddito, consentendo però solo alle più facoltose l'ingresso alle magistrature maggiori.

Un colpo al cerchio, uno alla botte, ma con la contestuale istituzione della βουλέ, a fianco all'Areopago: un consiglio di cento componenti per classe deputato ad inoltrare proposte da portare all'εκκλέσια.

Vastissimo fu il campo d'azione del *corpus iuris* solonico, sempre orientato al popolo ma non a scapito degli oligarchi.

Non ancora democrazia, pertanto, e infatti, al tuo breve governo fece seguito un periodo di torbidi sociali tra le diverse fazioni dal quale si concretizzò, nella seconda metà del VI secolo, la prima tirannia.

Pisistrato: due volte al potere, e due volte esiliato, si stabilizzò infine e dominò incontrastato in Atene sino alla morte (527 a. C.), facendo del collegio degli arconti un feudo personale.

Strano paradosso rappresentò per la città il transito di un tiranno che, schierandosi decisamente dalla parte delle classi nullatenenti, sminuì l'egemonia degli oligarchi e definì la base d'assetto democratico che portò progresso in agricoltura e nel sistema mercantile.

Con Pisistrato Atene prosperò in politica, arte, cultura, magnificenza architettonica, e crebbe in prestigio nei confronti delle altre πόλεις in allora più evolute.

A lui però seguirono i figli, Ippia e Ipparco, quasi per trasmissione personale del testimone, che non furono all'altezza del padre.

Dopo la morte di Ipparco per mano di Armodio e Aristogitone, Ippia rimase solo ed accentuò le più brutali prerogative dittatoriali.

Questi, allora, fu detronizzato da Cleomene re di Sparta, chiamato in aiuto dagli aristocratici, sinchè, dopo l'effimero governo voluto dagli spartani, venne Clistene, degli Alcmeonìdi già esiliati, che cacciò gli spartani e assunse il ruolo del primo vero riformatore democratico.

Egli infatti realizzò un rimescolamento radicale della popolazione, la quale venne distribuita in un centinaio di *demi*, ovvero circoscrizioni territoriali a loro volta componenti le *trittie*, riunite in dieci tribù.

Il sistema nel complesso fu ristrutturato a detrimento delle classi più ricche, che videro ricongiunto l'antico potere in una restaurata βουλέ dai quattrocento membri solonici a cinquecento, laddove in ciascuna delle tribù fu disposta la nomina di uno stratega, ovvero comandante militare, ferma restando la presenza degli arconti, cresciuta a dieci.

Al sorgere del V secolo Atene e Attica divennero davvero uno stato governato in democrazia, di cui in seguito si sarebbe tratto l'esempio non solo in Ellade bensì nel mondo intero allora conosciuto.

Io, Socrate, del demo di Alopece, vi sarei nato nel 470, e vissuto sino all'inizio del secolo successivo, assistendo entro lo spazio di una vita alla disfatta della mia città, in guerra e in politica.

Licurgo – Va bene, Socrate, sia sufficiente la mirabile sintesi sulla capitale dell'Attica.

Ora però ti invito a narrare, come hai preannunciato, le vicissitudini di Sparta, centro del Peloponneso, e delle altre πόλεις importanti nel periodo sul quale ti sei intrattenuto.

Entreremo quindi in *medias res*.

Prima però mi soffermo in breve a ricordare il ventennio eroico delle guerre persiane (499/479), un'architrave della Storia mondiale, che, di fronte alla minaccia di annientamento della civiltà ellenica, vide sì l'alleanza fra le città ma non una fusione unanime di intenti.

Durante il secolo medesimo, infatti, si accentuò la contrapposizione letale tra i blocchi attico e peloponnesiaco.

Quello, altresì, fu il secolo d'oro di Atene ed i protagonisti ne furono Temistocle, eroe alle guerre persiane, Cimone oligarchico, ed Efialte riformatore democratico, sino a Pericle, il cugino di Alcibiade, da lui denominato custode dell'impero, la fonte di inesauribili tributi e altre risorse dai sudditi: "primo cittadino" per gli amici, "occulto tiranno", secondo gli avversari.

Pericle, infatti, uno dei dieci strateghi, monopolizzò di fatto il potere per oltre trent'anni e, tra l'altro, ordinò d'autorità il trasferimento del tesoro della lega anti-persiana da Delo ad Atene, rendendola capitale ed usando le risorse apportate dagli aderenti non in opere di comune interesse ma soltanto in casa propria.

Socrate – Così fu, Licurgo, ma veniamo alla tua Sparta.

Menelao acquisì il trono reale dal suocero, Tindaro, papà di Elena di Troia, e guidò all'assalto di quella città solo dieci navi in più rispetto ad Atene, pur essendo egli parte lesa diretta nella guerra insorta per il rapimento di sua moglie, Elena, attuato dal troiano Paride.

Così narra l'intrigante leggenda omerica, ma la Storia porta invece al secolo VIII, quando Sparta acquisì altre regioni peloponnesiache.

Laconia, Messenia, Argolide, Acaia, cedettero all'egemonia e Sparta si configurò in monarchia, che la tradizione fa risalire a te, Licurgo, ma con due re in luogo di uno.

Re più rappresentativi che effettivi, invero, poiché il potere risiedeva altrove: l'assemblea dei cittadini, απέλλα, eleggeva la γερυσία, cioè l'organo ristretto dell'aristocrazia nonché cinque έφορες, i magistrati addetti al controllo sull'opera dei re.

Siffatta costituzione politica, fondamentalmente inalterata nel tempo, si reggeva sulla rigorosa suddivisione in tre classi: gli spartiati, unici titolari di diritti civili; i perieci, liberi cittadini, ma privi d'accesso a cariche pubbliche; gli iloti, veri e propri schiavi, molto numerosi e in perenne stato di ribellione latente.

L'onore delle armi era riservato soltanto agli spartiati, mentre perieci e iloti erano dediti all'agricoltura, con un maggior o minore grado di autonomia.

Sparta divenne una società oligarchica conservatrice con inflessibile vocazione militare, ma non incline a espansione territoriale fuori del Peloponneso e, men che mai, su rotte marittime, di cui invece Atene, dopo le guerre persiane, si rese dominatrice.

Licurgo – Ora, Socrate, appaiono chiari i termini dell'antagonismo formidabile tra Atene e Sparta che provocò infine le cruente guerre del Peloponneso, di cui a fondo andremo a trattare.
Ma, ti prego, completa il quadro includendovi almeno alcune tra le città comprimarie nel duello micidiale che distrusse la nostra civiltà.

Socrate – Sì, Licurgo, procederò in selezione, giacchè innumerevoli si contano popoli e città coinvolti nelle guerre del Peloponneso.
Ne distinguo cinque e comincio con Argo.
Da essa partirono per Troia ottanta navi, sotto la guida di Diomede, e Omero menziona spesso gli argivi nel senso onnicomprensivo, come se da soli rappresentassero tutto l'insieme dei popoli ellenici.
Argo comparve nella Storia come contendente a Sparta il primato sul Peloponneso, nel secolo VIII, ma venne sconfitta in più stadi e restò sempre la sua acerrima nemica mantenendo l'indipendenza grazie ad un'infida e precaria alleanza con Atene.
Corinto: di essa non è dato sapere quante navi salparono all'attacco di Troia, poiché il numero è ricompreso tra quelle cento soggette al comando diretto del re Agamennone.
Omero però la dice opulenta per lo splendente fiorire del commercio marittimo sia a Levante sia a Ponente nel Mediterraneo.
L'invidiabile posizione geografica infatti, a dominare lo stretto tra la parte continentale e peninsulare dell'Ellade, ne fece la prima potenza colonialista, nonché base navale militare dell'alleata Sparta.
Da Corinto d'altronde sorse il *casus belli* che ruppe l'effimera tregua tra Atene e Sparta, generando la guerra fatale per Atene.

Megara, ignota a Omero, costituì verso Atene lo speculare contrario di Argo nei confronti di Sparta, e per posizione strategica riprodusse il contraltare continentale di Corinto, essendo affacciata sul mare in perfetta corrispondenza.
Essa, infatti, città dell'Attica, in passato rivale più possente di Atene, fu l'esportatrice del primo tentativo d'esperienza tirannica.
Contese inutilmente ad Atene l'isola di Salamina, e quindi, ridotta a modeste pretese, si rese acerrima nemica, in intermittente contrasto, accostandosi piuttosto a Sparta.
Tebe, città egemone della lega in Beozia, attigua all'Attica, condusse a Troia cinquanta navi.
Nella Storia dei secoli successivi, a tale punto essa manifestò ostilità contro i vicini che addirittura si schierò nell'innaturale alleanza con Serse, Re dei re persiano invasore per la seconda volta entro i confini dell'Ellade, né dismise mai siffatto atteggiamento rimanendo nemica sia di Atene sia di Sparta, in avvicendamento di ondivaghe amicizie, rinnegate e poi riprese.
In epoca posteriore alla guerra del Peloponneso, peraltro, prevalse su entrambe le città e divenne la πόλις dominante in Ellade, salvo poi essere definitivamente rasa al suolo da Alessandro Magno.
Mi soffermo infine un poco sulla Tessaglia, vasta regione sita a nord dell'Attica, perchè rappresenta un'eccezione tra le autonome πόλεις: essa fu una federazione di piccole città senza neppure accenno di un primato egemonico occasionale.
Dell'epopea troiana basti ricordare che la Tessaglia offrì l'apporto di Achille, mentre nelle guerre persiane e peloponnesiache, non giunse mai da quelle contrade aiuto consistente per Atene o Sparta.

Licurgo – Grazie, Socrate, per l'eccellente esposizione, ma veniamo finalmente a noi e parlaci dell'amicizia tra te e l'imputato.

Socrate – Amicizia è una parola generica, che potrei anche accettare per definire il rapporto tra me ed Alcibiade, fatto di stima reciproca e benevolenza, purchè se ne intenda il limite quando la si riferisce a un personaggio così complesso e indubbiamente contradditorio. Abbiate pazienza però e lasciatemi raccontare iniziando dalla fine.

La mia fine, intendo: quella disposta per condanna a morte inflittami quando avevo settant'anni, il che avvenne cinque anni dopo la morte di Alcibiade con cui, da oltre trent'anni, avevo perso ogni contatto.

Orbene, innanzitutto è importante premettere che, all'epoca del mio processo, la democrazia era stata da poco rispristinata per la seconda volta in Atene, dopo una breve reggenza oligarchica dei quattrocento e la dittatura dei trenta tiranni, regime imposto da Sparta vincente.

Non si trattava però della scintillante esperienza periclea bensì di un organismo malato, per latente spirito di meschina rivalsa e frustrante nostalgia verso il superbo impero perduto.

In simile contesto di caccia alle streghe mi vennero rivolti due ordini di accuse: l'uno per irriverenza e disprezzo degli dei e l'altro per la corruzione nei confronti dei giovani.

In particolare su quest'ultima vorrei porre l'accento giacchè, seppure non mi sia mai stato dichiarato con aperte parole, la città non temeva tanto la mia influenza sulle ultime generazioni, quanto la perversa fama per l'essere stato maestro di Alcibiade, e di Crizia, personaggi indigesti al governo, ancorchè già passati a miglior vita.

Secondo l'accusa avrei traviato le loro anime candide con un abietto insegnamento, e tali erano le riserve mentali anche dei giudici, ma il vero è che, proprio per avere scaraventato alle ortiche i miei migliori precetti, Crizia e Alcibiade furono indotti contro la Patria.

Quest'ultimo è ora al centro dell'attenzione, e se ne parlerà a lungo, su Crizia quindi mi limito a rammentare che, sodale e complice delle intemperanze giovanili di Alcibiade, egli prese poi altre vie rispetto a lui e si rese colpevole di alto tradimento, come filo/spartano, nonché *leader* del regime dei trenta tiranni.

Ma veniamo alla memoria del mio incontro con Alcibiade in campo di battaglia (432 a. C. – i miei trentotto anni, i suoi diciotto). Potidea, sulla penisola calcidica, colonia fondata dai corinzi, peraltro soggetta alla lega di Delo dominata da Atene, s'era ribellata ai tributi e aveva invocato in aiuto l'intervento militare di Sparta, prontamente accordato. Il che diede seguito ad un aperto scontro armato, vincente per Atene, in prima istanza.

La guerra tra Atene e Sparta però non era ancora dichiarata, essendo in allora vigente la pace trentennale.

Potidea rappresentò soltanto uno dei pretesti per la ripresa.

Ebbene, Alcibiade e io partecipammo a quella battaglia nelle schiere della fanteria oplitica e vivemmo in gruppo sotto la stessa tenda.

In tale occasione ebbi l'onore di frapporre il mio scudo fra lui, ormai caduto a terra gravemente ferito di fronte al nemico soverchiante.

Plutarco – Lasciami intervenire, Socrate, per citare dal verbale della testimonianza di Platone un cenno che, richiamando l'episodio, parla della tua straordinaria prestanza e resistenza fisica.

Nelle fatiche Socrate era superiore a tutti, e, allorchè costretti senza cibo rimanevano isolati in qualche luogo, come accade, egli pareva indifferente, mentre, nei banchetti, godeva senza alcun limite di ogni bene, però nessuno potrebbe dire d'averlo mai visto ubriaco.

Nel gelido inverno di Potidea, chiunque uscisse dalla tenda, vestiva in modo spropositato, con i piedi avvolti in stracci multipli e soffice pelle di pecora.

Socrate invece, nelle più fredde giornate, indossava solo un mantello in dotazione base e andava scalzo sul ghiaccio.

Socrate – L'avresti mai detto, onorevole pubblico, guardandomi ora, così anziano e macilento? Eppure è vero.

Il mio corpo tarchiato, sorretto dalle brevi gambe arcuate, conteneva un'energia enorme, a prima vista, tanto che i commilitoni pensavano che volessi prenderli in giro quando li guardavo sorridendo.

Comunque sia, otto anni dopo Potidea, Alcibiade mi rese il servizio durante la battaglia sul fiume Delio ove avvenne una rotta clamorosa di Atene contro i Beoti.

Io ero un anziano oplita e fui salvato da una carica di cavalleria sotto la guida del mio futuro discepolo.

Prima di giungere al nostro sodalizio culturale, tuttavia, come pure al debutto in politica, risalgo alla giovinezza di Alcibiade rifacendomi in buona parte al tuo racconto, Plutarco.

Sulla bellezza esteriore, innanzitutto, non è il caso di usare soverchie parole poiché è palese a tutti i presenti come persino nell'età virile, e provata da tante avventure, non sia affatto scomparso il leggiadro ed efebico tratto fanciullesco che affascinò da sempre giovani e anziani, uomini e donne, ateniesi e stranieri.

Sono propenso a scommettere, poi, che neppure la voce ha perduto il grazioso accento bleso, probabilmente costruito ad arte, che voi tutti avete già ascoltato.

D'altra parte, è anche noto che Alcibiade curava in modo maniacale il proprio aspetto esteriore, se è vero che rifiutò lo studio del flauto perché l'uso di tale strumento impone il rigonfiarsi delle guance, con deformazione dei lineamenti.

Preferì invece sempre la cetra che non coinvolge le fattezze del volto e consente di apprezzare piuttosto l'eleganza delle mani ed il suono dolce e puro di un canto bene impostato.

Sarà perché il mito attribuisce alla dea Atena l'invenzione del flauto, ma anche la distruzione dopo l'essersi specchiata sull'acqua nell'atto di suonarlo; sarà perché il bell'Alcibiade lo rifiutò per ugual motivo; fatto sta che da allora il flauto non fu più alla moda tra le arti liberali da insegnare ai virgulti dell'aristocrazia e pertanto rimase negletto e disprezzato.

Sia chiaro, comunque, che il mio alunno non era un vanesio dedito al narcisismo fine a se stesso.

Né, al contrario, potrei affermare che egli fosse portato alle migliori qualità morali e intellettive.

No! Alcibiade era soprattutto corroso da enorme ambizione, nel bene e nel male, consapevole, però, delle qualità innate e pronto ad usarle, senza dissimulazione, in politica come nell'interesse privato. Ne dirò comunque rifuggendo da qualsivoglia valutazione critica che di certo non mi compete.

Plutarco – Va bene, Socrate, procedi ma astieniti dal giudizio, e con l'assenso presunto d'accusa e difesa. Utilizza pure temporaneamente il mio diritto d'autore.

Socrate – Grazie, Plutarco, così offri una preziosa fonte per la parte della vita di Alcibiade che non si trova in mia diretta conoscenza.

Sarò un avveduto e corretto beneficiario.

Dell'imputato bambino innanzitutto val la pena ricordare l'aneddoto in cui, impegnato per strada nel gioco degli astragali (un tipo di dadi fatti con ossicini di montone) essendo giunto il suo turno di lanciarli, non si fece intimidire dalle imprecazioni di un figuro alla guida di un carro che voleva transitare.

Tutti i piccoli amici fuggirono spaventati e solo il fanciullo si erse, in tutta la sua breve statura, per poi stendersi davanti alle ruote anteriori e sfidando il rozzo popolano a passargli sopra. Questi l'avrebbe fatto di certo, se i passanti non l'avessero costretto a girare al largo.

Da adolescente, durante un allenamento di lotta, si trovò attanagliato nella forte stretta avversaria e per non soccombere addentò a sangue l'avambraccio che gli stringeva il collo.

"Mordi come le donne!" sbraitò indignato l'atleta, mollando la presa, e Alcibiade replicò "Non come le donne, come i leoni!".
Insolenza sfacciata o coraggio allo stato puro trapela dal primo caso?
Slealtà infida o estrema determinazione dal secondo?

Licurgo – Il testimone non ottempera al proposito dichiarato e porge domande scorrette. Sia ammonito, pertanto, ed invitato a non cadere di nuovo in siffatta discutibile condotta.

Plutarco – Accolgo l'obiezione, però mi astengo dall'ammonire il nostro illustre testimone.

Socrate – Ed io mi scuso spontaneamente e prometto più attenzione. Non posso peraltro esimermi dal rilevare come, in termini oggettivi, Alcibiade fosse sino da bambino un tipo capace di ispirare attrazione irresistibile nei confronti di chiunque si ritrovasse in contatto con lui, pronto a perdonargli le più nefande ribalderie subìte, anzi lodandolo per non essere stato troppo crudele.

Una vicenda da te narrata, Plutarco, attesta la mia affermazione.

Un certo Anito, perdutamente innamorato della nostra imberbe stella nascente entro la società cittadina, l'invitò a una cena conviviale per presentarlo con orgoglio agli ospiti convenuti da varie contrade.

Alcibiade neppure si degnò di rispondere, ma poi, ubriacatosi in una baldoria organizzata con gli amici, piombò in casa di Anito con tutta l'allegra e schiamazzante brigata.

Entrò quindi in casa, ma non varcò la soglia della sala da pranzo. Solo vide la tavola colma di coppe d'argento e oro, e subito ordinò ai suoi servi di prelevarne la metà.

Se ne andò infine senza salutare nessuno.

Gli ospiti, indignati dall'arrogante oltraggio, incitarono Anito a farsi valere esigendo la resa del maltolto ma egli sorprendente-

mente disse che, piuttosto, era amabile l'atto dell'avere lasciato metà del bottino. Vogliamo rammentare un altro caso del genere?
Eccolo, Plutarco: dalle suggestive pagine delle Vite Parallele emerge un modello altrettanto evocativo.
Per scommessa tra gli amici, un giorno Alcibiade colpì in strada con un pugno Ipponico, facoltoso notabile e autorevole cittadino.
Scalpore e scandalo pubblico insorsero enormi, talchè il giorno dopo l'impunito teppista si presentò alla dimora dell'offeso, in apparenza pentito, e lo invitò a percuoterlo con la frusta.
Ipponico invece lo perdonò e non solo, addirittura gli donò in moglie la figlia, Ipparete, dotandola di dieci talenti, di cui, peraltro, il nostro pretese il raddoppio quando nacque il primo figlio. Non mi soffermo sulle umiliazioni che la donna subì in seguito.
Si potrebbe continuare a lungo con altre storielle simili, e più o meno autentiche, ma quanto ho riferito è sufficiente a delineare la figura di un giovane straviziato dalla fortuna, per nobiltà, ricchezza e bellezza, ma anche, come vedremo, intelligenza, eloquenza, coraggio.
Nella gaudente Atene dell'epoca, insomma, Alcibiade era il capofila della dorata gioventù: ammirato, invidiato, vestiva come un principe, imponeva le regole della moda e, al tempo stesso, attirava le critiche dai benpensanti che non accettavano il superbo disprezzo ostentato contro le norme della convivenza civile, persuaso che tutto gli fosse dovuto per naturale inclinazione.

Plutarco – Cornelio Nepote, storico latino che in *De viris illustribus* narrò Alcibiade, cent'anni prima di me, scrisse che egli compì "molti atti biasimevoli, ed altrettanti raffinati e ameni, da riferire di certo, se non dovessimo parlare di cose più serie e importanti". Faresti bene a seguire il suo esempio, Socrate. Dismetti quindi la mia guida e circoscrivi il tema al tuo rapporto personale con l'imputato.
Comprendo bene che non è facile, sull'argomento, carpire l'essenza, considerata la pletora di autori che se ne occuparono con vari

pareri, tu però non hai mai scritto nulla e quindi ecco l'occasione di parlare.

Socrate – Lo farò, Plutarco, e sarò franco. Consentimi solo un cenno ancora ad un altro importante spunto biografico, ancorchè successivo all'affermazione in politica.
Fama considerevole si procurò Alcibiade, in tutta l'Ellade, per avere iscritto ai giochi di Olimpia quattro cocchi con cavalli di proprietà.
L'ingente ricchezza, infatti, gli consentiva di mantenere una scuderia di grande valore, per quanto il denaro non bastasse mai in rapporto al suo magnifico tenore di vita abituale.
Egli comunque conseguì la vittoria in primo, secondo, quarto posto.
La straordinaria impresa, mai eguagliata da nessuno nella prestigiosa manifestazione dell'epoca, assicurò a lui una notorietà di vastissime dimensioni.
Ma come già ho detto, Plutarco, valga il vero in questo mio racconto, giacchè parecchio di maldicenza si annida nelle testimonianze degli scrittori, storici, commediografi, tragici, retori e filosofi, per quel che riguarda l'affetto e la considerazione intercorsi tra me e Alcibiade.
Ebbene sì, Plutarco ed onorevole pubblico, non giriamoci attorno più di quanto sia consentito: noi fummo anche amanti.

Plutarco – E che sarà mai? Socrate.
Platone lo ha già narrato prima di tanti altri. Non vorrai fondare la testimonianza su tale banalità?

Socrate – Certo che no, onorevole giudice! Desidero piuttosto porre l'accento su tale dichiarazione proprio per escluderla, *a priori*, dalla serie delle affinità più rilevanti.
Alcibiade infatti, all'epoca del nostro incontro, era circondato da una schiera di etère, cortigiane, ammiratori, adulatori di ogni

specie, ma comprese, ad un certo punto, che il mio amore per lui, di natura assai diversa da quei turpi contatti, era una prova di inclinazione alla virtù, e così iniziò a frequentarmi con assiduità, allontanando tutti gli altri, per purgare il marcio della sua anima. Egli abbracciò allora la mia dirittura spirituale, ma trascorsero alcuni anni prima che, tra ricadute nella sua vita depravata e pentimenti, maturasse infine la consistenza autentica del nostro comune sentire e della condivisione di idee in filosofia e politica. Nell'imminenza dell'esordio in politica, infatti, egli si volse a me per sentire il consiglio sul buono e giusto agire, prima di presentarsi alle assemblee ed ai consigli entro i quali venivano discusse le decisioni importanti sulla guerra in corso.

Alcibiade, superbo oratore ed abile manipolatore delle folle riunite, corrispose certo alle mie aspettative, quanto ad acume e intelligenza, però in fine dei conti non prestò ascolto ai miei insegnamenti più di tanto, anzi, da quando si diede in arena pubblica, roso dalla sfrenata ambizione, andò per le sue ed io lo persi progressivamente di vista.

Era subentrata in lui, infatti, un'inspiegabile avversione contro di me e di cui non mi fu chiarito alcun motivo, sino all'ultimo incontro.

Licurgo – Ti ringrazio, Socrate, per il racconto sulla prima gioventù. Dichiaro quindi conclusa l'escussione e rimetto alla corte il seguito.

Plutarco – Grazie a te, Licurgo. Sia data ora la parola alla difesa.

Più giovane di Licurgo, eppur altrettanto autorevole, per lo sguardo pacato sul viso quadrato in ferma espressione, il legislatore ateniese si alza dal banco e raggiunge il centro dell'aula.
Solone – Rinuncio ad ascoltare ancora la parola di Socrate poiché mi è parsa senza dubbio esauriente la sua esposizione e per certo

tale da offrirci un quadro attendibile sulla personalità dell'imputato.
Desidero però chiamare alla sbarra Platone, il suo più illustre allievo in filosofia.

Socrate riceve l'applauso e abbraccia Platone al suo ingresso.

Non è ancora giunto il momento, Platone, per affrontare il tema della guerra e della politica. Altri testi ci illumineranno al riguardo. Con te piuttosto io vorrei che fosse rievocato quell'ultimo incontro citato da Socrate, e da te superbamente narrato nel *Simposio*.

Imponente e nerboruto, l'uomo ha l'aspetto di un vigoroso lottatore, più che del raffinato filosofo, ma anche in lui lo sguardo contraddice all'apparenza esteriore.

Platone – È senz'altro una grande letizia per me, Solone, ricordare uno tra i miei dialoghi preferiti.
Orbene, mi fu raccontato da Socrate quello che accadde nella dimora di Agatone, ove una sera si festeggiò il premio da lui conseguito per la poesia in celebrazione a Dionisio.
Socrate era invitato per l'occasione, con altri intellettuali alla moda.
A tarda ora Alcibiade, in allora trentaquattrenne, si presentò ubriaco fradicio al portone, strepitando con virulenza e, ignaro della presenza di Socrate, con il quale da alcuni anni aveva ormai chiuso i rapporti, pretese di essere accolto all'elegante banchetto.
Agatone, un vero signore, ordinò che fosse introdotto subito in sala e quindi Alcibiade entrò starnazzando.
Con la testa cinta dall'edera, violette e nastri multicolori, egli salutò i presenti, in sfacciata allegria, e, aderendo all'invito di Agatone, andò a sedergli accanto. Provocatorio poi, in sconveniente

modo, dedicò a lui l'attenzione e, ridendo, prese a inghirlandarlo con i suoi nastri.
Impegnato nella commedia, Alcibiade non s'era accorto che Socrate stava seduto accanto, dall'altro lato, ma quando lo scorse sobbalzò e all'improvviso mutò d'espressione rabbuiandosi paurosamente.

Alcibiade – *Per Ercole! Chi vedo? È per prendermi in trappola che sei piazzato qui con il solito tuo modo di comparire inatteso, proprio là dove mai immaginerei di trovarti?*

Socrate – *Metti pace tra noi, Agatone, o difendimi se passerà a vie di fatto, perché io ho una paura fottuta della furia di costui. Ed è tutt'altro che improbabile il suo eccesso.*

Alcibiade – *Nient'affatto, Socrate, non intendo trascendere, ma non venga conciliazione tra noi, anzi, mi vendicherò per quello che hai detto poc'anzi.*

Con siffatte astiose parole ebbe inizio il nuovo approccio ma, svanito lo stupore iniziale, e dopo altre schermaglie, il tono edulcorò in più mite conversazione, talchè l'ospite nuovo venne invitato a dire la sua in tema di Amore, argomento su cui gli altri si erano già espressi.
Alcibiade capì l'antìfona e così iniziò:
Su Socrate, signori, tenterò di fare elogio ricorrendo alle immagini: certo egli penserà che io vada alla ricerca di spunti ridicoli, e invece sceglierò tratti in funzione della verità, non della caricatura.

Paragonò Socrate, innanzitutto, alle statuine dei Sileni, sorta di satiri dall'aspetto abominevole che, aperte in due, rivelano la figura di dei dalle meravigliose fattezze del volto e del corpo.

Esaltò poi la sua sapienza che si manifestava in parole commoventi e irresistibili, di fronte alle quali nessuno restava mai indifferente.

Ebbe quindi l'integrità di ammettere che anche lui, nell'ascoltarne il discorso, provava vergogna per la sua vita sregolata, e proprio perciò aveva deciso di escludere il maestro dalle sue frequentazioni, ovvero perchè non era abituato a sentirsi inferiore o soggetto a chicchessia.

Tra l'altro Alcibiade citò l'intervento salvifico di Socrate, a Potidea, e disse di aver sollecitato agli strateghi il solenne encomio per il suo coraggio, che Socrate avrebbe restituito all'amico.

Così avvenne dunque la riconciliazione ma il maestro ed il discepolo non si incontrarono mai più da allora poichè i fatti narrati avvennero poco prima della partenza di Alcibiade per la spedizione in Sicilia.

Solone – Grazie Platone, è stato un piacere ascoltarti, ora tuttavia il cenno alla Sicilia induce alla Storia e non più a private vicende più o meno interessanti.

Plutarco – Si consultino accusa e difesa sul prossimo testimone.

Dopo un breve conciliabolo tra i due emerge il nome di Tucidide.

Approvo la vostra scelta. Sia introdotto lo storico.

L'insigne autore del grandioso trattato sulla guerra peloponnesiaca si presenta con atteggiamento schivo al pubblico e alla corte, ma lo sguardo ispira comunque rispetto e fiducia sull'attendibilità.

Licurgo – Illustra Tucidide, ti prego, il conflitto che cambiò in modo radicale il volto della civiltà ellenica e ne determinò la decadenza.

Tu ne fosti non solo il fedele cronista, ma pure un attivo partecipante sinchè, accusato d'avere fallito una missione di soccorso ad Anfipoli per le schiere ateniesi, colà impegnate, venisti esiliato in Tracia, ove compisti la tua opera, ma non sino al termine della guerra, e il lavoro venne poi concluso dal collega Senofonte.

Tucidide – Ho sentito dire, Licurgo, che Plutarco ha già dipanato un riassunto pregevole in apertura al processo sul tema che richiedi, ma si impone ora un adeguato approfondimento, anche per comprendere il pregnante apporto fornito da Alcibiade, soprattutto nella fase delle decisioni in sede politica.

Orbene, è corretto seppure contestato ritenere che invero furono due, e non una, le guerre del Peloponneso, ancorchè io abbia narrato della seconda soltanto, parlandone al singolare.

Archidamo e Pericle, da Sparta e Atene, diedero il principio a questa ultima, infrangendo il vigente trattato di pace trentennale, e lo fecero con una serie di aggressioni terrestri e conseguenti ritorsioni navali.

Appartengono a tal periodo le battaglie di Potidea e sul fiume Delio, già citate per la presenza di Socrate e Alcibiade, non ancora entrato in campo politico.

Entrambi i *leaders* delle città rivali, peraltro, videro solo i primi anni di conflitto e poi a loro subentrarono Cleone in Atene, guerrafondaio a oltranza, e Brasida a Sparta, con lo stesso atteggiamento.

Dopo dieci anni di alterne vicissitudini, e caduti in battaglia Cleone e Brasida, il logorio della guerra, onerosissimo per entrambe le parti, determinò una pace cinquantennale.

Artefici ne furono Nicia, in Atene, e Plistoanatte, a Sparta.
Entrambi soggetti più inclini alla conciliazione.
Nicia tuttavia, tra i due, fu di certo il più influente estensore talchè il trattato assunse il suo nome. Perdonate se cito me stesso al riguardo:

Darebbe un giudizio erroneo chiunque non convenisse sul definire guerra il breve intervallo di pochi anni in cui prevalse la tregua.
Pare arduo infatti capire quale delle due parti si macchiò di maggiore inganno, o se sulla buona volontà dell'una e dell'altra incise di più la bifida condotta degli alleati spartani, beoti, o ateniesi, argivi.
Fatto sta che la guerra riprese dopo appena sei anni.
In tale frangente scese in campo Alcibiade, per la carica di stratega acquisita all'età minima dei trent'anni.
Egli dapprima varò un'intesa con Nicia atta a neutralizzare Iperbolo, il terzo incomodo stratega di cui fu orchestrato l'ostracismo.
E poi divenne l'unico antagonista di Nicia.
Naturalmente Nicia, esponente del partito oligarchico, era propenso a tenere inalterato lo *status quo* contro i venti di guerra fomentati da Alcibiade, aderente al partito democratico ed ostile agli spartani.
Il giovane stratega odiava questi ultimi perché essi avevano respinto la sua proposta di mediazione, a causa della giovane età, e voleva ad ogni costo il rinnovo del conflitto.
Politica di cui si rese protagonista attraverso uno spregiudicato piano di sua personale concezione: per iniziativa propria inviò ad Argo un corriere con incarico di persuadere la città a unirsi in un'alleanza con Atene per schierarsi contro Sparta.
E contemporaneamente giocò ad essa un brutto tiro.
Essendo allora presenti in Atene ambasciatori spartani, li convinse a smentire davanti al popolo riunito una loro affermazione pronunciata in εκκλέσια, tale per cui erano dotati di pieni poteri per le trattative.
Quindi promise in cambio il suo impegno personale a che il fortilizio di Pilo, conquistato da Atene, venisse restituito a Sparta.
In assemblea popolare Alcibiade gettò la maschera.
Chiese agli ambasciatori se fossero dotati di pieni poteri ed alla già concordata risposta negativa li accusò di scarsa credibilità.

Si fece beffe di loro, insomma, che ingenuamente avevano seguito le istruzioni, ed il popolo inveì indignato contro gli spartani ed acclamò Alcibiade, tra l'altro ponendo in grave imbarazzo Nicia.

Nel frattempo, ad Argo, fu accolta la proposta di alleanza con Atene, mentre a nulla valse la contromossa di Nicia attuata con invio di una patetica ambasceria a Sparta affinchè fosse rinsaldata la pace.

Gli spartani per poco non violarono l'incolumità dei legati.

Avvenne quindi una fiera battaglia a Mantinea (ateniesi argivi contro spartani), a guerra non ancora dichiarata, ove si decretò la vittoria di Sparta, ma anche l'inizio dell'inarrestabile *excalation* sull'Ellade.

Si era realizzato, dunque, un fertile terreno di coltura per l'ambizioso Alcibiade che ormai, anche a tuo dire Plutarco, si piccava di essere uno statista superiore persino al grande Pericle!

Quest'ultimo infatti non riteneva opportuno espandere ulteriormente l'influenza dell'impero mentre Alcibiade nutriva ben altre ambizioni di dominio sull'area mediterranea.

E veniamo alla Sicilia, appunto, terra antica di ubertosi insediamenti ellenici, ma anche di fiorenti popoli indigeni.

Controversie di confine sorte tra Segesta e Selinunte (una legata agli ateniesi, l'altra amica di Siracusa, che in origine era stata colonia di Sparta) attrassero Atene.

Segesta rischiava di soccombere all'urto di Selinunte e chiese ausilio ad Atene, promettendo sostegno economico per la spedizione.

Nel libro VI della mia opera sulla guerra riferii il discorso che Nicia pronunciò in assemblea denunciando l'inopportunità di un intervento armato in favore di Segesta, e poi la replica contraria di Alcibiade.

Così si espressero i duellanti l'un contro l'altro:
Nicia colpì per primo:

...E se v'è uno che, acerbo per l'ufficio, pungola voi a imbarcarvi, teso con tutta l'anima al proprio egoismo, si gloria dei suoi cavalli e conta di puntellare con le rendite del comando le voragini aperte dal lusso nel suo patrimonio, ebbene non offrite a costui la possibilità di elevarsi su un piedistallo fulgido, mentre la Patria corre il rischio di una più che dubbia avventura.
Questa specie di uomini si impadronisce del tesoro pubblico e sciala le proprie fortune. Non consegnate il nostro futuro a giovani di cui l'età inesperta preclude ponderate scelte e ispira focose azioni.
Ora vedo raccolta questa spavalda gioventù con tutta l'eccitazione che brilla sui volti accesa da quell'uomo...

Alcibiade gli dedicò una sferzante risposta:

...Le azioni che fanno volare il mio nome sulle labbra del mondo portano prestigio ai miei antenati ed anche alla Patria recano buon frutto.
Lo sfarzo con cui mi rendo illustre in Atene attira, come è chiaro, le gelosie di certi concittadini. So che uomini eletti sono in vita molesti ai coevi, ed il fastidio tocca prima quelli della stessa cerchia.
Se la mia vita privata costituisce bersaglio di aspre critiche, vedrete che in politica io so destreggiarmi meglio di chiunque altro...

Nicia infine s'avvide dell'entusiasmo pressochè unanime destato tra il popolo dalle parole di Alcibiade e quindi nella controreplica mutò orientamento e finse di assecondare il partito interventista. Fece quindi una richiesta di risorse da dedicare all'impresa in misura spropositata, sperando che venisse respinta, invece l'istanza passò ed anzi destinandovi anche maggiore impegno economico. Nicia dovette cedere: il popolo approvò entusiasta quella spedizione e sancì che alla guida fossero designati Nicia, Alcibiade, Lamaco.
La città intera visse allora un momento di frenesia collettiva, poiché Alcibiade aveva lasciato intendere che l'aiuto a Segesta sarebbe stato soltanto un pretesto per l'inizio di un'azione espansioni-

stica su tutta la Sicilia, della quale meditava di fare poi base per assalire Cartagine e infine muovere direttamente sul Peloponneso.

Alcibiade, pertanto, divenne l'uomo più celebrato in Atene, mentre fervevano nella primavera successiva i preparativi della spedizione. Esplosero allora gli scandali delle Erme e dei Misteri Eleusini.

Plutarco – Siffatti eventi, contradditori e misteriosi quant'altri mai, devono essere trattati con estrema cautela.
Affidiamo pertanto a te, Tucidide, il racconto in piena fiducia.

Tucidide – Grazie Plutarco, ed ecco i fatti.
In una notte di Tergelione i volti delle Erme, cioè ritratti scultorei di Hermes, collocati in cima a pilastri eretti sui principali crocevia di città, vennero brutalmente sfregiati e l'oltraggio fu intepretato come un lugubre presagio sulla spedizione in Sicilia.

Nello stesso periodo emerse pure che, in dimore private non meglio identificate, si celebravano dissacratorie parodie dei Misteri Eleusini, antichi riti in onore della dea Demetra, tenuti ogni anno, che per tutti gli ateniesi costituivano oggetto di culto e devozione superstiziosa.

Innocenti goliardate di giovani ubriachi? O intollerabili attentati alla democrazia?

Non se ne venne a capo e la città cadde nel panico.

Il terrore scaramantico prevalse in sconsiderata follia collettiva e non ci furono da parte delle autorità lucidi e razionali interventi, ma solo inviti alla delazione e taglie in capo a presunti colpevoli.

Accuse raggiunsero anche Alcibiade, sul quale l'invidia era giunta al punto di attribuirgli l'aspirazione alla tirannia, ma egli non se ne fece intimidire e rintuzzò l'assalto chiedendo di essere subito sottoposto a giudizio per poi imbarcarsi al comando congiunto della spedizione in Sicilia dopo avere dissipato ogni sospetto.

I suoi nemici si opposero poichè temevano che egli sarebbe riuscito a scagionarsi utilizzando il magnetico potere di seduzione.

L'εκκλέσια quindi deliberò che Alcibiade partisse al più presto, con il segreto intento di raccattare in sua assenza le prove per farlo fuori dopo averlo ritradotto prigioniero in Patria.

Salpò così a inizio estate l'immane forza d'urto ateniese, ma la nave ammiraglia Salamina partì subito dopo e precedette la pachidermica flotta nell'approdo in Sicilia.

Essa arrecava un ordine di rimpatrio per Alcibiade, come imputato al processo per i misfatti delle Erme e dei Misteri Eleusini, e non solo, ma pure per un fantomatico complotto a lui attribuito.

L'ordine, però, era scritto in termini di riguardo nei suoi confronti ed egli non fu arrestato, per il timore di una rivolta delle truppe fedeli.

Alcibiade ubbidì spontaneamente e salpò al traino della nave guida, ma a Turi, in un approdo sulla costa italica, fuggì di notte con la sua nave e scomparve nel nulla.

Ad uno dei seguaci, che gli chiese perché non si fidasse della Patria, rispose: "se si tratta della vita non mi fido neppure di mia madre".

Rientrata così sola, la nave guida, agli ateniesi non restò altro partito che emettere in capo ad Alcibiade condanna a morte, in contumacia, e confisca dei beni con maledizione perpetua.

Scena 2: giravolta a Sparta (415 – 412)

Dall'accoglienza in città al soggiorno nelle isole ioniche.

Plutarco – È noto che Alcibiade, braccato come una lepre, decise di rifugiarsi ad Argo, dove in tempi recenti aveva svolto l'impegno per l'alleanza con Atene, ma non volle trattenersi a lungo poiché sapeva che gli argivi non avrebbero osato sfidare la potente città attica solo per onorare una personale amicizia.
L'estradizione infatti era stata subito pretesa da Atene.
Su quegli eventi, in odor di tradimento, e sul fondamento probatorio delle accuse per i crimini delle Erme e Misteri Eleusini, si è tenuto in sede istruttoria l'esame di cui le risultanze verranno considerate dai rappresentanti d'accusa e difesa nelle rispettive conclusioni.
Sparta, pertanto, fu la successiva meta di Alcibiade: il sito sicuro che per certo non temeva le rappresaglie della città nemica.
A procedere, l'accusa chiami il prossimo teste.

Licurgo – Grazie Plutarco, sia introdotto Endio di Sparta.

Il personaggio storico minore, amico della famiglia di Alcibiade per la prossenia esercitata da suo nonno in favore di Sparta, ed eletto èforo nel periodo di cui si tratta, accede in aula con atteggiamento cauto e circospetto.

Rilassati, Endio, e riferisci alla corte sull'accoglienza che la tua città riservò ad Alcibiade in fuga.

Endio – Pronto alla domanda, Licurgo, riferisco che Alcibiade inviò a me in persona un corriere con l'onere di sondare la disponibilità di Sparta a riceverlo in cambio di una proficua collaborazione.

Si disse disposto a rivelare segreti di stato ateniesi ed a fornire validi consigli per il seguito del conflitto.

Io ne percepii l'utilità in favore della mia Patria e, memore anche dei buoni uffici intercorsi in passato tra le nostre famiglie, mi adoperai, in carica di èforo, a che le sue istanze pervenissero a buon fine, come in effetti avvenne con crisma di ufficialità.

Naturalmente assistetti al suo primo discorso di fronte alle pubbliche autorità riunite e ricavai profonda impressione dall'abile eloquenza, come dall'attraente scaltrezza con cui, postosi in totale disposizione contro Atene, riuscì non soltanto a giustificare il suo tradimento ma pure a contrabbandarlo nel senso di una sacrosanta vendetta.

Solone – Attento, Endio, è prematuro parlare di tradimento, men che mai darlo per scontato nei suggestivi termini utilizzati.
Si tratta di un tema cruciale nel processo che già è stato discusso tra accusa e difesa in altra sede.
Non può e non deve essere evocato in dibattimento da un testimone.

Plutarco – Si attenga ai fatti, il testimone, senza accenni di simpatia od ostilità verso l'imputato, e soprattutto senza pregiudizi.

Endio – Mi pareva evidente la mia simpatia per Alcibiade, piuttosto che l'ostilità, come sembra pensare la difesa, e comunque mai venni meno all'amicizia per lui, tuttavia ho rispetto per la corte e quindi mi adeguo all'istruzione.
Dicevo dunque del suo discorso di fronte all'autorità, precisando che vi erano presenti anche gli ambasciatori di Siracusa e di Corinto.
I siciliani erano questuanti di aiuto militare, essendo in corso la sfida ateniese, ed i corinzi erano necessari alleati in caso di intervento.

Sparta naturalmente stigmatizzava l'offensiva in Sicilia, ma quanto a prendere qualsivoglia iniziativa concreta non pareva affatto incline.

Alcibiade, però, seppe toccare le corde giuste, e così, con argomenti accattivanti, persuase l'assemblea a rompere gli indugi. Eppure il suo non fu per certo un discorso umile, anzi. Esordì dicendo che, alcuni anni prima, aveva sobillato Argo contro Sparta sì, ma solo per ritorsione al rifiuto spartano di negoziare con lui in persona le clausole di pace ritenendolo troppo giovane e privo di esperienza, e preferendogli Nicia.

Né si peritò di smentire, in una città dall'accentuata fede oligarchica, la pregressa militanza democratica da lui perseguita in Patria.

Ebbe addirittura l'ardire di sostenere che, in fondo, non credeva alla democrazia, che era piuttosto orientato all'oligarchia, ma che al fine di non alimentare ragioni di tumulto nei tempi dell'offensiva armata spartana, si era schierato da una parte di cui diffidava, in realtà, per contrastare dall'interno la demagogia galoppante dei più inaffidabili strateghi democratici.

Passò quindi all'argomento principale e rivelò l'aggressivo progetto ateniese, che in effetti era suo, di prendere l'intera Sicilia per farne la base dell'ulteriore espansione ateniese in Africa.

Non si illudessero, pertanto, gli spartani -proseguì- la Sicilia non era l'obiettivo finale ma solo un transito per acquisire le risorse naturali, umane e finanziarie, idonee a colpire il Peloponneso da terra e mare, consolidando l'impero su tutta l'Ellade.

Invocò, infine, l'immediata organizzazione di un intervento in tutela di Siracusa al comando di un valoroso comandante spartano, e chissà mai non avesse pensato nell'intimo di essere nominato egli stesso a condurre in prima persona la propria rivalsa.

Solone – *scatta in piedi* – Ora basta, Endio! Addirittura un processo alle intenzioni. E che altro ancora dovremo tollerare?

Plutarco – Ribadisco le mie raccomandazioni, Endio.

Endio – Scusate tutti, illustri intervenuti, se mi sono lasciato andare all'entusiasmo che provai sentendo la brillante orazione proferita da Alcibiade, che parve carpire l'intera assemblea.
Comunque sia, non fu infine nominato lui al comando della reazione spartana bensì un certo Gilippo.
Alcibiade peraltro non si contentò di suggerire l'azione difensiva ma stimolò anche un'efficace offensiva.
Parlò infatti del timore diffuso in Atene di perdere il dominio sulla città di Decelea nell'estremo nord dell'Attica: un centro vitale per lo smistamento del frumento proveniente dall'Eubea nonchè capoluogo della regione del Laurio, ricca di miniere d'argento.
Conquistare la città - disse -, fortificarla e mantenerla con adeguato presidio, avrebbe comportato un danno irreparabile per Atene, più di quanto sarebbe avvenuto con altre aggressioni in altri luoghi.
Alcibiade, dunque, assoggettò pian piano l'uditorio sino all'apoteosi delirante d'applauso che ottenne rassicurando il popolo sulla propria attendibilità come "consulente" privilegiato.
Si dichiarò mosso non da gretto rancore, ma dal naturale desiderio di recuperare l'amore patrio, il che venne recepito con unanime credito. Sparta decretò così l'immediata stesura del progetto per approdare in Sicilia ed espugnare Decelea.
Plutarco – Grazie, Endio, ascolteremo di nuovo il tuo racconto sulla permanenza di Alcibiade in Sparta.
Ora invece pare opportuno che sia raccontato l'esito dei suoi consigli agli spartani. Seppur infatti l'imputato non abbia partecipato in alcun modo alle conseguenti azioni, egli fu comunque ispiratore, regista ed autore del risultato finale.
Al riguardo, del resto, non sussiste dubbio sul fatto per cui tali azioni da lui sollecitate furono determinanti per la disfatta di Atene.
Si consultino dunque tra loro accusa e difesa.

Un conciliabolo prolungato fa emergere il nome di tre testimoni:

Nicia, Gilippo, Demostene.

Plutarco – Approvo la chiamata degli autorevoli testimoni sulla spedizione in Sicilia. Sia introdotto quindi Nicia *in primis* fra gli altri, comunque rilevanti, e sia data la parola a Licurgo.

Lo stratega ateniese, dall'alta statura e portamento solenne, incede verso la sbarra rivolgendo lo sguardo fiero al giudice.

Licurgo – Sii il benvenuto tra noi, nobile Nicia, e lascia innanzitutto che io ripercorra in breve la tua insigne carriera militare e politica.
In realtà la Storia è ambigua nei tuoi confronti, poiché un fastidioso sospetto di codardia aleggia sulla prudenza tipica della tua persona.
Di fronte a Cleone infatti, guerrafondaio demagogo, uscisti perdente nella contesa politica che ti contrappose a lui all'inizio della guerra.
In seguito, però, dimostrasti il tuo valore in molte azioni operative e, stimatissimo in città, concludesti la pace che porta il tuo nome.
Ti opponesti poi all'espansione in Sicilia, ma perdesti ancora contro la micidiale dialettica di Alcibiade.
Tentasti allora la tattica ostruzionistica, e pretendesti che al progetto venissero destinate forze spropositate, ma gli ateniesi ne decretarono anche di più e tu, sorpreso, esauristi ogni possibilità di replica e non potesti rifiutare il comando congiunto.

Nicia – La sintesi corrisponde al vero, Licurgo. Salpai di malavoglia, condividendo il comando con Alcibiade e Lamaco, più maturo di lui ma non per questo meno focoso.
Mi si accordi credito, tuttavia, se affermo che il mio atteggiamento, poco propenso al conflitto sì, non era affatto codardo, bensì realista e ponderato.

Ma tant'è: così vollero gli ateniesi, e la flotta partì in una corale festa di popolo al Pireo, con l'obiettivo non dichiarato "Siracusa", essendo stato decretato soltanto un aiuto a Segesta contro Selinunte.
Dopo una breve permanenza a Corcira per definire gli ultimi dettagli dell'azione, l'approdo avvenne a Reggio Calabro: l'unica città che ci concesse l'ingresso in porto, seppure neutrale.
Emersero allora le prime divergenze fra comandanti. Io ero propenso a seguire le istruzioni ufficiali, ignorando Siracusa; Lamaco puntava invece ad un assalto diretto su Siracusa, mentre Alcibiade proponeva una variante nel senso di arruolare prima truppe mercenarie locali.
Rimasi isolato quando infine Lamaco si schierò con Alcibiade.
Devo ammettere a onor suo la conclusione dell'accordo con Catania idoneo a costituirvi la base per l'offensiva contro Siracusa.
Un onore inquinato tuttavia dalla sua contraddittoria condotta successivamente tenuta a Messina.

Licurgo – Lasciamo perdere il dubbio su Messina, per il momento, e che peraltro non appare di importanza essenziale, spiegaci invece in termini obiettivi che cosa accadde in esito alla spedizione dopo quel primo sbarco a Catania.

Nicia – È presto detto, Licurgo, ma vorrei insistere sulle premesse: dopo l'arrivo a Catania, dove già la nave Salamina era attraccata con l'incarico di prelevare Alcibiade, una squadra fece vela su Messina a ricevere la consegna della città da parte degli strateghi amici.
Ebbene: Alcibiade informò al riguardo i messinesi avversari amici di Siracusa e l'azione andò a monte a causa di quell'ambigua condotta.
Potrebbe spiegarsi tale comportamento, poichè l'imputato invero era preoccupato dall'insidia tramata in Atene contro di lui.

Mi era giunta, infatti, la spìata su una riunione segreta del circolo di Alcibiade in cui addirittura era stata ventilata l'ipotesi di un colpo di mano mirato a fargli assumere il comando unico, e poi tornare a casa sulle ali di una squillante e strepitosa vittoria. Prevalsero, però, più miti consigli. Alcibiade se ne andò e restammo al comando Lamaco e io, mentre già alla notizia del nostro approdo a Reggio, Ermocrate, valoroso stratega siracusano, esortava il popolo a non lasciarsi sorprendere.

Licurgo – Va bene, Nicia, procedi adesso come già ho richiesto al racconto degli eventi che si svolsero in Sicilia prima dell'intervento spartano.

Nicia – Mi perdoni la Corte per la divagazione, rientro nel seminato. Andò così, Licurgo: Lamaco ed io fingemmo di attendere una sortita siracusana a Catania e invece portammo in fretta, via mare, le truppe a Siracusa ove allestimmo il campo a poca distanza dalla città.

Il primo conflitto armato di ridotta dimensione ci trovò vittoriosi, ma il serrato sistema di difesa nemico impedì altre iniziative.

La successiva sospensione invernale consentì ai combattenti dell'una ed altra parte di organizzare le risorse e cercare alleati in rinforzo.

Nel frattempo il bell'Alcibiade tesseva la sua tela a Sparta.

Sopraggiunta la primavera Lamaco ed io puntammo all'assalto della città e avendo sbarcato opliti e cavalieri cominciammo la costruzione di un muro per cingere d'assedio il centro urbano.

I siracusani però replicarono con l'erezione di un muro difensivo e la vicinanza delle maestranze portò una sequela di scontri minori in cui avemmo la meglio nel complesso, salvo che in uno di questi scontri Lamaco rimase ucciso e quindi io assunsi il comando unificato.

Siracusa a tale punto cedette allo sconforto derivato da quelle prime schermaglie e si accinse a trattare una resa condizionata, ma l'entrata in scena di Gilippo, il comandante spartano nominato su consiglio di Alcibiade, ripristinò il coraggio di Siracusa.

Confesso che io ne sottovalutai la portata ma dovetti presto cambiare partito, in seguito al rinnovato impegno siracusano, e quindi richiesi nuove truppe dalla Patria poiché il muro siracusano era completo, di fronte al nostro incompiuto, mentre Gilippo, sbarcato in Sicilia, s'era procacciato l'apporto di nuovi alleati in un suo giro promozionale tra i popoli dell'isola.

Io avevo reclamato pure l'esonero dal comando, per motivi di salute, che peraltro mi fu negato, e quindi mi venne affiancato Demostene.

Le sorti della nostra invasione tuttavia non si capovolsero in maniera evidente e all'improvviso, grazie alle nuove risorse pervenute, ma la situazione per certo si fece più difficile per noi.

Licurgo – Ritengo che possa bastare l'escussione nei tuoi confronti, nobile Nicia, e con assenso del giudice cedo la parola alla difesa per il debito contro interrogatorio.

Solone – Pur io, soddisfatto di quanto sentito sinora, rinuncio a porre domande e propongo l'introduzione del teste Gilippo.

Plutarco – Sia così, Solone, con assenso della difesa a cui do parola.

Il sommesso brusio del pubblico accompagna la dignitosa uscita di Nicia e prelude all'ingresso del nuovo testimone, assai meno noto al pubblico e alla Storia.

Giovane nell'aspetto, dal passo ardito, lo spartano affronta la corte privo di timore reverenziale nello sguardo.

Solone – Nulla sappiamo di te, Gilippo, se non che fosti prescelto a comandare il contingente spartano inviato in soccorso a Siracusa per consiglio di Alcibiade. Parlaci di te dunque e prosegui il racconto dei fatti dal momento del tuo arrivo in Sicilia.

Gilippo – Se poco la Storia si è curata di me oltre agli eventi di cui mi accingo a raccontare, ciò è dovuto all'appartenenza per sola parte di padre alla classe dominante nella mia città: gli spartiati. In merito d'altronde non vale la pena di spendere altre parole, se non per affermare che ero di indole guerriera, ben educato alla disciplina rigorosa nella mia città, eppure mi impegnai a che, dopo la disfatta ateniese, i comandanti Nicia e Demostene non venissero giustiziati dai siracusani... senza riuscirvi.

Fu una catastrofe infatti la spedizione ateniese in Sicilia ed a me pare un eufemismo anche il dire che la situazione s'era fatta *più difficile*, come, mi giunge, abbia sostenuto Nicia.

Vero è che gli ateniesi riportarono dapprima una vittoria in battaglia navale, respingendo il nostro attacco dal porto grande, però al tempo stesso persero tre strategici fortilizi sul Plemmirio, gruppo di alture a sud di Siracusa da cui era possibile mantenere sotto controllo l'intera zona di operazioni.

Fasi alterne caratterizzarono poi lo scontro tra eserciti e flotte, dotati di cospicui rinforzi su entrambe le parti, sino che una nuova battaglia navale, ma questa volta condotta nell'angusto spazio di porto grande, favorì le più esili imbarcazioni siracusane e gli ateniesi ne uscirono pesantemente sconfitti, ma non ancora neutralizzati.

Il colpo di grazia decisivo tuttavia avvenne pochi giorni dopo.

La situazione ormai era rovesciata in favore di Siracusa e gli ateniesi avevano perduto qualsivoglia speranza di espugnare il centro urbano ed il territorio circostante.

Combattevano soltanto per la propria sopravvivenza, sinchè prevalse l'umiliante scelta della ritirata.

Colonne demoralizzate e scomposte di ateniesi in fuga di notte verso Catania, incalzate dalla nostra rapida cavalleria, dopo avere percorso tortuose strade per eludere l'inseguimento, furono alla fine sorprese e sterminate sulle rive del fiume Assinaro.

Solone – Grazie, Gilippo, cedo la parola a Licurgo.

Licurgo – Nessuna domanda da parte mia, esimio collega. Richiedo pertanto alla corte l'autorizzazione a chiamare il teste Demostene.

Plutarco – Accordata, Licurgo, a te la parola.

Si avvicina alla sbarra il secondo generale ateniese, robusto uomo d'armi dallo sguardo leale ed aperto.

Licurgo – Premesso che il nome altisonante non ti unisce per alcuna altra via al celebre oratore fiero avversario di Filippo e Alessandro di Macedonia, ti prego di rievocare dal punto di vista ateniese gli eventi narrati da Gilippo per parte spartana e siracusana. Quale fu il tuo contributo in quella disgraziata spedizione?

Demostene – Forte di qualche altra esperienza vincente in battaglia, Atene mi affidò il comando congiunto a Nicia, in Sicilia, ed io giunsi nell'isola in un momento davvero critico.
Assunsi peraltro senza indugi il comando esclusivo, poiché Nicia era prostrato dalla malattia, e mi risolsi a colpire la città di sorpresa con un assalto notturno al muro difensivo.
Lo raggiunsi infatti e riuscii ad abbatterlo, ma la sfortuna intervenuta sotto forma di un'eclissi di luna fece sì che i miei soldati, dispersi su un fronte troppo vasto, non riconoscendosi a causa del buio assoluto, si scontrarono, gli uni contro gli altri, e la consistente aspettativa di vittoria si trasformò nell'amarezza di una sciagurata sconfitta che, secondo il nostro parere, si debbe allo sfavore della divinità.

Devo essere sincero: non ressi al timore superstizioso di un fatto così sventurato e, considerati l'infimo morale della truppa, il dilagare di un'epidemia e la scarsità di approvvigionamenti, iniziai a parlare di trattative, se non addirittura di resa condizionata.

È da riconoscersi a Nicia peraltro un'indomita fermezza nell'avermi ricondotto alla ragione: egli non era un codardo e seppe ricompattare le unità di un'armata allo sbando servendosi dell'ascendente ancora intatto sia presso la truppa sia tra i comandanti subalterni.

Nicia infatti riteneva di possedere ancora le risorse adeguate, se non a vincere sul campo, almeno a logorare la resistenza nemica, al fine di una trattativa onorevole per entrambe le parti.

Un obiettivo a dire poco "modesto" rispetto alle iniziali speranze.

Ma purtroppo è vero: gli eventi successivi si svilupparono nel modo narrato da Gilippo e così la superbia ateniese fu duramente punita.

Desidero comunque ringraziare il degno avversario per la clemenza che mi riservò, però sono lieto del fatto per cui i siracusani non gli diedero ascolto: meglio per me e Nicia essere passati a fil di spada senza cerimonie che esibiti tra le prede di guerra in catene a Sparta.

Plutarco – Grazie a voi, più o meno illustri testimoni, non occorrono altre deposizioni sulla catastrofe in Sicilia, preordinata dal consiglio di Alcibiade. Una parte del suo piano andò quindi a buon fine.

Altrettanto vittoriosa si svolse la conquista di Decelea, guidata da re Agide in persona, e mantenuta a presidio permanente per anni ancora a danno di Atene, ben più grave delle incursioni stagionali spartane che avevano caratterizzato la prima fase della guerra.

Torni alla sbarra, piuttosto, Endio e racconti come Alcibiade visse da privato, e non da pubblico "consulente", il soggiorno a Sparta.

Opportunamente istruito dal giudice il teste si accinge all'onere.

Endio – Alcibiade si trattenne a Sparta circa due anni, nel mentre si dipanavano i descritti eventi di Sicilia ed io, dicevo, conservai intatta l'amicizia con lui in tale periodo, nonostante il motivo di rancore che avrei dovuto nutrire nei suoi confronti.

Non ho svelato infatti, solo perché non c'è stata occasione, che pure io appartenevo all'ambasceria spartana da lui ingannata, ridicolizzata e smentita in pubblico ad Atene sulla questione dei pieni poteri.

Comunque sia: sarà stato per l'influenza spregiudicata di Alcibiade, o per un mio recondito pensiero di trarre in ogni caso beneficio dalla sua congenita attitudine a farsi benvolere, ovunque si presentasse, io non solo lo perdonai ma gli spalancai le porte della dimora e lo tenni sempre nel massimo onore.

Come privato dunque, l'Alcibiade che visse in Sparta fu per l'aspetto esteriore tutt'altro uomo: non più il *gagà*, il damerino bellimbusto di nobile famiglia, precursore della moda e assiduo ospite nei salotti *in* dell'acculturata magnifica Atene. Non più l'astro vincente a Olimpia o lo scaltro politico liberale di donazioni alla città.

No! Egli rinunciò alla vaporosa bionda chioma, si fece radere a zero, adottò le vesti più sobrie, prese a lavarsi con l'acqua fredda, si abituò al pane d'orzo ed alla pestifera brodaglia nera.

Fece insomma tutto quanto possibile per adeguarsi al modo di vivere spartano e ne ricavò un'enorme stima e ammirazione pubblica.

Consenti in merito, esimio Plutarco, che ti citi testualmente.

"La gente non credeva ai propri occhi e si chiedeva se davvero fosse possibile che egli avesse tenuto in casa un cuoco o un profumiere, o avesse tollerato addosso meno che un frusciante abito milese".

Posso garantire, Plutarco, che la tua generica fonte - ην γαρ ωσ φασι (a quanto dicono) - è attendibile.

Alcibiade sembrava proprio un tuo discepolo, Licurgo, precursore e maestro dell'essenziale rigore spartano.

Plutarco – Sì Endio, grazie della conferma. Scrissi di quei fatti circa quattro secoli dopo e perciò è lecito almeno un dubbio sulle fonti.

E allora, giacchè ci siamo, intrattienici sul *gossip* che nacque a Sparta allora, e che io avrei male narrato per un deplorevole abbaglio.

Endio – *Gossip*? Certo Plutarco, ma anche politica ad alto livello. In quel periodo avvenne che si scatenò un terremoto, di notte a Sparta, e Alcibiade fu visto mentre fuggiva dal balcone della camera da letto della regina, Timea.
Nacque poi un figlio, Leotichida, disconosciuto da Agide, re legittimo sposo, ed è proprio sul punto che insorse la tua svista.
Tu infatti scrivesti che il fuggiasco dal balcone fu Agide, per paura di restare intrappolato, non Alcibiade, per il timore dello scandalo (come è vero) e che Agide medesimo, impressionato dalla forza scaramantica dell'evento sismico, si astenne poi per tre mesi da ogni rapporto con la moglie, talchè il suo tradimento divenne per lui un fatto certo.
L'equivoco è poco importante, rileva piuttosto che quel pruriginoso episodio dilagò ben presto a pubblico dominio.
Risponde al vero invece il tuo dire, come da confidenza personale, che Alcibiade non si intortò la regina per mero sfregio al re, o passione per lei, ma allo scopo esclusivo di preordinare la successione di un proprio erede sul trono di Sparta. Un progetto sfumato, naturalmente.
Timea invece si innamorò perdutamente dell'avventuriero, tant'è che, sottovoce, ella usava vezzeggiare il bimbo con il nome di Alcibiade, o almeno così raccontavano le ancelle indiscrete al suo servizio.

Plutarco – Grazie Endio per le preziose integrazioni sulle mie opere, ma veniamo ora all'aspetto politico collegato al *gossip*.

Endio – D'accordo, Plutarco, ma è necessaria al riguardo un'articolata premessa che risale alle guerre persiane.

Ebbene: è noto che queste indussero all'alleanza tra Atene e Sparta, e comportarono infine il trionfo ellenico, e la supremazia ateniese sulle isole e sulle città costiere d'Asia minore, mentre Sparta restò egemone nel Peloponneso, ma non si allargò sulle rotte marittime.

I persiani però, ancora possenti sulla zona continentale della penisola anatolica, rimasero nemici giurati degli ateniesi, laddove Sparta, alle prime avvisaglie della rivalità attica - peloponnesiaca, coltivò l'idea di un'alleanza con i persiani contro Atene.

Dopo la disfatta ateniese in Sicilia quell'idea cominciò ad assumere un assetto concreto e trasfigurò in chiaro progetto, indotto dalla ribellione di molti sudditi Ioni contro Atene.

Lo sviluppo avvenne durante il soggiorno di Alcibiade in Sparta. Non è sostenibile che egli ne fosse stato un precursore, come già per la Sicilia e Decelea, ma intervenne nella contesa sull'argomento in corso a Sparta talchè si trasformò poi in protagonista.

Ecco quindi come andarono i fatti.

La contesa verteva sul fatto per cui i satrapi persiani di Frigia e Lidia, Farnabazo e Tissaferne, avevano sollecitato a Sparta un intervento in aiuto militare per impossessarsi di territori ribellatisi al gioco ateniese dopo la catastrofe siciliana.

Agide e io eravamo *leaders* di due diverse linee di pensiero: entrambi bene disposti alle richieste, dissentivamo sulla preferenza tra l'uno o l'altro satrapo. Agide voleva Farnabazo, interessato all'Ellesponto, ed io Tissaferne, rivolto piuttosto alle isole ioniche.

Ordunque, Plutarco, riuscii a portare il re sulla mia posizione, e così fu sancito l'invio di una delegazione a Tissaferne scortata da una squadra navale che, durante il viaggio, venne catturata dagli ateniesi.

In questo frangente Alcibiade entrò a gamba tesa.

Alla delusione spartana, per il fallimento della missione, che orientò il re su miti consigli, egli rilanciò l'invio di un'altra delegazione diretta all'isola di Chio, ove la fronda anti ateniese pareva più forte.

Mi coinvolse nel progetto, affinchè ne parlassi al consiglio degli èfori, instillando in me la tentazione di soverchiare il re, che non mi amava, ed ancora meno amava lui, a proposito del *gossip*.

Alcibiade poi si raccomandò a che tutto fosse attuato al più presto, in modo che l'arrivo a Chio avvenisse prima del dilagare della notizia sul precedente fiasco spartano e chiese la nomina di se stesso alla guida.

Pure questo fu accordato, ma in comando congiunto con Calcideo.

Il piano si realizzò meglio delle migliori aspettative: io riuscii a isolare il re; la missione giunse a Chio in tempo per fomentare la fronda anti ateniese, galvanizzata dalle garanzie spartane; altre città si accodarono a Chio, tra cui Eritre, Clazomene, Lesbo, Efeso, Mileto; e Tissaferne stipulò un patto d'alleanza con Sparta.

Alcibiade, dunque, aveva di che gloriarsi, anche perché il comandante Calcideo era morto a Mileto, in una rivolta locale, e, per il momento, il bell'avventuriero padroneggiava da solo la situazione.

Questo parve il suo apogeo a Sparta, che si tradusse poi in uno scacco. L'atteggiamento di Sparta infatti assunse contro di lui all'improvviso tutt'altra piega da quella iniziale.

Ora tuttavia, permetti che io mi astenga sul seguito, Plutarco, giacchè in tale periodo spirò il mio mandato di èforo e quindi, privo di accesso alla politica, non potrei riferire che dicerie senza fondamento.

Mi limito perciò a narrare un fatto segreto che poi divenne notorio.

L'ammiraglio Astioco, inviato nelle isole ionie per sostituire Calcideo, portava con sé un messaggio segreto che gli affidava l'incarico di fare fuori Alcibiade.

Un'altra condanna a morte, dunque, però questa volta senza processo e quindi ancora più inquietante.

Alcibiade, comunque, sarebbe stato informato in tempo da qualcuno e si dice che sarei stato io a metterlo in guardia, ma non è vero.

Forse fu la regina, Timea, che volle preservare l'amato Alcibiade dalla subdola insidia e proteggerlo dal pericolo incombente.

Comunque sia andata, egli ne prese atto, e non vide altra scelta, se non cercare rifugio a Sardi, presso il satrapo persiano Tissaferne. Ma in quale veste? La risposta è ovvia: da consulente privilegiato.

Scena 3: salto mortale in Persia (412 – 407)

Dall'approdo a Sardi al ritorno ad Atene, passando per Samo.

Plutarco – A questo punto l'intrigo si infittisce ed assume tortuose spire. L'indagine quindi esige il ritorno di Tucidide alla sbarra.

Ecco di nuovo lo storico al cospetto della corte.

Temo, Tucidide, che neppure la tua ineccepibile onestà intellettuale, né la lucidità di storico eccellente, ci permetterà di rintracciare il filo conduttore autentico sugli eventi che seguirono al "salto mortale" di Alcibiade nel campo persiano.
È indispensabile, però, almeno un tentativo, se desideriamo davvero emettere la giusta sentenza finale.
L'imputato naturalmente rimane protagonista nel processo, ma molti altri personaggi minori subentrano, sui quali occorre fare luce.
Riprendi pertanto il tuo racconto.

Tucidide – Sì, Plutarco, tu hai inquadrato perfettamente il tema: al fine precipuo di cogliere almeno un barlume della verità si dovrebbe innanzitutto sapere per certo quanto lungimiranti fossero stati i piani di Alcibiade, nel momento in cui decise di accostarsi ai persiani, e in quale dettaglio. Quando cioè mise a preventivo di rientrare ad Atene, ed a quali condizioni?
Arduo quesito, invero, giacchè può essere che nemmeno lui saprebbe rispondere, in coscienza. Ma veniamo ai fatti, base irrinunciabile per comprendere l'intento, indietro nel tempo sino alla disfatta in Sicilia. Orbene, le prime informazioni del disastro vennero accolte in Atene con stupita incredulità, ma quando apparve in maniera drammatica il reale evento, una cupa dispera-

zione si diffuse per l'enorme perdita di vite umane e per il terrore delle vele nemiche in arrivo sul Pireo.

Prevalse comunque la volontà di resistenza da parte di un popolo che non voleva rassegnarsi alla sconfitta e quindi lo scacchiere bellico si spostò sulle isole Ionie e le coste dell'Asia minore, laddove le città suddite di Atene tendevano a scrollarsi dalle catene del vassallaggio in virtù della debolezza dell'impero.

Sparta sponsorizzò quelle rivolte, in sintonia con i satrapi persiani, e, abbiamo già visto, si impose a Chio ed in altre località.

Atene peraltro non restò certo inerte, anzi riprese il proprio impulso alla guerra recuperando in parte i territori perduti.

Si installò in notevole presenza sull'isola di Samo, ove i democratici avevano soverchiato l'aristocrazia al potere.

Sparta di contro manteneva Chio, sotto il comando di Alcibiade.

Probabilmente furono proprio quei limitati successi ateniesi che a un certo punto acuirono la diffidenza di Sparta nei confronti di lui che appariva pur sempre un traditore, oltre ovviamente all'inimicizia del re Agide.

Da lì al mandato di morte il passo fu breve.

Plutarco – Ti ringrazio, Tucidide, per il prezioso contributo, tuttavia non concluso.
Temo però d'aver un po' prevaricato verso Solone e Licurgo.
Ritorno pertanto sulla retta via, e mi rivolgo a loro per individuare il prossimo testimone.

La risposta concorde è immediata: venga Tissaferne.

Il satrapo, sontuosamente paludato, incede lento nell'aula e rivolge da ogni parte un volto che, per occhi truci e naso aquilino, provoca brividi di allarmante disagio.

Plutarco – A te la parola, Licurgo.

Licurgo – Grazie, Plutarco. Presenta dunque te stesso, Tissaferne, al cospetto della corte e rendi la tua versione sull'apporto che i persiani diedero all'andamento della guerra nella fase in esame.

Tissaferne – Come appartenente a una nobile famiglia di estrazione molto antica, vanto la discendenza da Idarne, il comandante in capo degli Immortali, le truppe selezionate agli ordini del Re dei re, Serse, durante quella che voi chiamaste "seconda guerra persiana".
A mia volta generale supremo del nostro esercito in Asia Minore, fui nominato satrapo della Lidia, per successione a Pissutne, ribellato al Re dei re, Dario II, e da me catturato.
Tutto ciò avvenne più o meno nel periodo in questione.
Come satrapo altresì ero subissato da imponenti problemi economici poiché l'imperatore esigeva da me l'oneroso tributo dovuto e io non riuscivo a spremere abbastanza denaro dalle isole ioniche, a causa di una persistente opposizione ateniese.
Da buon persiano odiavo tutti gli Elleni ma con le sole mie forze non avrei cavato un ragno dal buco.
Mi rivolsi quindi a Sparta, per un aiuto militare, e promisi in cambio il mantenimento delle truppe e della flotta, meno gravoso del tributo a Dario e propedeutico ad un ritorno di denaro dalle isole ioniche.
Sparta rispose entusiasta nel perenne intento di colpire la rivale e per di più a buon mercato, essendomi io accollato le maggiori spese.
Conobbi così Alcibiade, personaggio del massimo rilievo tra gli altri strateghi spartani inviati in mio aiuto. Io sapevo dei suoi avventurosi precedenti e, nell'incontro in prima persona, percepii subito simpatia istintiva per quella canagliesca figura.
Il sentimento trasfigurò in devota ammirazione quando poi, rifugiato da me, a causa dell'insidia architettata da Sparta contro lui, si rivelò un consulente davvero prezioso.

Fu sorprendente per me constatare come egli si adattò subito ai modi orientali, smettendo i severi panni lacedemoni ed adottando in totale disinvoltura le vesti più sontuose e gli ornamenti più scintillanti.

Ora io non dubito che egli invero perseguisse il suo recondito piano, orientato agli interessi esclusivamente personali, fatto sta che suggerì a me una condotta molto vantaggiosa ed io gli concedetti la massima fiducia, con risultati senz'altro apprezzabili.

Mi indusse, per esempio, a dimezzare il soldo erogato ai contingenti spartani, e al tempo stesso ad incrementare i premi per gli ufficiali, il che generò un risparmio per me, ma anche malumori laceranti come la gramigna tra le file alleate, in realtà poco amiche.

Mi convinse a ridurre al minimo la partecipazione alle scaramucce di spartani contro ateniesi nell'ondivaga lite per il possesso delle isole, onde non sprecare risorse in zuffe poco proficue per me.

Mi esortò a mantenere viva la promessa delle navi che stavo in allora armando nei cantieri fenici, ma, al tempo stesso, a ritardarne quanto più possibile la consegna agli spartani, in modo da esasperare quella dipendenza così utile alla mia causa.

In definitiva egli fu il cesellatore di una spregiudicata politica in mio favore: lasciare pure che spartani e ateniesi si scannassero a vicenda poiché -egli mi spiegava- la peggiore sciagura per l'impero persiano sarebbe stato il consolidarsi dell'una o dell'altra potenza ellenica in un'egemonia, sia marittima, sia terrestre.

Ostacolando tale eventualità egli presagiva per me il ruolo di arbitro, ago della bilancia, acquisendo merito anche al cospetto del Re dei re. Quanto a lui immagino che, attendendo da spettatore lo svolgersi dei fatti, si proponesse di unirsi alla fazione che infine si sarebbe rivelata vincente: Atene? La Patria ingrata, o Sparta? L'ex alleata.

Non so, ma sono incline a pensare che se Alcibiade non aveva preso partito al riguardo, neppure nutrisse aprioristiche preferenze.
Poco gli importava infatti, se non una squillante rivincita personale, né d'altronde a me importava sapere cosa andasse ricercando, purchè continuasse a garantire fedeltà nei miei confronti.

Licurgo – Hai delineato una notevole sintonia di intenti, Tissaferne, tipicamente persiana, direi. Comunque sia, cedo il teste.

Solone – Grazie, Licurgo, non mi interessa.

Plutarco – Laconici nella chiusura, illustri colleghi, almeno dovreste avere intuito nelle parole di Tissaferne un accenno alle intenzioni di Alcibiade, non ancora bene delineate, peraltro.
Sappiate però che proprio questo è quanto mi preme di comprendere a fondo ai fini della giusta sentenza.
Prevarico quindi di nuovo e convoco di mia iniziativa Frinico, anche se immagino che neppure lui potrà sciogliere il dubbio sull'animo di Alcibiade, ma almeno fornirà un appiglio alle congetture.

Frinico? Chi è costui? sembra esprimere il brusio del pubblico.

Anonimo e insignificante pur in presenza fisica l'uomo non concede alcun connotato per inquadrarne la personalità.

Plutarco – Chi sei Frinico? Che cosa ci puoi narrare su Alcibiade?

Frinico – Io, Frinico, ateniese del demo di Diradiote, mi dedicai alla carriera militare in marina e raggiunsi il sommo grado d'ammiraglio, avendo peraltro già maturato nelle opportune sedi cittadine una certa esperienza di gestione politica.
Mi trovo a Samo, l'importante base militare ateniese, all'epoca dei fatti in cui Alcibiade si ritrasse dal connubio con Sparta.

Che cosa posso quindi narrare di lui? Vediamo, eminente Plutarco.

Premesso che l'isola di Samo ospitava allora non soltanto un ingente presidio ateniese, ma anche un gruppo di alti strateghi, me compreso, tale per cui la piazzaforte costituiva quasi un contraltare della Patria, Alcibiade, già al soldo di Tissaferne, ci inviò un messaggio.

Con esso implorava d'essere richiamato da Atene al proprio servizio, ma non per conto del governo democratico allora al potere, banda di pezzenti che l'aveva condannato a morte, ma di un rinnovato regime oligarchico che, una volta instaurato, sarebbe stato gradito ai persiani ai fini di un'alleanza per cui prometteva di rendersi intermediario.

Insomma egli formulò una proposta indecente di golpe aristocratico in Atene finalizzato a ribaltare l'equilibrio politico.

Incredibilmente il messaggio trovò il favore degli strateghi a Samo.

Io fui il solo a oppormi poiché pensavo che ad Alcibiade non stesse a cuore l'oligarchia più che la democrazia e neppure che davvero fosse in grado di ottenere il voltagabbana persiano in nostro favore, né che gli premesse il bene di Patria piuttosto che l'ambizione personale.

Così parlai in pubblico e manifestai le mie ragioni.

Fui veemente ed accorato, ma nessuno mi diede ascolto.

Da Samo pertanto fu inviata una delegazione ad Atene sotto la guida di Pisandro, uno dei miei colleghi a Samo, per dare all'assemblea del popolo la facoltà di considerare la proposta di Alcibiade e l'alleanza con i persiani, previo colpo di stato oligarchico.

Mi pervenne notizia in seguito che il popolo ateniese aveva espresso parere favorevole all'istanza di Alcibiade riferite da Pisandro e così, colto alla sprovvista dall'imprevista piega degli eventi, fui preso dal timore della vendetta di Alcibiade per il mio aspro contrasto a lui se, verosimilmente, fosse infine riuscito nell'ardito progetto.

Iniziai perciò a meditare le contromosse adatte a tutelarmi e deliberai di inviare una lettera ad Astioco, il navarca nemico spartano.

Plutarco – Fermati, Frinico, da questo momento tu non sei un lucido teste bensì una parte emotivamente coinvolta.

Voglio piuttosto sentire questo Astioco, da te menzionato, l'ufficiale spartano allora al comando supremo al quale, già si è detto, era stato impartito da Sparta l'ordine di uccidere Alcibiade.

Incede alla sbarra il navarca, dall'ambiguo sguardo.

Plutarco – Presentati, Astioco, racconta i tuoi trascorsi bellici negli incarichi conferiti da Sparta e parlaci dei contatti con Frinico e della parte che assumesti in quelle ingarbugliate vicende.

Astioco – Obbedisco, esimio Plutarco, sincero e puntuale per quanto mi sarà possibile.

Orbene, nel frangente bellico che opponeva gli spartani e gli ateniesi sulle isole ioniche, mi fu assegnato dapprima l'incarico di espugnare l'isola di Lesbo, già ribelle ad Atene e nostra preda, riconquistata dal nemico in seguito.

Fallii a Lesbo, ma ebbi successo a Mileto, il che comportò la nomina a sostituto di Calcideo, comandante congiunto ad Alcibiade in Chio, deceduto in guerra.

Ricevetti poi, mentre stavo ancora a Mileto, il messaggio segreto con cui mi si incaricava di fare uccidere Alcibiade ma, quando sbarcai a Chio, trovai che l'uomo, informato chissà da chi sulla subdola trama, aveva tagliato la corda rifugiandosi presso il satrapo Tissaferne.

Nell'intimo fui lieto di non potere eseguire l'ordine però, a tal punto, ho inteso dire, i fatti sono già stati oggetto d'esame.

Procedo quindi a parlare di me, destinatario di lettere segrete, poiché oltre alla prima di Frinico ce ne fu una seconda.

Mi pervenne dunque la prima lettera da Frinico in cui affermava che Alcibiade stava ordendo il capovolgimento del governo democratico in Atene ed un'alleanza con i persiani a danno di Sparta.

Giustificava, altresì, la propria delazione per l'amore di Patria che lo induceva addirittura al contatto con il nemico.

Io non conoscevo Frinico e neppure mi ponevo un interrogativo sulla sua buonafede, ma, da ufficiale spartano, godevo pur io dei generosi premi in denaro del satrapo Tissaferne, e, per detto motivo, decisi di raggiungerlo e di consegnarli la lettera.

Fui ricevuto dal satrapo in persona ma era presente anche Alcibiade, naturalmente, il quale non fece una piega alla lettura della lettera, ma appresi che subito prese contatto con gli strateghi ateniesi di Samo e pretese la testa di Frinico.

Da costui ricevetti allora una seconda lettera.

Dicevo che non volli cedere alle congetture, non seppi perciò capire che cosa, oltre all'angoscia di sentirsi perduto, lo indusse a scrivermi di nuovo, pur sapendo che avevo già svelato a Tissaferne e Alcibiade il contenuto della precedente lettera.

Frinico, infatti, mi rimproverava nel secondo messaggio la mancanza di discrezione, eppure insisteva e univa in allegato un rapporto in cui erano indicati i siti non fortificati di Samo su cui uno sbarco spartano avrebbe riportato sicuro successo.

Che cosa feci, Plutarco, di fronte a tale smaccato tradimento?

Mi sembrò quella un'azione a tale punto clamorosa e inaspettata che decisi di non disporre alcuna iniziativa d'assalto a Samo, paventando una trappola, e di nuovo consegnai il tutto a Tissaferne e Alcibiade.

Plutarco – Fermati anche tu, Astioco. L'udienza è sospesa. Solone e Licurgo mi seguano in camera di consiglio.

Nella saletta adiacente all'aula pubblica, tra alti scaffali di volumi ordinatamente riposti, i tre siedono ad un sobrio tavolo rotondo.

Plutarco – Insigni colleghi, ho brutalmente interrotto la deposizione di Frinico ed Astioco perché vorrei manifestare a voi il mio pensiero prima di procedere.
Sono propenso, infatti, a ritenere vere le testimonianze che abbiamo ascoltato sino ad ora, ma quei personaggi ispirano poca fiducia sullo sviluppo, soprattutto in ordine alle rispettive motivazioni.
Frinico pare un difensore della democrazia, ma non esita a fornire al nemico informazioni efficaci a danno della sua Patria.
Astioco proclama lealtà nei confronti di chi paga, eppure non rifugge dall'agevolare colui che sa bene essere nemico della sua Patria, e che anzi avrebbe dovuto neutralizzare.
Ora io mi domando: da che parte stanno costoro?
Francamente colleghi, non mi è abbastanza chiaro, perciò non voglio vedermeli ancora di fronte.
Preferisco invece sostituirmi a loro, nell'esporre con obiettività i fatti che la Storia ha registrato. Tucidide del resto li racconta con dovizia di particolari e senza mistificanti interpretazioni personali.
Torneremo poi in udienza dandoli per acquisiti.
Frinico dunque, senza inganni di sorta, invitò gli spartani ad assalire Samo ma, subito dopo, si pentì.
Immaginò infatti che Astioco avrebbe per certo riferito della seconda lettera a Tissaferne ed Alcibiade, e che questi l'avrebbe senza dubbio denunciato agli strateghi di Samo, se già non l'aveva fatto prima.
Sollecitò pertanto i colleghi a fortificare le zone già da lui dichiarate indifese, e giustificò la propria richiesta parlando di fonti certe su un imminente sbarco, non altrimenti identificate.
L'immancabile denuncia di Alcibiade giunse puntuale a Samo, il che rese credibile l'allarme di Frinico agli occhi degli ateniesi.
Bene gliene incolse però, poiché nessuno a Samo nutrì sospetti su di lui, nessuno cioè prestò fede alla denuncia sul punto in cui Alcibiade affermava che il tradimento dovesse attribuirsi a lui.

Gli strateghi piuttosto interpretarono il passo contro Frinico come la vendetta di Alcibiade per l'opposizione di Frinico ai suoi piani.
Buffa ironia della sorte: Alcibiade non è creduto proprio quando dice il vero, mentre Frinico se la cava per il rotto della cuffia.
Comunque sia, lo sbarco spartano a Samo non avvenne e la guerra si dipanò in tutt'altra direzione.

Torniamo in aula dunque, egregi colleghi, e riprendiamo dal punto in cui Alcibiade logora al fianco Tissaferne per indurlo all'alleanza con Atene, una volta riconvertita al regime oligarchico.

Un Tissaferne d'altronde sempre più ostile a Sparta e timoroso della sua potenza navale in formidabile incremento, ma neppure incline, come da principio, sulla parola di Alcibiade che lo vorrebbe spingere ad un patto poco gradito di coalizione con Atene.

Solone e Licurgo, concordi nella versione ricostruita da Plutarco, rinunciano ad integrazioni ed i tre rientrano in aula.

Plutarco – Ritorni alla sbarra Tucidide, come avevo annunciato, e ci illumini su modo in cui avvenne il rovesciamento della democrazia in Atene, un passo propedeutico al ritorno in Patria di Alcibiade.

Tucidide – Pronto al tuo comando, Plutarco, riferisco sulle articolate circostante che prelusero al colpo di stato in Atene.
Pisandro, il delegato inviato da Samo con l'incarico di caldeggiare in Patria le proposte di Alcibiade, era consapevole delle gravi difficoltà che avrebbe incontrato.
Egli però agì per abili manovre e conseguì il risultato voluto.
Di fronte all'isterica reazione dei numerosi nemici di Alcibiade, tutti, o quasi, di estrazione democratica radicale, Pisandro scelse *in primis* di minimizzare il tema sull'assetto politico ed accentuare piuttosto la drammatica condizione di Atene, impegnata com'era nell'asperrima guerra senza quartiere contro Sparta, alleata all'impero persiano.

Sia sacrificata temporaneamente – disse – la struttura consolidata di potere apportandovi soltanto poche modifiche, suscettibili peraltro di aggiustamento da rinviare a tempi migliori.

Non parlò di "oligarchia" ma di un "regime moderato".

Sia provveduto – proseguì – alle attuali disgrazie offrendo ai persiani un cambio di regime per ribaltare l'alleanza tra Sparta ed il persiano, con la mediazione di Alcibiade.

A tutto ciò seguirono in città polemiche infinite e granitiche prese di posizione contrarie, ma infine Pisandro infilò il traguardo placando il popolo e conseguì un voto di generica disponibilità ai mutamenti.

Tornò quindi a Samo in testa ad una commissione istruita alla stipula di un patto preconfezionato tale per cui i persiani si sarebbero alleati con Atene se in Atene stessa si fosse costituito il governo oligarchico gradito al Re dei re imperatore persiano.

Sul rimpatrio di Alcibiade, delicato tema quant'altri mai, Pisandro si era deciso, per quel momento, a non approfondire.

Atene non era matura a richiamare in Patria il fuggiasco traditore.

Comunque sia, le premesse parevano promettenti.

Ed invece le aspettative rimasero deluse poichè il negoziato tenuto a Sardi, capitale della Lidia, si manifestò tutt'altro che agevole.

Tissaferne tentennava ed Alcibiade non sembrava per nulla influente nei suoi confronti. L'accordo tra ateniesi e persiani infine decadde ed Il satrapo Tissaferne rinnovò l'atteggiamento filo spartano.

Plutarco – Colpo di scena, Tucidide, come lo potresti spiegare?

Tucidide – Non so proprio cosa immaginare, Plutarco, mi azzardo a ipotizzare che Alcibiade si fosse ritrovato di fronte un Tissaferne più spigoloso del previsto, anzi, che avesse persino intuito in prospettiva il fallimento del negoziato, e perciò si fosse risolto ad alzare la posta in termini inaccettabili per tutti, come in effetti

avvenne, in modo da incolpare gli ateniesi del rifiuto e uscirne pulito per tentare altre vie.
Una condotta conforme al carattere del personaggio.

Plutarco – Sono perplesso Tucidide, non capisco né posso inventare alcunchè, per ora, sull'animo dell'imputato.
Si prosegua quindi con altri testi e sia chiamato Pisandro, artefice del colpo di stato aristocratico in Atene.

L'uomo relativamente giovane si presenta alla sbarra fissando uno sguardo ombroso, ma intelligente, verso il giudice.

Plutarco – Narraci di te, Pisandro, dei precedenti in politica. Rendici partecipi di quanto ti è noto per partecipazione diretta sull'eversione in Atene, da te promossa per incarico degli strateghi di Samo.

Pisandro – Anch'io, come Frinico, ero un componente, nel periodo in esame, del consiglio di strateghi ateniesi al governo di Samo e, quanto lui, mi ero già prima destreggiato in politica.
Conoscevo l'imputato e i suoi precedenti.
In fede di fervente democratico ero bene informato delle trame ordite contro di lui all'epoca dello scandalo delle Erme e Misteri Eleusini, poichè fui commissario nelle indagini e nel processo che si concluse con l'indegna condanna a morte in contumacia.
Ma veniamo alla seconda delle tue richieste, Plutarco, vale a dire alla mia parte nel golpe oligarchico in Atene che architettai in contrasto all'ex militanza democratica, convinto di fare il bene della città.
In totale buona fede, mi si dia credito.
Su quanto mi risulta essere stato narrato, per l'impegno attribuitomi dal consiglio degli strateghi in Samo, confermo tutto, sia in ordine ai fatti di Atene, sia ai colloqui successivi con Tissaferne e Alcibiade.

Il negoziato a Sardi, al quale partecipai, andò a monte, come tutti già sappiamo, e quindi rientrai a Samo con addosso una sgradevolissima sensazione di essere stato beffato da Alcibiade. Sono persuaso peraltro che nemmeno lui potesse dirsi soddisfatto. Se davvero avesse coltivato, allora, il progetto di ritornare trionfatore in Atene, come immagino, i migliori auspici erano irrimediabilmente decaduti per lui di fronte all'evoluzione degli eventi. Così pareva allo stato dei fatti, almeno, ma i presupposti mutarono e Alcibiade si ripresentò sulla breccia più vitale che mai.

Plutarco – Altro colpo di scena, Pisandro? Racconta come avvenne.

Pisandro – Sì Plutarco, avvenne così: nonostante il mancato accordo di cui ho riferito, il consiglio degli strateghi di Samo ne prese atto e, per votazione deliberò, pur in ridotta maggioranza, che l'eversione in Atene dovesse comunque realizzarsi, con o senza Alcibiade.

Venni quindi incaricato di recarmi di nuovo in Patria, per acquisirvi notizie, e lì trovai che l'attuazione del colpo di stato era già iniziata.

Trascuro i dettagli, perché sarebbe un infinito racconto, soltanto dico che Atene si era trasformata in una gabbia di serpenti.

I cospiratori aristocratici imperversavano, in violenza e soppressioni di massa, mentre l'opposizione democratica fu ridotta al silenzio ed il popolo non reagì in alcun modo, a causa del terrore diffuso.

Anche grazie alla mia collaborazione si insediò un comitato di salute pubblica con l'incarico di scrivere la nuova costituzione, semplice ed essenziale: le cariche pubbliche già vigenti sarebbero state eliminate ed a cinque presidenti di nomina immediata fu conferito l'incarico di scegliere cento cittadini, i quali a loro volta ne avrebbero scelti altri tre per ciascuno.

Tali ultimi trecento ed i primi cento andarono a costituire il consiglio dei quattrocento, ovvero il nucleo di potere centrale esclusivo.

Per edulcorare poi il presumibile dissenso popolare, venne propinata una menzogna su un futuro consiglio di cinquemila atto a controllare e bilanciare il lavoro del consiglio più ristretto.

Ovviamente Alcibiade restò estraneo a quegli eventi, mentre il piano d'alleanza con i persiani non ebbe più alcun esito poiché Tissaferne, seppure blandito dall'imputato, non voleva più saperne.

Le sorti della guerra quindi restavano critiche per gli ateniesi, mentre il consiglio dei quattrocento, ritenendosi accreditato presso il nemico spartano, tentò una trattativa con il re Agide, che peraltro non venne condotta a buon fine.

Tutto ciò dunque avveniva nella capitale.

A Samo invece, come seppi da frammentarie notizie che giungevano nel mentre soggiornavo ancora in Atene, le vicende presero tutt'altra direzione.

Plutarco – Grazie Pisandro, sei stato esauriente, ma non eri presente a Samo e non potresti completare il quadro se non in presa indiretta. Chiamo pertanto Trasibulo, un altro degli strateghi ateniesi presenti a Samo, per parlarci della sofferta *rentrée* di Alcibiade.

Curato nell'aspetto nonostante i ricciuti capelli e l'ispida barba, dal volto sereno, il teste si accinge alla deposizione.

Plutarco – Trasibulo, campione di democrazia, a te è dovuta la fiera reazione di Samo all'instaurazione del regime dei quattrocento: una strana evoluzione dei fatti invero, considerando che proprio da Samo era partita per mezzo di Alcibiade la scintilla del colpo di stato.

Sii preciso al riguardo e illuminaci sul modo in cui andarono le cose.

Trasibulo – Non fui l'unico protagonista dei fatti che trasformarono Samo in oppositrice dell'ormai oligarchica Atene, Plutarco.
L'isola, infatti, accettò dapprima la svolta oligarchica in Patria ma in seguito prevalse il dissenso, guidato da me ed altri colleghi strateghi, talchè l'isola si schierò compatta per la democrazia.
Inviammo perciò ad Atene una delegazione a riferire gli accadimenti di restaurazione democratica a Samo, ignari del fatto per cui la presa di potere contraria era già avvenuta nella capitale.
I nostri araldi furono arrestati ma uno rientrò, clandestino, e raccontò sulla situazione. Al riguardo cito Tucidide a memoria: "In città fioccano bastonate, e sono dolori a contraddire appena così i capi, per tacere delle sofferenze inflitte a mogli e figli di oppositori.
Si medita addirittura di perseguitare le famiglie di soldati e strateghi presenti a Samo e sospetti di fede democratica, per tenerle in carcere o, peggio, farne un'ecatombe".
Ora io non so dire sino a qual punto ciò corrispondesse al vero, ma il timore per le proprie famiglie rimaste ad Atene cambiò il dissenso di Samo in rivolta aperta e insorse così una situazione di conflitto civile all'interno della sfera ateniese mentre eravamo tutti in stato di guerra e con il nemico vicino.
Il consiglio a Samo doveva in qualche modo intervenire per calmare le acque ed io proposi in soluzione un giuramento da imporre a ogni soldato in siffatta formula "agirò nell'unanimità di intenti e manterrò l'impegno contro Sparta sino alla vittoria. Contemporaneamente farò guerra ai quattrocento, cricca criminale".
La furia fu domata ma l'insanabile frattura rimase.
Si erano infatti istituite due Atene in conflitto tra loro, di cui una, la capitale, ambiva alla pace e l'altra, Samo, chiedeva guerra a oltranza.

Era consolidato altresì un assetto paradossale tale per cui la capitale, con il suo inutile prestigio, si opponeva alla *depandance*, ove invece stazionava al completo il potenziale bellico.

Ecco Plutarco il nuovo quadro di riferimento entro il quale Alcibiade tornò di prepotenza in gioco, grazie alle mie raccomandazioni.

Per mia proposta, infatti, l'assemblea dei soldati approvò il richiamo di lui a Samo, con assoluta garanzia di incolumità, e io in persona mi recai presso Tissaferne a prelevarlo.

Al ritorno ebbi modo di constatare con soddisfazione che nulla della sua capacità di persuasione era andato perduto.

Egli infatti ribadì all'armata di Samo, nell'asperrima lotta con Atene, le prospettive già in precedenza promesse ad Atene stessa, val a dire la sempre più improbabile alleanza di Tissaferne, e la sua parola fu a tale punto efficace che la truppa unita in assemblea non soltanto lo acclamò stratega ma comandante in capo di tutti gli strateghi.

Conseguì un delirante applauso, ma Alcibiade non intese approfittare del tumulto per esacerbare la folla, anzi, si espresse con pacatezza e riuscì ad edulcorare la collera dei soldati che chiedevano a gran voce la conquista immediata di Atene e la soppressione dell'oligarchica.

Ricordò infatti al riguardo che il primo categorico onere era la guerra contro il nemico vero: i peloponnesiaci, non i concittadini.

Plutarco – Grazie Trasibulo. Orbene, esimi colleghi, Alcibiade è in sella con gli ateniesi di Samo ma non ha per ora abbandonato il ruolo persuasivo nei confronti di Tissaferne.

E voi, Licurgo e Solone, se avete trattato il satrapo con disprezzo, io penso che debba essere richiamato alla sbarra.

Accigliato e scuro in volto più di prima, se possibile, il satrapo è di nuovo al cospetto del giudice.

Plutarco – Abbiamo sentito Trasibulo confermare le promesse, o le fanfaronate, di Alcibiade sulla tua attitudine a sganciarti dall'alleato spartano in favore di Atene.
Tu stesso hai parlato di lui con simpatia.
Io però non ho ancora capito se, da parte tua, sussistesse davvero la disponibilità al cambio casacca, oppure solo una riserva ad allearti al vincente, chiunque in seguito fosse stato.
Come la mettiamo, satrapo governatore persiano, che dire si voglia?
È possibile conoscere finalmente in testimonianza diretta il tuo vero pensiero sull'alleanza con gli spartani o gli ateniesi?
O desideri ancora lasciarci nel dubbio?

Tissaferne – Licurgo, ironizzando sulla mia origine orientale, di cui vado fiero, ha definito i miei intenti "persiani" in tono derisorio.
E tu stai rincarando la dose con accenti ancora più offensivi.
Che cosa ti aspetti di buono da me, quindi, eminente Plutarco?
Ma non importa. Dimostrerò franchezza, per quanto voglio e posso.
Ordunque, l'alleanza stipulata tra me e gli spartani, insorta per infidi auspici, rivelò in seguito profonde incrinature dal momento in cui mi si accostò Alcibiade inducendomi a boicottare i patti dall'interno.
Quando poi Alcibiade lasciò la mia corte a Sardi per recarsi a Samo, laddove fu eletto stratega supremo, l'ostilità spartana latente, mutò in aperta contestazione e, addirittura, in scaramucce armate a Mileto.
Prima di questo, d'altronde, avevo già lasciato cadere i negoziati con Atene, della quale diffidavo in misura maggiore rispetto a Sparta, e a causa di ciò si sfaldarono i miei rapporti idilliaci con Alcibiade.

Comprendevo tuttavia che non potevo più menare il can per l'aia più di tanto e che era necessaria una presa di posizione da parte mia.
Ma non sapevo proprio che pesci pigliare.
Dovevo però fornire all'una o altra parte la prova di buona fede. Partii quindi per Aspendo, in Fenicia, ove centocinquanta navi di cui ho già accennato, erano in allestimento ed avrebbero per certo risolto le sorti della guerra in favore di chi le avesse ricevute.
Alcibiade, quando seppe della partenza, mi seguì sulla rotta fenicia per lasciar intendere agli ateniesi di Samo che volevo consegnare a lui le navi, o almeno immagino che tale fosse la sua intenzione, dal momento che a Samo aveva promesso le navi stesse.
Ma così non era, Plutarco: nessun accordo del genere c'era mai stato. Il viaggio, comunque, non risolse nulla perché io tornai senza navi e, al riguardo, dissi che era sorto un contenzioso sui pagamenti.
Ora, Plutarco, vuoi la verità? E sia: quelle navi non esistevano.
Gli spartani comunque ancora ci contavano, e pure Alcibiade.
Questi infatti tornò a Samo, e millantò il merito dell'avere impedito che la flotta fantasma venisse consegnata al nemico.

Plutarco – Vivissimi complimenti Tissaferne, senza ironia, credimi.
Suppongo però inutile chiederti ancora da che parte stavi e, visto che non vuoi rivelarlo, non ritengo che la franchezza possa giungere a tal punto. Puoi andare dunque ma ripeto, non provo acrimonia verso te.
Non sei peggiore di altri.

Il satrapo si inchina con un beffardo sorriso ed esce di scena.

Plutarco – Esimi colleghi Licurgo e Solone, abbiamo appurato dalle parole di Tissaferne che il suo rapporto con Alcibiade era deteriorato e che quest'ultimo era ritornato sì nella sfera ateniese,

ma non dalla porta primaria bensì dalla secondaria della secessionista Samo.
Si può presumere quindi che il suo obiettivo del rientro nella capitale fosse maturato in lui, ma sulle traversie che lo ricondussero infine in Patria non potremo avvalerci dell'apporto di Tucidide.
Egli infatti interrompe proprio in quel lasso di tempo la narrazione e perciò dovremo rivolgerci alla parola di Senofonte, che si riconnette al tratto tucidideo senza soluzione di continuità.
Vogliate comunque parlare tra voi, Licurgo e Solone, e individuare i prossimi testimoni.

Un breve conciliabolo fa emergere il nome di Teramene.

Plutarco – Approvo la chiamata, sia quindi chiamato il teste.

Ecco l'uomo, calvo e barbuto, dall'aspetto vigoroso, presentarsi alla sbarra con incedere sicuro.

Plutarco – Racconta in breve di te, Teramene, oppositore del regime oligarchico al potere in Atene, e poi, in altrettanto rapida sintesi, cita gli eventi che portarono alla caduta dei quattrocento.

Teramene – La mia orma nella Storia come uomo politico, in Atene, è ambigua, Plutarco, per le nebulose e vaghe accuse di trasformismo che Senofonte imbastì nelle sue *Elleniche*.
Orbene, io affermo d'avere sempre agito in perfetta buona fede per il bene della Patria, e di ciò chiedo credito alla Corte ed al pubblico.
Sull'oligarchia dei quattrocento, ad esempio, è vero che io militai tra i fautori, e che in seguito cambiai partito per aderire all'opposizione.
Questo però non avvenne per comodo opportunismo.

No, Plutarco! Io avevo ingenuamente creduto al progetto di creare il più ampio consiglio dei cinquemila per poi mantenere sotto controllo la funzione dei quattrocento.

Quando mi accorsi però che siffatta idea era invero solo fumo negli occhi propinato dalla fazione oligarchica estrema, come tale estranea al mio pensiero, presi atto delle intenzioni ingannevoli ed imboccai l'opposta dirittura.

In verità, il gruppo infame era intriso di animo traditore e intendeva conservare il potere in Atene favorendo uno sbarco degli spartani, di certo bene disposti verso il regime.

A questo scopo aveva fatto edificare su un luogo strategico del Pireo la fortezza Eiezonia, una testa di ponte per gli spartani, secondo patti occulti intercorsi, mentre al popolo venne celata la verità con bieca menzogna: la fortezza sarebbe stata destinata a impedire l'invasione dai concittadini di Samo, come è noto ostili al regime oligarchico.

Un tradimento esecrabile che io riuscii comunque a sventare facendo abbattere la fortezza, talchè gli spartani, giunti all'ingresso di porto, lo trovarono difeso e quindi deviarono la rotta al nord, in Eubea, con l'intento di strapparla al nostro dominio.

Una piccola flotta ateniese, spedita all'inseguimento, fu sconfitta ad Eretria e ciò preluse alla rivolta di popolo che rovesciò il regime.

Fu allora istituito davvero quel consiglio dei cinquemila su cui avevo creduto e si trattò di cittadini scelti tra quelli che possedevano denaro sufficiente a sostenere la città coi cavalli e con gli scudi.

Non fu proprio il ripristino della democrazia, ma un governo misto, tendente alla democrazia, e tra i primi decreti assunti venne sancito il richiamo in Patria di Alcibiade.

Plutarco – Ci siamo dunque? No! colleghi. Sentiamo altri testimoni.

La risposta di Solone e Licurgo è immediata: venga Crizia.

Elegante e raffinato nell'aspetto e nel vestire, non proprio avvenente quanto Alcibiade, sodale di baldorie in gioventù, l'uomo si presenta e scocca un'ammiccante occhiata all'imputato, che non ricambia.

Plutarco – Ebbene Crizia, Socrate già ci ha parlato di te citandoti tra i suoi più illustri allievi, virgulti dell'aristocrazia ateniese e degeneri al suo virtuoso insegnamento.
Ricordiamo in merito che pure tu fosti coinvolto nello scandalo delle Erme e dei Misteri Eleusini, ma ne uscisti assolto, con molti dubbi.
Passiamo oltre, tuttavia, e veniamo alle tue successive vicende.
Ti ritroviamo al punto in cui partecipasti al regime dei quattrocento e ti unisti poi all'opposizione guidata da Teramene.
Corrisponde al vero, Crizia, che alla caduta dei quattrocento, proprio tu fosti il primo sostenitore del rientro di Alcibiade?
Così ci risulta, ma egli non lo accettò, anzi lasciò trascorrere quattro anni prima di decidere il grande passo.
Parlaci dunque ti prego di tale periodo in ordine all'imputato.
Eri bene informato sui fatti, allora, considerata la posizione di rilievo che occupavi entro il nuovo governo dei cinquemila.
Ed anche maggiore poi come *leader* dei trenta tiranni, quel dispotico regime istituito da Sparta vittoriosa, ma questo non interessa poiché il tratto è successivo alla morte di Alcibiade.

Crizia – Sì Plutarco, indubbiamente mi sono noti gli eventi di Atene, per averli vissuti da protagonista, ma soprattutto conosco Alcibiade, compagno di bagordi, seppur dopo lo scandalo delle Erme e Misteri Eleusini lo avessi perso di vista.
Confermo peraltro che risponde al vero quanto hai ricordato sul mio impegno a che Alcibiade rientrasse in Patria.
Quel provvedimento, comunque, fu preso in cospicua maggioranza, ma non in maniera unanime, entro un contesto non facile

ove l'unica certezza era rappresentata dalla rinnovata volontà di proseguire nella guerra ad oltranza, che il regime oligarchico aveva contrastato.

Sul governo dei cinquemila poi (seppure Tucidide lo avesse descritto così: "Equidistante da oligarchia e demagogia, si rivelò il meglio che Atene avesse mai instaurato") io nutrivo molti dubbi.

Un'oligarchia moderata era piuttosto il mio ideale, ma non il regime dei trenta tiranni, voluto da Sparta a fine della guerra, che si distinse in crudeltà e terrore, inevitabili nella caotica fase.

Ne fui il *leader* sì, e dovetti adeguarmi alle necessità contingenti, ma non ci interessa, è stato detto.

Ed in effetti è meglio non parlare di quell'esperienza infame.

Comunque sia, Plutarco, al di là del mio impegno sull'opportunità di un ritorno di Alcibiade, il tratto non era maturo poichè il governo dei cinquemila tendeva a ripristinare la democrazia ma i nemici del mio amico erano ancora numerosi.

E d'altronde come avrebbe potuto il mio compagno veder perdonata con un banale colpo di spugna la pregressa militanza con Sparta e la cospirazione attuata in favore dell'oligarchia?

Non era stato per certo sufficiente tutto il suo lavoro diplomatico per ottenere l'alleanza di Tissaferne contro Sparta in favore di Atene.

Un progetto peraltro naufragato senza alcun risultato concreto.

E che ne era stato delle navi fenice, mai viste da alcuno?

Alcibiade, dunque, vedeva bene l'insieme e non si fidava di garanzie generiche di incolumità a fronte di una condanna non revocata.

Egli quindi capiva che avrebbe potuto contare di essere il benvenuto solo portando un apprezzabile coacervo di meriti acquisiti.

E del resto pretendeva per sè un comando di stratega supremo, come era a Samo, e forse, addirittura, la guida al vertice politico cittadino.

Plutarco – Pare esauriente la tua esposizione, Crizia, ma ora si rende necessario valutare ciò che avvenne sullo scenario bellico nei quattro anni che Alcibiade trascorse tra isole ioniche e Asia Minore, tanto fu l'intervallo, prima di rimettere piede trionfante sul patrio suolo.
È giunto quindi il momento di sentire Senofonte.

Un uomo massiccio, dal viso quadrato e dallo sguardo penetrante si presenta ora di fronte al giudice.

Plutarco – Benvenuto tra noi Senofonte, insigne autore dei racconti che Tucidide avrebbe voluto portare a compimento in prima persona, ma non fu in grado per ignote ragioni.
La tua opera inizia proprio all'atto in cui Alcibiade colse la prima tra le vittorie che gli avrebbero spianato la via del sensazionale ritorno.
Narraci dunque i fatti antecedenti.

Senofonte – Esimio Plutarco, da storico io non prediligo preamboli, o complesse analisi, ma preferisco i fatti da sottoporre al giudizio del lettore senza commenti.
Sarebbe quindi congeniale al mio metodo adeguarmi all'istanza nella maniera più semplice, invece non posso esimermi dal formulare una premessa, come tu mi chiedi, tornando almeno in parte sul pregresso narrato dal grande maestro Tucidide.
Orbene: Alcibiade fu edotto del richiamo deliberato in Atene quando approdò a Samo, al ritorno dal viaggio in Fenicia all'inseguimento di Tissaferne, intento a prelevare le navi fantasma.
Egli millantò come determinata dalla sua influenza su Tissaferne la mancata consegna delle navi agli spartani però era consapevole della scarsa validità di tale fasulla credenziale.
Comprendeva infatti che molto più avrebbe dovuto donare ad Atene se voleva presentarsi non come supplice ma da osannato vincitore.

Nella veste di stratega generale a Samo, tuttavia, era pure autorizzato a barcamenarsi tra le isole ionie per procacciarsi le risorse necessarie a rinnovare la gloria di Atene talchè, perseguendo tal intento, si pose in viaggio navigando a sud di Samo.

Nuove circostanze però si stavano concretizzando poichè lo scenario bellico tendeva a spostarsi più a nord, vale a dire sull'Ellesponto.

Tissaferne infatti, non decaduto amico di Alcibiade, quanto meno in teoria, era stato definitivamente respinto dagli spartani, come alleato, i quali avevano preferito a lui l'altro satrapo, Farnabazo di Frigia, già ripudiato in precedenza.

Costui così subentrò nel patto con i Peloponnesiaci allo stesso modo in cui prima era toccato a Tissaferne: il satrapo paga e gli spartani s'oppongono agli ateniesi, ma nella sua sfera di competenza.

In Ellesponto, appunto, non più le isole ionie.

In tale mutato quadro di ferimento Alcibiade arraffò le migliori tra le opportunità possibili ed ottenne una sequela di splendidi successi, sia pure iniziando con un passo falso.

Egli infatti si presentò di nuovo a Tissaferne in veste di comandante riconosciuto a Samo, illudendosi di ripristinare la trascorsa amicizia con lui e rinnovare il balletto di alleanza con gli ateniesi, ma gli andò male, giacchè Tissaferne lo fece subito arrestare.

Temo però, Plutarco, che sia impossibile reperire prove e testimoni idonei a stabilire la verità sul quell'episodio.

Alcibiade fuggì un mese dopo, questo è certo, ma non è dato sapere, dalle fonti dell'epoca, se la sortita avvenne per un'occulta complicità di Tissaferne o per la sola audacia di Alcibiade.

Tu stesso, Plutarco, narri quegli eventi ma non si potrebbe certo dire che ne dai una chiara interpretazione.

Plutarco – Cito me stesso, se permetti, Senofonte: "Alcibiade intese umiliare Tissaferne dicendo che aveva tramato per farlo fuggire".

Come puoi constatare le mie parole attestano il dire di Alcibiade, e cioè che "intendeva umiliarlo".
Ma si tratta soltanto di una delle varie ipotesi.
Un doppio gioco meditato dal satrapo, con un occhio volto a Sparta e l'altro ad Atene, potrebbe essere altrettanto plausibile, però è lecito anche ritenere che Alcibiade, personaggio dalle mille risorse, avesse ordito tutto da solo confidando sulla propria inventiva.
L'ipotesi però presenta il fianco a una critica: quando mai Alcibiade avrebbe rinunciato alla deliziosa occasione di vantarsi per un'azione così avventurosa?
Ebbene, in tutto il ciarpame di congetture, sta di fatto almeno che, in quel particolare momento, il sodalizio tra Alcibiade e Tissaferne era ormai caduto in via definitiva.
Procedi quindi Senofonte dopo l'illuminante premessa.

Senofonte – Sì Plutarco, dicevo dunque che il teatro guerresco si era trasferito alla zona dell'Ellesponto con gli spartani attestati sulla riva frigia, ad Abido, e gli ateniesi sulla riva opposta, a Sesto.
Cominciò allora una sequela di battaglie navali, vincenti per Atene, a cui Alcibiade partecipò con apporto ondivago.
A Chinossena, scontro minore, non fu presente, ma in Abido giocò la parte risolutrice intervenendo inaspettato alla fine di un'ampia ed incerta sfida che si era a lungo svolta per esiti incerti.
Fu a Cizico, comunque, che Alcibiade superò sè stesso.
Egli condusse un colpo di sorpresa sul mare, in un giorno di pioggia battente, e travolse il nemico, spinto troppo al largo fidando sul fatto che le condizioni del tempo avrebbero fermato gli ateniesi.
Lo inseguì quindi sino alla spiaggia trasformando così la lotta navale in terrestre, e colse infine una squillante vittoria.
Nel combattimento restò ucciso anche il navarca spartano, Mindaro, succeduto ad Astioco, mentre gli altri strateghi inviarono a Sparta un messaggio in cui traspariva la loro paura ed afflizione:

"navi perdute, Mindaro ucciso, truppe affamate, non sappiamo che fare".
Gli ateniesi, invece, ne colsero abbondanti frutti.
Le città di Perinto e Selimbria, a ovest ed est di Bisanzio, dovettero concedere l'ingresso dei presidi armati ateniesi, talchè il controllo da parte loro sullo stretto dell'Ellesponto permise l'esazione di balzelli considerevoli per ogni nave diretta al Ponto Eusino.
Sarebbe stato abbastanza tutto ciò come dote corrispettiva al glorioso rientro di Alcibiade?
No! considerato che la Patria, ancora incerta se concedere o meno le cariche e gli onori voluti dall'esule, non dava segnali.
Non bastava, dunque, ma Alcibiade era in campo.
Espugnò Calcedonia, città sulla sponda opposta a Bisanzio, battendo il satrapo Farnabazo accorso in sua difesa, e quindi partì alla volta di diverse città per ricavarne tributi a man bassa.
Forte di nuove truppe e d'abbondante denaro tornò a Calcedonia ove ottenne un notevole successo diplomatico.
Gli altri strateghi ateniesi avevano nel frattempo strappato un patto di neutralità da Farnabazo ma costui, per dare esecuzione, volle che l'accordo fosse siglato da Alcibiade come garante primario.
Tale fu un riconoscimento di autorità che arrecò credito brillante al nostro uomo. Tissaferne poteva anche andare a farsi benedire.
Dopodichè, tocco finale, Alcibiade cinse d'assedio Bisanzio e infine espugnò la città senza colpo ferire grazie alla neutralità di Farnabazo ed all'imbelle condotta di alcuni notabili cittadini che non credevano più alla potenza spartana.
Avevano un bel dire i democratici, nemici di Alcibiade in Atene.
Gli argomenti contro di lui si indebolivano sempre di più.
Cleofonte poi, il *leader*, era contestato per aver respinto la proposta di pace spartana pervenuta dopo la vittoria di Cizico già procurata da Alcibiade.
Si sarebbe potuto, addirittura, realizzare l'epilogo della guerra a quel punto con la vittoria ateniese ma il governo sancì altrimenti.

Comunque sia, l'esule disprezzato appariva ormai la panacea di ogni disgrazia: denaro, vittorie, vantaggiosi negoziati, morale del nemico ridotto ai minimi termini, rinascita dell'impero.
Tutto pareva dovuto a lui.
Perché allora intestardirsi ancora sugli antichi trascorsi? Perché non chiudere entrambi gli occhi?
Si archiviasse il passato e tornasse a casa l'esule onorato, rispettato, riverito, osannato.
Gli si conferissero tutte le cariche che avesse mai voluto e richiesto per realizzare la riscossa di Atene.
Di fronte a simili manifestazioni di stima, l'opposizione democratica infine cedette le armi e, confermato il richiamo in Patria, già sancito quattro anni prima, Alcibiade venne candidato a stratega generale.
Le elezioni si tennero con ritardo, per il male di pancia residuo, ma il sogno si realizzò infine.
Alcibiade ne apprese notizia mentre in Caria rastrellava altre risorse.
Tutto cancellato!

Scena 4: ritorno ad Atene (407 – 406)

Dall'accoglienza in città sino alla ripartenza per la guerra.

Plutarco – Sette anni erano trascorsi dalla partenza di Alcibiade, in veste di comandante della spedizione in Sicilia, e finalmente tornava con il vento in poppa.
Giunse al Pireo, nel mese di Tergelione, proprio il giorno ventidue in cui si celebrava la festa Plinteria: occasione non propizia nella quale la statua della dea Atena, in ingresso del tempio sull'acropoli, veniva coperta con veli opachi per essere lavata. La tradizione antica sosteneva che in quei giorni la protezione divina non fosse "operativa" e quindi nulla di nuovo dovesse cominciare.
Cionostante, il corteo delle navi che accompagnava il nuovo stratega si avvicinò agli approdi con una magnificenza che tu e io, Senofonte, abbiamo descritto, facendo a gara per dovizia di particolari, sebbene nessuno di noi sia stato presente.
Uno qualunque del popolo, assiepato tra la folla osannante, potrebbe per certo descrivere l'evento come testimone oculare meglio di noi.

Un vecchio contadino, calvo e scheletrico, avviluppato nel modesto mantello, avanza appoggiato al bastone e strascicando il piede.

Plutarco – Benvenuto Giasone, agreste e orgoglioso cittadino, ti sia lieve la veneranda età, e carica di ricordi!
Raccontaci Atene, come tu la vivesti nei migliori anni sino al giorno memorabile di cui ora stiamo parlando.
Giasone – Appartenevo al demo di Colono, insigne Plutarco, e della mia Patria, quando avevo soltanto sette anni, ricordo prima di tutto il terrore dell'invasione persiana che sarebbe inevitabil-

mente seguita al nostro cedimento sulle Termopili, dopo l'eroica difesa spartana.

L'imperatore Serse, accecato dallo spirito di vendetta per la sconfitta subita dieci anni prima da suo padre Dario, aveva ordinato che Atene fosse rasa al suolo e che nella campagna non dovesse rimanere pietra su pietra, di poderi e casolari, né alcun animale o pianta vivente.

E così fu, in estrema barbarie e forsennata crudeltà.

Tutta la mia famiglia era fuggita in tempo sull'isola di Salamina, ove la flotta ateniese ottenne infine una squillante rivincita, però, quanto amaro fu il ritorno nelle nostre terre devastate, e quanto laboriosa la ricostruzione.

Della rinascita di Atene, tuttavia, ricordo bene i successivi cinquanta anni, in cui lo splendore architettonico della città mi si presentava in ogni luogo che attraversavo quando venivo al mercato per vendere i prodotti dell'àvita terra, anch'essa superbamente ridestata.

Si respirava ricchezza, cultura, arte, fasto, eleganza, libertà, ed ogni bene evidente, pure a me, ignorante contadino qual ero, non abituato ai salotti esclusivi, palestre alla moda, siti di spettacolo e di pubblica assemblea.

Comunque apprezzavo l'orgoglio di essere cittadino ateniese.

Ma ritornò la guerra, ed io, seppure troppo anziano per parteciparvi, ne patii le conseguenze in tutta la formidabile potenza distruttiva.

Ogni estate da allora giunsero in Attica gli spartani e imperversarono impuniti per le campagne demolendo, incendiando, uccidendo, pure peggio in malvagità e violenza di quanto avessero fatto i persiani.

Né ci consolava sapere che le nostre navi recavano altrettanto dolore e lutto nel Peloponneso.

Il popolo della campagna attica, per difendersi dalle incursioni degli spartani, si riparava dentro le Lunghe Mura: spalti inespugnabili che, dopo la letale invasione persiana, avrebbero sempre difeso Atene e le vie ai porti del Pireo e del Falero.

Ma l'inverosimile affollamento provocò una pestilenza di colossale proporzione che non risparmiò neppure il magnifico Pericle, oltre a mia moglie e quattro dei miei cinque figli.

Questi sono i ricordi, più struggenti che lievi, Plutarco, e la guerra si protrasse a lungo, oltre alla giornata che mi accingo a ricordare come hai richiesto.

Fu una festa corale di popolo l'accoglienza che Alcibiade ricevette al Pireo. La squadra navale da lui guidata, adorna di fregi, armi e trofei sottratti al nemico, portava al seguito oltre duecento triremi catturate mentre l'ammiraglia sventolava vele di porpora ed il comandante, in prora, eretto con solenne dignità, contemplava la folla acclamante.

Ero commosso Plutarco, non lo nascondo, suggestionato dalla gioia collettiva. Presagivo il futuro iridato della Patria e guardavo gli occhi dei miei pronipoti colmi di meraviglia infantile.

Alcibiade però, non tanto lontano dalla posizione che a fatica avevo ottenuto, non mi pareva affatto trionfante.

Era esitante, piuttosto, non salutava il pubblico e saettava lo sguardo ansioso in ogni direzione.

Non scese subito, ma attese a lungo, guardingo, sospettoso, ancorchè dalla folla non giungesse alcun segnale di ostilità, sinchè scorse sulla banchina un cospicuo gruppo di parenti ed amici di cui poteva fidarsi e, solo allora, si decise a porre piede a terra.

Una fiumana di persone si accostò e lo seppellì di corone di fiori, ma la scorta di amici gli fece barriera, lo isolò dalla moltitudine vociante e formò un corteo che lo avrebbe accompagnato in città.

Presente all'assemblea convocata per l'occasione, ascoltai il discorso che egli pronunciò dalla tribuna, in cui si guardò bene dall'esprimere parole di rimprovero, anzi attribuì a sè ed alla mala sorte le disgrazie e le peripezie contrarie subite in quegli anni.

Si intrattenne a lungo sulle calamitose circostanze in allora attuali, e non ancora concluse per Atene, ma promise tutto il suo impegno e la dedizione necessaria alla rifioritura della città, applaudito e osannato dallo strepito generale incontrastato.
Tornai a casa in serata con il cuore colmo di speranze nuove.

Plutarco – Grazie Giasone, genuina espressione del popolo ateniese, per il tuo semplice e seducente racconto, ma quella prima giornata di un nuovo corso necessita ora del seguito a carattere storico.
Riprendi pertanto, Senofonte, la tua cronaca.

Senofonte – Non sussiste granchè da aggiungere, Plutarco, oltre allo spettacolo grandioso di una giornata a lungo attesa e celebrata in così imponente clamore. Tutto era previsto, in realtà, entro il copione che eleggeva Alcibiade uomo della provvidenza per Atene.

La nomina a stratega unico, plenipotenziario, la restituzione dei beni confiscati, e con tante scuse, la revoca della maledizione pronunciata dai sacerdoti Eumolpidi, addirittura l'invito di una minoritaria lega a farsi tiranno, che egli respinse indignato.

Prima di intraprendere qualsivoglia azione bellica tuttavia, giacchè la guerra ferveva sull'Egeo, e in Asia minore, più furiosa che mai, né il prestigio ateniese poteva dirsi ristabilito, Alcibiade concepì un piano davvero geniale per consolidare il proprio carisma sui concittadini.

Correva Tergelione, e poco mancava a Boedromione, mese dedicato alla celebrazione dei Misteri Eleusini.

Sino da quando gli spartani si erano impadroniti di Decelea, proprio per consiglio di Alcibiade, l'annuale processione da Atene ad Eleusi si svolgeva per la via del mare, poiché il percorso per terra rischiava di essere intercettato con una facile e aggressiva sortita dagli spartani che ancora occupavano Decelea.

All'epoca del rientro di Alcibiade la minaccia non era venuta meno, quindi il nuovo stratega plenipotenziario stabilì di sfidare la fortuna ripristinando la tradizione del viaggio per terra, naturalmente con un adeguato presidio armato in protezione dei pellegrini.
Egli contava, attuando il provvedimento, di rinforzare la fiducia e la stima della città nei suoi confronti offrendo riparazione per fatti a lui attribuiti: violazione dei Misteri e perdita di Decelea.
E così avrebbe acquisito un sicuro vantaggio, sia se il nemico avesse rinunziato all'assalto, dimostrando paura, sia nel caso in cui si fosse lanciato in uno scontro, sacro per Atene.
Naturalmente le cose andarono per il meglio a quel vecchio volpone.
Gli spartani non si fecero vedere ed egli addirittura conseguì la guida della processione come ierofante e sommo sacerdote.
Sempre più idolatrato e riverito, non scordiamo tuttavia che la guerra permaneva ed esigeva nuovi contributi da parte sua, per di più in una cornice che non prometteva alcunchè di buono per Atene.

Plutarco – Così è, Senofonte, sappiamo che a Sparta, indomita dalla sconfitta, era stato eletto il navarca in sostituzione a Mindaro, morto a Cizico, un tale Lisandro.
Colui che infine avrebbe segnato la fine di Atene.
La Persia poi s'era schierata in nuova armonia con gli spartani.
Non più per opera dei satrapi tuttavia, ma del Re dei re, Dario II, che aveva quindi inviato in Asia minore suo figlio Ciro, colmo di denaro e con la missione di assumere il comando supremo nelle satrapie di Lidia e Frigia, estromettendo gli screditati Farnabazo e Tissaferne.
Ascoltiamo dunque questi due nuovi personaggi.

Incede il navarca con altero portamento, la lunga chioma fluente, le labbra atteggiate a una lieve smorfia di disprezzo e lo sguardo duro come il ferro.

Plutarco – Mi sia permesso ancora tenere la guida del dibattimento per omaggio a te, Lisandro, l'unico stratega spartano al quale dedicai una delle mie Vite, in abbinata al romano Lucio Cornelio Silla.
Nel tratto finale della guerra peloponnesiaca il conflitto trasfigurò in un duello tra personalità dominanti, tua e di Alcibiade.
È proprio per tale aspetto che ora chiedo di raccontare gli eventi dal lato spartano.

Lisandro – Sì, Plutarco. Conoscevo Alcibiade, dal tempo passato in cui aveva offerto servizio alla mia Patria e ne ammiravo la dialettica, sia pure nutrendo un'istintiva diffidenza.
Ero minore di dieci anni rispetto a lui e ne avevo seguito le traversie nel mentre scalavo le gerarchie militari nella mia città.
Comprendevo quindi, e stimavo, il valore politico militare dell'uomo quando fui nominato comandante supremo per la guerra in atto, cosa che avvenne contestualmente al suo ritorno in Atene.
Io lo temevo perché immaginavo che avrebbe saputo galvanizzare ed imbonire la gente, con la promessa di nuove vittorie, come se quelle ottenute quand'era stratega a Samo non ci avessero già male ridotto.
Dovevo essere molto prudente pertanto: rafforzare la nostra flotta già ampiamente ridimensionata prima di tentare uno scontro decisivo.
Scelsi Efeso, come quartier generale di mare e terra, laddove sapevo che il sentimento filo spartano era ancora abbastanza diffuso.
Vi allestii un nuovo arsenale per la costruzione di navi da guerra e non trascurai in concomitanza la marina mercantile.
Rianimai i porti e le attività commerciali, ma il soldo non era ancora sufficiente per la creazione di un'adeguata forza d'urto.

Seppi altresì che Dario II, Re dei re persiano, aveva inviato il figlio Ciro a Sardi con onere di detronizzare il satrapo Tissaferne e avocare i cordoni della borsa e le guida della guerra.
Non posi tempo in mezzo, non attesi la sua chiamata, partii di volata per Sardi a incontrare il giovane principe.

Plutarco – Mi dispiace doverti interrompere, Lisandro: il flagello di Atene meriterebbe altra considerazione, ma questo processo riguarda Alcibiade e quindi desidero ora sentire Ciro il giovane.

Un ragazzo gagliardo, fasciato in corazza di cuoio, dagli occhi scuri e capigliatura corvina, posa l'elmo e fronteggia il giudice.

Plutarco – La Storia ricorda te, Ciro, per le vicissitudini legate alla successione di papà Dario, che forse avevi meditato quando ricevesti il navarca Lisandro, immaginando di fartene un amico in futuro.
Raccontaci qualcosa su questo e sulla rinnovata collaborazione tra la Città di Sparta e l'Impero persiano.

Ciro – Mi è gradita l'occasione, Plutarco, per confermare a te che io non ero l'erede designato al trono imperiale di Persia poichè il diritto spettava a mio fratello maggiore, Artaserse.
Ambivo però al titolo, per il favore di Parisatide, nostra madre.
Papà peraltro mi aveva conferito, come secondogenito, le satrapie di Frigia, Lidia e Cappadocia, dopo averle unite in un'unica provincia d'Asia occidentale, e tuttavia non mi bastava ancora.
Obbedii comunque e raggiunsi Sardi capitale, dove volevo applicare le istruzioni del Re dei re: agevolare Sparta e combattere Atene.
Ma non fu necessario per me cercare il contatto.
Lisandro, navarca succeduto a Mindaro, sollecitò l'incontro con me e si presentò alla mia corte.

Intuii subito in lui la tempra, il coraggio, l'astuzia e l'equilibrio di un superbo comandante.

Egli si comportò in modo molto rispettoso nei miei confronti, direi al limite dell'adulazione, risoluto al tempo stesso nel farsi valere.

Per istintiva attrazione io lo accolsi col massimo onore e mi dichiarai pronto ad accordargli sostegno. Ma nutrivo un retropensiero.

L'interesse dinastico lasciava intravedere che, in futuro, egli avrebbe ricambiato aiutandomi ad eliminare mio fratello Artaserse.

Ci provai, infatti, alcuni anni dopo, ma non con lui, bensì con l'aiuto di altri strateghi spartani. Senofonte narrò la storia nell'Anabasi.

Artaserse ebbe il trono di Persia ed io persi la vita a Cunassa.

Ma non divaghiamo - Lisandro chiese denaro per aumentare la paga di marinai e rematori e ne conseguì la diserzione in massa di ciurme ateniesi per unirsi ai più fortunati nemici.

Il potenziale spartano quindi, dopo le sconfitte, cresceva di giorno in giorno, in vista di uno scontro davvero decisivo.

Eppure Lisandro, uomo geniale anche per prudenza, esitava.

Egli considerava la flotta ateniese ancora superiore per numero e per perizia di capitani, timonieri, rematori, marinai, fanti, ma soprattutto soggiaceva al timore reverenziale di Alcibiade, e non tanto per la sua intelligenza ed esperienza, bensì per l'aura divina di invincibilità che si era conquistato, e moltiplicato con il ritorno in Patria.

Plutarco – Grazie Ciro, hai esposto con integrità i fatti, dimostrando che l'ambiguità orientale, così disprezzata dagli elleni, non è certo la caratteristica generalizzata di quei popoli.

Ma dobbiamo procedere, pertanto cedo di nuovo l'iniziativa ai miei colleghi d'accusa e difesa.

Licurgo e Solone concordano sul nome di Cleofonte.

Dalla criniera ricciuta e l'occhio torbido, l'uomo s'avanza sicuro, a dispetto della pronunciata pinguedine.

Licurgo – Sappiamo di te, Cleofonte, che fosti un politico puro e per nulla versato nell'arte delle armi.
Esponente primario della tendenza democratica radicale in Atene, ne assumesti la guida proprio nel travagliato momento in cui il governo si contorceva nella situazione seguita al regime dei quattrocento.
Eri al vertice, comunque, quando Alcibiade tornò con tutti gli onori, quindi sei titolato a raccontare il seguito della sua impresa vissuta di nuovo al servizio della Patria.

Cleofonte – Sì, ero al potere in allora, Licurgo, e rimasi abbarbicato sino alla definitiva sconfitta di Atene.
Noi, radicali democratici, in quell'ibrida accozzaglia del governo dei cinquemila, restaurammo una democrazia vera di contro ai moderati, estendendo le cariche pubbliche anche ai nullatenenti.
Mi vanto poi d'avere sistematicamente respinto ogni offerta di pace da Sparta, sia che fosse vantaggiosa per noi, dopo le vittorie a Cizico ed alle Arginuse, sia spietata, dopo la disfatta di Egospotami.
Ne pagai lo scotto però quando gli oligarchi ricostituirono il governo sulle punte delle lance spartane e mi condannarono a morte.
E veniamo ad Alcibiade.
Feci tutto quanto stava in mio potere per evitare o almeno rinviare il suo ritorno: dall'opposizione aperta all'ostruzionismo velato.
Ma dovetti, infine, cedere alla parossistica isteria dominante, per poi schierarmi dalla parte vincente masticando amaro.
Vedevo il prestigio dello stratega autocratico ingigantire di giorno in giorno, sia nelle assemblee, sia nella vita privata dei cittadini.

Mi capitò addirittura d'assistere al linciaggio di un vecchio che si era permesso in corteo di rinfacciare allo stratega i morti di Siracusa.
Sapevo peraltro che la gloria di Alcibiade era fragile e che il minimo passo falso lo avrebbe buttato nelle spire di un clandestino dissenso trasversale dettato dalla meschinità e dall'invidia. E questo è ciò che avvenne, in effetti, dopo la battaglia di Nozio. La fronda latente divenne palese, d'improvviso, e fu così che io colsi l'occasione per fare destituire Alcibiade dall'assemblea.

Licurgo – Ponesti fine, Cleofonte, all'ultima avventura di Alcibiade e lo costringesti all'esilio, volontario tuttavia.
Ora, prendo atto della tacita rinuncia della difesa a controinterrogare il teste e propongo di sentire Antioco, il nocchiero dell'imputato, sui modi in cui si svolsero i successivi eventi.
Essi avrebbero dovuto in intento incrementare la gloria di Alcibiade, e invece fornirono a Cleofonte il pretesto per farlo fuori.

Il supponente ammiraglio, promosso per fedeltà al comandante, più che per attitudine, dismette davanti al giudice la sua vanagloria.

Licurgo – Forse, Antioco, esprimesti malamente la fiducia che il tuo amico Alcibiade ti accordò sin dal primo incontro in giovane età?
Ma non siamo qui per giudicare te, perciò parla liberamente.

Antioco – Tu narrasti, Plutarco, che Alcibiade, da politico alle prime armi, un giorno s'imbattè nell'ἀγορά in un gruppo di cittadini intenti in animata discussione su una pubblica raccolta di denaro e che s'unì a loro conferendo un ricco contributo.
La gente lo applaudì, con clamore, per la munificenza dimostrata, ed egli si inchinò, lasciando fuggire una quaglia trattenuta tra le pieghe del mantello, un animale ammaestrato per cui nutriva grande affetto.

Tutti i presenti fecero a gara per catturarla ma toccò a me, un piccolo monello di strada, l'onore di riconsegnarla al padrone.

Avvenne così che, sin da allora, divenni per lui un caro amico. Ricordo a malapena quell'episodio, certo è che Alcibiade mi prese in simpatia e volle curarsi della mia istruzione facendo infine di me un esperto timoniere di trireme al suo personale servizio.

Lo seguii ovunque nelle sue peripezie: Sicilia, Sparta, Sardi, Samo. E naturalmente ritornai con lui in Atene.

Quindi ripartii al suo seguito in Asia minore, dove sarebbe iniziata la sfida contro Lisandro.

Dopo una breve sortita ad Andro, ove riportammo una vittoria contro i ribelli defezionati da Atene, puntammo a Samo, la base cruciale per le successive operazioni.

Salpammo poi per Notio, a nord di Efeso, la base di Lisandro, ed ivi Alcibiade parcheggiò la flotta sotto il mio comando, ma con l'ordine di non ingaggiare battaglia per nessun motivo.

Egli proseguì, con una ridotta squadra, per Focea, ancora più a nord, con l'intento di arrecare aiuto all'assedio della città.

Fu allora che commisi un errore fatale: il cameratismo che mi legava al comandante e la gratitudine per l'incarico conferito, troppo grande rispetto alla perizia di un semplice timoniere, seppur abile, avrebbero dovuto indurmi alla pedissequa obbedienza.

E invece mi montai la testa.

Volevo preparare la sorpresa di una vittoria per Alcibiade e così, con dieci triremi, penetrai nel porto di Efeso sino a sfiorare la prora delle navi spartane ormeggiate.

Un'autentica provocazione con cui speravo di stanare Lisandro e poi sconfiggerlo in mare aperto, dove avevo stabilito la concentrazione della nostra flotta al completo.

Lisandro a sua volta, pur poco propenso alla battaglia, uscì dal porto in forze adeguate e vinse, catturando quindici triremi.

Non si trattò invero di una grande perdita, ma sufficiente a scatenare la reazione nella capitale.

Plutarco – Ti dissi insensato e volgare, Antioco, nelle mie Vite, ma, anche senza la tua stolta iniziativa, il destino di Alcibiade si sarebbe compiuto, in qualche altro modo.

Cleofonte ebbe buon gioco nel pilotare la destituzione dalle cariche e Alcibiade capì che doveva ricominciare tutto da capo.

Scena 5: morte gloriosa (404)

Plutarco – Alcibiade sarebbe vissuto altri tre anni: un periodo denso di avvenimenti importanti che determinarono la fine della guerra del Peloponneso, ma in cui egli non avrebbe svolto alcun ruolo attivo.
Racconta quindi, Senofonte, l'ultimo stadio del conflitto.

Senofonte – Con la mia consueta sintesi mi accingo a esaudire la tua richiesta, Plutarco, partendo dalla battaglia di Nozio, irrisoria battuta d'arresto militare per Alcibiade ma catastrofica sconfitta politica che lo costrinse all'esilio spontaneo.
Da allora in Atene, dopo Alcibiade, venne eletto al comando non un solo stratega ma un consiglio di dieci.
A Sparta invece, Callicratida subentrò a Lisandro per la scadenza del mandato, non certo per inettitudine del primo, ma il comandante non ottenne dal principe Ciro altrettanta disponibilità economica.
Orbene, le isole Arginuse, vicine a Lesbo, furono teatro dello scontro annunciato tra ateniesi, divisi in otto squadre al comando autonomo di singoli strateghi, e spartani uniti sotto il comando di Callicratida.
Fu vittoria grande per gli ateniesi.
Il successo ateniese però rimase inquinato poichè gli strateghi furono processati per avere abbandonato i naufraghi della battaglia.
Invero ciò era avvenuto a causa di una burrasca sopravvenuta per cui ogni soccorso sarebbe stato impossibile.
Ciononostante sei degli otto vennero immediatamente giustiziati.
Sparta, comunque, rimediò subito alla sconfitta nominando Lisandro a capo della flotta, seppure *pro forma* vicario di Arato.
Il giovane Ciro di Persia scomparve dalla scena in quanto richiamato al capezzale del padre morente.

Atene invece affiancò tre strateghi ai due sopravvissuti e a tale punto le formazioni spartana e ateniese si attestarono una di fronte all'altra, rispettivamente a Lampsaco ed a Egospotami.

In quel tratto ricomparve Alcibiade: essendogli giunte notizie sullo stato dell'arte, percepì il dovere di ammonire gli ammiragli ateniesi sull'evidente errore logistico causato dalla pessima postazione della flotta, lontana da un centro abitato idoneo al rifornimento di risorse. Nessuno però gli diede ascolto, anzi lo cacciarono in malo modo.

Lisandro quindi approfittò dell'indisciplina generale che regnava nel campo nemico, da cui molti s'allontanavano per cercare viveri anche trascurando i turni di guardia, ed aggredì le navi tirate a secco.

Pochissime di esse riuscirono a sottrarsi all'improvviso assalto e non per mettersi in mare contro il nemico, ma solo per darsi alla fuga.

Fu un disastro colossale, Atene si trovò perduta e tentò di intavolare patti per salvare il salvabile, ma nulla risultò attuabile.

Lisandro approdò al Pireo e abbatté le Lunghe Mura: la fine!

Atene dovette poi subire lo sfregio del governo voluto da Lisandro, i trenta tiranni, composto da esuli oligarchi, partigiani di Sparta, e che si macchiarono di orrendi crimini contro gli avversari democratici.

L'esperienza comunque durò otto mesi e poi la democrazia subentrò al potere, dopo una cruenta guerra civile nella quale Sparta esercitò opposte pressioni, da Lisandro e dal re Pausania.

Plutarco – Grazie Senofonte, efficace più che mai in racconto breve di eventi assai complessi in realtà.

Ma quel che interessa davvero non è l'andamento della guerra, bensì il sapere dove diavolo s'era cacciato Alcibiade nel frattempo.

Una sola persona può darcene qualche ragguaglio: Timandra, l'etèra che visse con lui in quegli anni e ne raccolse l'ultimo respiro.

L'incantevole figura di una giovane donna velata in tunica candida, quasi trasparente, incede alla sbarra con un dolce sorriso ed il volto atteggiato a inconsapevole affascinante intensità.

Plutarco – Nessuno quanto te, Timandra, fu più fedele ad Alcibiade, rimasto solo contro tutti.
Racconta qui: che cosa ne fu di voi?

Timandra – Alcibiade era un uomo versatile dalle infinite risorse. Io lo amavo, Plutarco, sino da bambina, e lo seguii ovunque, rimanendo nell'ombra come umile amante ed amica in tutte le sue avventure.

Anche nell'ultima mèta ero pronta a dargli la vita, quando il volubile popolo d'Atene lo costrinse al bando dopo la battaglia di Nozio.

Ma egli per certo non si perse d'animo.

Attraversò l'Ellesponto e si diresse in Tracia, dove possedeva a titolo personale alcune fortificazioni ed un cospicuo patrimonio.

Usando tali ricchezze mise insieme un'armata mercenaria reclutando tra quei gagliardi popoli barbari i giovani più valorosi, che sarebbero diventati invincibili se addestrati con ferreo rigore.

Alcibiade meditava di arrecare in dote al miglior offerente (persiano, spartano, ateniese, poco gli importava) la preziosa forza d'urto da lui plasmata alla guerra, con lo scopo di ritrovare finalmente una Patria di cui assumere il ruolo di guida militare e politica.

Non riuscì tuttavia a completare un intendimento la cui realizzazione avrebbe richiesto molto tempo poiché la battaglia d'Egospotami ed il trionfo di Sparta, comportarono l'espansione dei presidi di Lisandro in tutte le regioni d'intorno, alla caccia di lui.

Atene poi, soggetta al regime filospartano dei trenta tiranni, decretò l'esilio ufficiale per Alcibiade ed inviò una squadra di *killer* sulle sue tracce, nel timore che potesse presentarsi in città per riconquistare la posizione perduta.

Il terreno si era fatto rovente, in Tracia, e così Alcibiade, lasciando le truppe ancora in addestramento alle cure di Seute, principe locale, se ne andò con me da sola, contando di trovare asilo in Frigia, alla corte del satrapo Farnabazo, con cui c'era stata in passato l'intesa fatta di stima reciproca (Farnabazo e Tissaferne erano stati riabilitati giacchè Ciro il giovane era partito, richiamato da papà morente).

Farnabazo però era legato agli spartani e Alcibiade non sapeva allora che, come tu narri, o Plutarco, Lisandro aveva ordinato al satrapo di fare uccidere il fuggiasco.

Alcibiade non lo sapeva, dicevo, ma certo lo sospettava, e concepiva l'ardito piano di recarsi alla capitale dell'impero per cedere al Re dei re in persona, Artaserse, succeduto a Dario II, l'apporto di guerrieri traci e la propria collaborazione.

Si trattenne quindi alla corte di Farnabazo soltanto pochi giorni, poi, paventando l'inganno dell'ospite, partì all'improvviso per Susa.

All'inizio del nuovo viaggio, in una capanna isolata, nel cuore di una desolata valle della Frigia, si compì il suo destino.

Frecce infuocate nella notte (ateniesi, spartane, persiane?) colpirono il rifugio di legno e paglia, entro cui stavamo dormendo, rendendolo all'istante un braciere ardente.

Fummo sorpresi nel sonno, ma Alcibiade reagì con un balzo felino.

Si vestì in fretta e uscì dalla baracca armato e furioso come un leone. Nessuno ebbe coraggio di affrontarlo a viso aperto ma dal buio sibilò uno sciame di frecce e lance contro quell'imponente figura stagliata sull'uscio illuminato. Lo trafissero in ogni recesso del corpo ed a me non rimase che raccogliere il suo ultimo respiro.

Plutarco – Grazie Timandra, l'immagine è realistica ma, purtroppo, neppur tu sai dichiarare chi sia stato il vile committente della fine di Alcibiade. La Storia cala un nero sipario.
Dicevo però che, se egli non esercitò ruoli attivi nei tre ultimi anni di guerra, comunque Atene non perse il ricordo, e di ciò quale migliore testimone ascoltare se non Aristofane?

Avanza l'uomo dall'aspetto distinto e lo sguardo strafottente.

Plutarco – Eccellente commediografo, espressione della sottile vena satirica nel variegato mondo culturale ateniese, che cosa ti indusse al pensiero di Alcibiade in una città che l'aveva ormai ripudiato?

Aristofane – Egregio Plutarco, nelle opere in cui mi dilettai sempre a sferzare il vizio della mia città in cultura, sistema sociale, politica, di rado menzionai per nome i personaggi che mettevo alla berlina.
Li ammantai piuttosto sotto mentite spoglie, di volta in volta.
Su Alcibiade però ammisi l'eccezione e, nella commedia *Le Rane*, lo chiamai in causa con inequivocabile riferimento.
L'opera fu rappresentata per la prima volta in Atene due anni prima della sua morte.
Ora è vero che la città lo aveva respinto dopo essersi prostrata ai suoi piedi, eppure sussistevano ancora nicchie di dissenso in suo favore.
Attuata la destituzione, infatti, molti seguaci auspicavano in sincera nostalgia un altro suo trionfale ritorno.
Per tale sentore quindi, e neppure tanto clandestino in effetti, volli di nuovo provocare il popolo di Atene e misi in scena la fantastica gara tra due miei colleghi tragici, Eschilo ed Euripide, allora deceduti da alcuni anni.
Agli Inferi si presentava il dio Dioniso, giudice nella tenzone poetica tra i due autori, promettendo il ritorno in vita a colui che

avesse dato il miglior consiglio per una rinascita gloriosa di Atene, in particolare chiedendo a ciascuno il proprio parere su Alcibiade.

Al riguardo non fui esplicito nel manifestare il mio pensiero giacchè feci dire ad Euripide:

> Detesto il cittadino che a fare il bene della Patria è lento ma è veloce a rovinarla.

ed a Eschilo:

> Prima di tutto è meglio non allevare un leone entro la città ma, se lo si fa, ci si dovrà piegare infine al dominio della sua indole.

Non emisi alcun giudizio di valore, quindi, che invero compete a te soltanto, Plutarco.

Plutarco – Giusto, Aristofane! Parli allora finalmente Alcibiade.

Scena 6: dichiarazione spontanea dell'imputato

Alcibiade – Nel vigore degli anni la morte mi rapì: gloriosa, ma non per il mio valore, bensì per la codardia degli avversari. Nessuno di loro mai rivendicò l'infida impresa e perciò i mandanti e gli esecutori rimasero ignoti alla Storia.
Forse non è un capriccio del caso la coincidenza delle date che tu hai evidenziato in esordio, Plutarco, vale a dire dell'anno in cui cessò la guerra del Peloponneso, con la tragica sconfitta di Atene, e dell'anno in cui sicari prezzolati posero fine alla mia esistenza. No! Plutarco, era previsto in qualche anfratto del destino che io sarei stato l'ultimo erede eccellente della πόλις, maestra in democrazia, ad essere sacrificato sull'altare di un potere che a nessuno tra i cittadini avrebbe mai concesso un primato di natura individuale.
Atene infatti non perdonò mai a chicchessia l'elevazione oltre ad un dato limite di gloria personale e di regola spuntò le ali ai pretendenti di tale fatta, uscendo sempre vincente da quel genere di contesa.
Che poi si dovesse rinunciare agli apporti geniali in guerra e politica di eccezionali personaggi, rappresentava appena un modesto prezzo da pagare a fronte della sicurezza generale del sistema.
Basti menzionare, tra gli esempi più eminenti, Milziade, Temistocle, Aristide, il grande Pericle.
Milziade, il protagonista stratega nella battaglia di Maratona ove gli ateniesi sconfissero i persiani, fu in seguito condannato a morte con la pretestuosa accusa dell'avere ingannato il popolo e, seppur la pena venne commutata in ammenda, egli comunque morì in carcere.
Temistocle, fondatore della potenza navale di Atene nonchè valoroso comandante alle battaglie d'Artemisio e Salamina, subì l'esilio per ostracismo e, fuggitivo in Peloponneso e nel mare Me-

diterraneo, finì i suoi giorni suicida alla corte dell'imperatore persiano Artaserse.

Aristide, detto il Giusto, altro dominante stratega contro i persiani, si oppose a Temistocle ma venne a sua volta condannato all'esilio. Rientrò in Atene per amnistia ove morì povero in canna.

Non sino a tale punto pervenne la diffidenza ateniese contro Pericle, ma alcune persone del suo circolo furono colpite per l'amicizia nei suoi confronti: Fidia, l'architetto dell'acropoli; Aspasia, la leggiadra amante; Anassagora, anziano precettore; né egli rimase totalmente immune dal ciarpame calunnioso di interesse personale in politica.

Ora io non potrei dire d'avere raggiunto un uguale vertice rispetto ai grandi uomini che ho citato però, dentro l'arena cittadina infiammata dalle avventure belliche di allora, ero comunque sulla buona strada per cimentarmi in gloria.

Prima di inoltrarmi, tuttavia, negli spericolati meandri della carriera politica e guerresca, che i testimoni hanno illustrato con abbondanza di dettagli in questa sede, senza peraltro lasciare, grazie alla corretta applicazione procedurale da parte tua, Plutarco, sospetti d'arbitraria illazione sul movente, vorrei raccontare in interpretazione autentica i miei primi trent'anni in cui non mi occupai di pubblica gestione.

Sia ripulito il campo, innanzitutto, dalle volgari chiacchiere tali per cui addirittura avrei ucciso per futili motivi un servo della palestra che frequentavo da ragazzo: questa ed altre maldicenze si diffusero in Atene per la penna menzognera di Antifonte, un indegno cronista, che in seguito avrebbe ammesso di essersi inventato di sana pianta le mie presunte nefandezze.

Parecchio infatti di quanto tramandato sulla mia persona appartiene a tale categoria, seppur altro, anche da te narrato, Plutarco, risponde al vero e rappresenta un'avvisaglia della mia disdicevole attitudine a un modo di presentarsi con altezzosa superiorità nei confronti sia degli adulatori sia dei dileggiatori.

Marciavo impudente sul filo di una smisurata presunzione alimentata dall'applauso del popolo e dall'invidia dei mediocri, nè mi curavo di dissimulare un istinto rivolto alla vita sregolata tra le più vergognose frequentazioni e dissoluti piaceri procurati con il denaro e la fama.

Socrate, forse, avrebbe saputo indicare la retta via e cavare il meglio di me, se gli avessi concesso di curarmi l'anima con la *vis* delle sue argomentazioni e senza infantile resistenza da parte mia.

Ma prevalse, purtroppo, il demone contrario e mi atteggiai così a non accogliere le migliori intenzioni del grand'uomo anzi, lo trattai male, per quanto il nostro ultimo incontro preluse alla conciliazione.

L'occasione, però, non indusse a lusinghieri sviluppi poiché allora la politica e la guerra prevaricavano le vicende personali e gli interessi della città neutralizzavano ogni altro pensiero.

Fui stratega, all'età minima di trent'anni e, finalmente titolare di una rilevante carica pubblica. Mi dedicai anima e corpo a quell'impegno determinante in politica, dopo averne respirato gli umori vivendo per tanti anni nella casa di Pericle, il mio illustre tutore.

Egli però, all'epoca di cui sto parlando, era morto da quasi diec'anni, e la città negava qualunque speranza di un degno successore: non tra i democratici, propensi alla ripresa del conflitto contro Sparta, nè tra gli aristocratici, in prevalenza fautori di pace.

Pericle stesso, d'altronde, confidando sulla nostra potenza marittima, e sull'inviolabilità delle grandi mura, s'era attestato a perseguire una linea di governo imperiale sì, ma non aggressiva.

Io invece ritenevo che questa politica fosse un'espressione asfittica e rinunciataria, e puntavo piuttosto ad un piano di ulteriore espansione.

La mia colpa in merito, se così si può dire, fu quella d'avere in tempi brevi creato un fronte di acceso entusiasmo patriottico e prospettato agli ateniesi il dominio dell'intero Mediterraneo.

La spedizione in Sicilia avrebbe dovuto essere, nei miei piani, solo l'inizio di una sequela di inebrianti vittorie e di crescita territoriale.

Ma chi mai, in tale contesto, avrebbe potuto razionalmente pensare che io, così indaffarato nei preparativi dell'ambizioso progetto, fossi tentato dal mettermi a giocare con le stupide ribalderie che mi furono attribuite: mutilazione delle Erme e parodia dei Misteri Eleusini?

Non varrebbe la pena di spendere una parola sulle velleitarie accuse.

Eppure gli avversari riuscirono a mettere insieme un evanescente e suggestivo castello di illazioni, del tutto privo di fondamento, talchè, quando ormai ero sbarcato in Sicilia e pronto all'azione, mi pervenne l'ordine di rientrare per subire il processo.

Non fui io il traditore di Atene! Atene, piuttosto, tradì me.

Ne convenga questa corte eminente.

Mi ritrovai, infatti, costretto a reagire volgendomi a Sparta. Anzi, per essere precisi, l'approdo a Sparta fu una scelta obbligata quando vidi che l'inseguimento incalzante voluto dai miei detrattori non avrebbe ammesso tregua sino alla cattura.

Ora ascoltatemi bene, Plutarco, e signori della corte.

Ho menzionato poc'anzi altri ateniesi di chiara fama, perseguitati dal livore personale degli insidiosi nemici interni, tra cui almeno uno se ne andò a cercare rifugio presso il più implacabile nemico esterno.

Mi riferisco a Temistocle, naturalmente.

Ma desidero menzionare ora un altro modello, ellenico non ateniese, da paragonare a me per presunto tradimento: Achille, l'invincibile re dei Mirmidoni, eccellenti guerrieri tra gli elleni a Troia.

Offeso e umiliato per un affronto infertogli dall'Atride Agamennone (l'appropriazione indebita della sua ancella) Achille si adirò al punto di ritirarsi dalla guerra, ed anzi, avrebbe colpito a morte il re durante il consiglio tenuto in presenza di tutti i comandanti se non fosse stato trattenuto dalla dea Atena.

Il prode Achille dovette infine abbozzare per l'ordine divino ma poi, piangente d'ira impotente sulla riva marina, non trovò di meglio, per ordire la propria vendetta se non invocare la mamma Teti pregandola di intecedere con Zeus, affinchè il tonante re dell'Olimpo, da sempre neutrale nella guerra in corso, prendesse le parti del nemico contro i propri connazionali.

Un poco edificante archetipo di grettezza da parte del più glorificato tra gli eroi omerici...o no? Plutarco.

Non si sarebbe forse rivelato più idoneo alla splendida leggenda che Achille si fosse ritirato dalla guerra, attestando l'importanza del suo apporto in armi, ma senza perseguire la rovina dei compagni grazie a preponderanti sovrannaturali agenti esterni?

Comunque sia, anch'io ammiravo la magnifica immagine di Achille, ma si tratta pure sempre di leggenda appunto, mentre nei miei tempi la Storia vera prevaleva sulle favole, come Tucidide insegna.

Ecco perché tra Achille e me sussiste una differenza eclatante.

Io mi comportai come lui, ovvero promossi efficaci iniziative contro la prava aggressione della Patria Atene, però rischiai sulla mia pelle, non fidando, come lui, sulla mamma e sull'intervento divino.

Mi destreggiai, infatti, tra le insidie di un gioco molto pericoloso.

Vendetti a Sparta la mia cooperazione sapendo che essa non nutriva benevolenza per me e le mie azioni ostili pregresse.

Utilizzai, altresì, a piene mani la camaleontica abilità nell'apparire in colori cangianti (caratteristica che tu mi hai riconosciuto, Plutarco) e, da ex nemico, indussi l'incerta Sparta a impegnare le risorse militari per osteggiare la spedizione ateniese in Sicilia che io stesso avevo in massima cura architettato ed attuato.

E davvero, come Endio ha ipotizzato, sarei stato ben lieto di guidare la forza d'urto spartana contro i soldati concittadini in Sicilia, ma per fortuna, dico con il senno di poi, prevalsero diversi consigli.

Comprendevo infatti che l'armonia con Sparta non poteva protrarsi a lungo e così, al primo sentore di un proditorio voltagabbana, fuggii a Sardi alla corte del satrapo Tissaferne. La città tramò contro me un complotto, attuato in clandestina volontà assassina. Ora quindi, per la seconda volta, io chiedo: da quale parte in realtà pervenne il tradimento? Certo non da me - affermo senza tema di smentita - da Sparta ingrata piuttosto. E avvenne così, proprio in quei frangenti, che si configurò chiaro nella mia mente il piano di ritornare ad Atene. Speravo peraltro di portarlo a termine servendomi della mia forza di persuasione nei confronti di Tissaferne ad allearsi con noi e contro la nostra nemica, Sparta.

Quel ritorno si compì infatti, per complesse vicende, e fu altisonante, ma l'avversione cittadina contro un figlio troppo in gamba, di cui già ho parlato, costituì per me il fatidico tallone d'Achille. Decaddi così dall'altare alla polvere.

La morte, dicevo, mi colse, pochi anni dopo, nella notte fatale in cui sognavo che la dolce compagna Timandra, trattenendomi il capo tra le braccia, mi imbellettava il viso mentre indossavo le sue vesti.

A lei sola desidero vada tutta la mia gratitudine per la soave e silente presenza, in tanti anni di errante peregrinare, e per l'aver nella nostra amara solitudine ricomposto le mie mutilate spoglie mortali.

Questo è il vero, Plutarco, e illustri signori della Corte.

Ma sappiate che non rimpiango nulla della mia esistenza né mi pento di alcunchè. Vissi sempre da giovane, nello spirito dell'avventuriero, e contestai le incancrenite tradizioni politiche di Atene e di Sparta.

Non mi arresi mai e, se dovetti in alcuni casi attuare discutibili scelte di campo, esse furono atti coartati dalle necessità contingenti.

Per certo infatti non sarei sopravvissuto nella timidezza, nel timore, nell'ignava rinuncia a quanto dovutomi dalla vita, entro uno scenario di leoni e di sciacalli in cui il Fato mi aveva collocato. Feci la Storia, non la subii. Amai Atene, solo in parte ricambiato.

Scena 7: requisitoria

Licurgo – Con quale incredibile faccia tosta l'imputato vorrebbe ora somministrarci l'amore per Atene e la corrispettiva ingratitudine?
Certo è vero: egli incontrò furiosi leoni e insidiosi sciacalli sulla sua strada, in Patria e all'estero, nè d'altronde avrebbe potuto combattere siffatti avversari se non agendo ad armi pari.
Però da qui, a proporsi come innocente vittima sacrificale, il passo è enorme, sia pure per Alcibiade, sedicente camaleonte.
A te Plutarco deve riconoscersi l'originale e acuta intuizione di porre a confronto la personalità dell'uomo protagonista in questo processo, con la prerogativa eccellente dell'animale, vale a dire l'attitudine, a mimetizzarsi nell'ambiente assumendo il colore adatto.
Il camaleonte tuttavia soffre di un limite tale per cui non può mutare nel colore bianco, mentre Alcibiade supera l'ostacolo e riesce a dare di sé un'immagine candida anche al più accorto interlocutore.
Non lasciamoci ingannare, signori della corte ed eminente pubblico, dalla suadente presenza di questo versatile personaggio, nè dalla sua persuasiva eloquenza.
Rivediamo piuttosto il sinuoso tratto dell'esistenza poiché, sebbene molteplici siano già emersi gli aneddoti, altri devono essere rievocati al fine di esporre il quadro completo.
In un episodio, che potremmo definire di banale crudeltà, risalta per esempio la futile motivazione, sintomo di orribile indifferenza, per il tormento inflitto a una povera bestia: egli possedeva un cane, che gli era costato settemila dracme, al quale decise un giorno di mozzare la coda senza alcuna dichiarata ragione.
I famigliari inorriditi deplorarono il gesto malvagio e gli riferirono le critiche che ricorrevano tra la gente, al che, ridendo, rispose:

"È proprio quel che desidero, cioè che gli ateniesi, parlando di me, non abbiano a dire cose peggiori".

Mi astengo da ogni commento poiché penso che ognuno sia in grado di ricavare l'inevitabile conclusione sull'animo scellerato.

E valga il vero: per le vicende di intemperanza giovanile in carattere personale, comunque rivelatrici, come quella che ho raccontato ora, come per altre, di portata politica e guerresca, con cui egli si cimentò in seguito nel contesto del generale interesse cittadino.

Soffermiamoci però ancora sulle prime, introduttive nella magnifica Atene, e ricordiamo come, in altre diverse occasioni rispetto alle già illustrate da alcuni testi, Alcibiade *ad abundantiam* cadde in tipica e stravagante tendenza allo scandalo, al pubblico clamore, nel sentirsi libero di agire senza rispetto e considerazione alcuna per le persone, nella pretesa esenzione dai doveri e dai giudizi uguali per tutti, se non addirittura dalla legge.

Che cosa mai l'avrebbe legittimato a percuotere chiunque non avesse obbedito ai più bizzarri desideri, o soddisfatto all'arbitraria volontà, come avvenne verso un umile maestro, solo per avere detto che non possedeva un libro di Omero da prestargli, o contro un imbianchino, che venne sequestrato a lungo tra quattro muri a causa del suo rifiuto a dipingergli la dimora.

E come osò umiliare in pubblico sua moglie Ipparete, tradita senza il minimo sentore di vergogna, prelevandola con la forza dal giudizio di divorzio, ostentando spudorata irrisione per l'autorità degli arconti e infine spingendola a casa a schiaffoni attraverso l'ἀγορά, senza che alcuno avesse tirato fuori il coraggio di intervenire.

Anche quella meravigliosa impresa che fu la vittoria in Olimpia alle corse dei cavalli, e che apportò notevole fama e gloria, invero risultò inquinata da truffaldina condotta: un amico di Alcibiade, Diomede, confidando sulla sua onestà, gli affidò l'onere di acquistare ad Argo, laddove il nostro godeva di notevole influenza, un lussuoso carro di proprietà dello stato, fornendogli ovviamente il denaro necessario.

Alcibiade, come risulta dal processo intentato contro il figlio, eseguì l'incarico ma tenne per sé il carro e non restituì il prestito.

"Io sono io, e soltanto per questo nessuno osi disturbarmi dalla libera espressione della mia personalità!"

Siffatto impudente assioma fu principio guida incrollabile nella sua vita. Nulla lo avrebbe dissuaso da tale tracotanza: non Socrate, nè la democrazia ateniese o l'aristocrazia spartana, o la tirannide persiana. La dirittura era dedicata esclusivamente al culto di se stesso.

In politica ed in guerra, passando a considerare le attività pubbliche dell'imputato, egli si attenne sempre a quella medesima linea.

In altra occasione di cui non si è parlato, ad esempio, l'imputato fu coinvolto in un evento di corale responsabilità ateniese come infamia sempiterna: la brutale repressione della rivolta nell'isola di Melo.

Quel vergognoso episodio risale al breve periodo di tregua durante la guerra del Peloponneso in cui il movimento insurrezionale di alcune città unite in lega di Delo minacciò la fermezza dell'impero ateniese. Venti di ribellione spirarono ovunque nell'Egeo ma la reazione della potenza egemone non tardò a giungere, ora nel modo di minacciosa persuasione diplomatica, ora con spietata brutalità assassina.

Perseguendosi la terribile *escalation* di violenza l'isola di Samo, per prima, dopo lungo assedio, fu costretta a demolire le mura della città e dare ostaggi, nonché una cospicua indennità in denaro.

Mitilene, per la rivolta, dovette subire l'esecuzione capitale dei capi sulla pubblica piazza.

La più determinata vendetta ateniese però, fondata sull'applicazione della "legge del più forte", imperversò sull'isola di Melo, rea d'avere chiesto l'aiuto di Sparta. Gli uomini in età militare furono uccisi ed anziani, donne, bambini, ridotti in schiavitù.

Alcibiade invero non partecipò in prima persona alla spedizione, ma ce lo racconti tu, Plutarco, che egli agì tra i più fervidi sostenitori del massacro, laddove le opzioni meno cruente furono respinte, e quindi, in estremo sfregio, esigette per sé una donna di Melo come schiava e con lei convisse a lungo generando anche un figlio.

Veniamo adesso comunque alla gestione politica vera e propria, non privata o mista, che dir si voglia, né esercitata in via mediata, quando alfine l'imputato si ritrovò a partecipare in carica ufficiale di stratega nonché primo rappresentante del partito democratico. L'aristocratico Nicia era allora l'unico avversario di rilievo.

Nessun altro sarebbe stato capace di opporsi ad Alcibiade per la gran influenza sul popolo, se non la memoria postuma di Pericle.

Ordunque, in ordine al dibattito intervenuto sulla spedizione ateniese in Sicilia, tema dominante dell'epoca e origine di esasperata tensione sociale, non è possibile conoscere il contenuto integrale dei discorsi che i due antagonisti tennero in assemblea giacchè Tucidide stesso, riferendoli nella sua opera, ammette di averli rielaborati secondo una personale interpretazione.

Non è confutabile tuttavia, anche considerate le accuse scaraventate a livello personale, che Nicia invero perseguisse l'interesse pubblico della pace come obiettivo primario, sia pure con eccessiva prudenza, mentre Alcibiade, guerrafondaio a oltranza, si atteggiasse a salvatore della Patria prestando al suo servizio la fama e la gloria individuali di cui Nicia gli muoveva rimprovero.

Ci mise del proprio, Alcibiade, anche attingendo al prestigio dei suoi antenati, per riaccendere le polveri della guerra, ma ciò che davvero gli si deve addebitare non è tanto l'acerrima inclinazione al conflitto, il che potrebbe anche concedersi nell'attitudine ideologica, quanto il fatto reale per cui egli rigettò qualsivoglia ipotesi di pace solo perché gli spartani non vollero trattare con lui troppo giovane.

Mero spirito di vendetta quindi, ed arrogante inversione della scala di valori, mossero l'imputato ad infiammare l'entusiasmo del popolo e intraprendere la politica di aggressione e accrescimento imperiale, che egli intese perseguire in proprio utile e vantaggio.

Maggiore gloria e ricchezza d'Atene sarebbe conseguita sì, però solo in trascurabile corollario, ed in tale senso Alcibiade replicò a Nicia, nel dibattito sull'opportunità di un intervento armato in Sicilia.

Contestualmente però egli svelò il sorpasso della strategia professata da Pericle in carriera di stratega permanente, sia prima della guerra, sia al principio della stessa, ovvero esasperò il dispregio del sommo bene della città, come il fondamento essenziale di civiltà, ed esaltò piuttosto il privilegio dell'utilità del singolo, cioè la sua.

Questo pensiero, signori della corte ed eminente pubblico, davvero si configura come l'unico movente del fiero patriottismo strombazzato dall'imputato, accompagnato, altresì, dalla più smodata ambizione, come Platone fa dire a Socrate nel dialogo con Alcibiade:

Tu pensi che quando ti presenterai al popolo ateniese mostrerai che sei degno di essere onorato come neppure Pericle mai fu?

E che avrai grandissimo potere in città, e anche fuori tra gli Elleni, e tra i barbari che abitano il nostro continente, e ancora nell'Asia?

Alcibiade interpretò a modo suo tali parole e diede seguito, su questo punto, ma su null'altro, purtroppo, della disciplina socratica.

Predispose quindi alla grande la spedizione in Sicilia e fu coinvolto nello scandalo delle Erme e dei Misteri Eleusini, gli eventi che infine furono la causa della defezione di Alcibiade in campo nemico, e che sono stati oggetto di attenzione nelle indagini preliminari.

Senza perdermi in dettagli, riconosco al riguardo che nulla è emerso a suo carico, se non una sequela di inattendibili testimonianze.

Anzi, nel complesso, si è dimostrata palese l'esistenza del complotto ordito dagli avversari uniti dalla convergenza di interessi contro lui e la sua trasgressiva condotta, per invidia e odio personale.

Costoro prevalsero, infine, e ottennero il richiamo di Alcibiade dalla Sicilia allo scopo di sottoporlo al processo dall'esito scontato, viste anche le azioni ostili intraprese contro i suoi seguaci, cosicchè egli si vide costretto a fuggire.

Ora, signori della corte ed eminente pubblico, non intendo imputare ad Alcibiade la cura della propria incolumità.

Non per tale ragione tuttavia posso giustificare il tradimento, perché è proprio di questo che stiamo parlando: l'ignobile svergognato salto del fosso, seppur paludato di abili argomenti presentati in autodifesa. Temi che i miei concittadini, lo riconosco, si bevvero ingenuamente, nell'illusione dell'avere guadagnato alla causa spartana un soggetto così importante.

Ma invero Alcibiade rifilò a Sparta informazioni e consigli di risibile valore, rispetto a quanto qualunque stratega di media portata in casa propria avrebbe potuto facilmente comprendere.

Sulle contromisure in Sicilia non sarebbe occorsa l'opera di servizio segreto, eccellente in Sparta, per scoprire che Atene stava allestendo una spedizione di portata colossale.

Sugli scandali delle Erme e Misteri Eleusini, d'altronde, non aleggiò forse il sospetto di paternità spartana?

L'importanza strategica di Decelea, peraltro, centro di smistamento delle derrate alimentari destinate al popolo, era un fatto notorio.

Alcibiade però seppe destreggiarsi al meglio per se stesso e si gloriò d'avere causato la sconfitta della Patria ingrata, millantandolo come merito a favore di Sparta, approfittando poi dell'ospitalità per dare in cambio null'altro che paccottiglia strategica.

Al contrario, quando Sparta rinsavì, acccortasi del catorcio che le era stato mollato, Alcibiade, una volta annusati i venti contrari, passò al servizio dell'ombroso satrapo persiano, Tissaferne, collezionando un ulteriore spregevole tradimento.

Epperò, in siffatto nuovo corso, si rese ben più efficace nell'arrecare danni proprio a Sparta, più che ad altri.

Questo comunque avvenne in un primo stadio, cioè sino al punto in cui Tissaferne, sedotto da quel farabutto, capì appieno la sua indole doppiogiochista pronta a rivoltarsi anche contro di lui.

Comunque sia, capolavori di criminale astuzia egli inventò ancora in aiuto ad amici di ogni sponda, in particolare per gli ateniesi di Samo, ma sempre senza supporto alcuno di credo ideologico o ideale, bensì guidato dall'egocentrico impulso di celebrità individuale, dipanato in ogni tempo e luogo a seconda delle più favorevoli occasioni.

L'isola di Samo, ove le forze militari ateniesi di terra e di mare erano concentrate, gli offrì nuove prospettive consentendo a lui di lasciare intravedere la possibilità dell'improbabile alleanza tra i persiani e gli ateniesi, orchestrata dalla sua spregiudicata regìa.

A riprova di tutto quanto, nel complesso globale del patrimonio etico insito nel grande affabulatore, è ricostruibile il balletto di coalizioni e voltagabbana illustrato nel rincorrersi delle scene di cui siamo stati spettatori attraverso la voce di testimoni.

Nel contesto internazionale Alcibiade traghettò, audace e disinvolto, da Atene a Sparta, da Sparta al persiano, dal persiano a Samo, ribelle contro Atene, e infine, di nuovo, Atene capitale, punto di partenza di un vorticoso gioco dell'oca consumato nel volgere di sette anni.

Neppure in politica, d'altronde, Alcibiade guardò per il sottile. Disconobbe a Sparta la sua iniziale fede democratica, poi auspicò un ribaltone oligarchico in Atene, e tornò solo dopo il parziale ripristino della democrazia. Colse ancora il frutto avvelenato ed iniziò da capo, esule volontario, il ciclo transeunte fra diverse bandiere.

Alcibiade, insomma, attraversò temerario un coacervo di eventi uniti dal denominatore comune dell'infedeltà, mantenendosi però sempre aperto a nuove mirabolanti avventure pilotate dalla sfacciata volontà di affermazione per se stesso.

La proditoria imboscata, che fermò i suoi nuovi progetti, infine, altro non fu che la giusta nemesi di una vita spericolata.

Signori della corte ed eminente pubblico, mi accingo a concludere.

Ho tentato in intima riflessione di individuare nell'immenso archivio della Storia un soggetto che potesse eguagliare la condotta spergiura dell'imputato, quanto ad accattivante raggiro, utilizzato allo scopo di esclusivo interesse proprio e senza scrupoli o ravvedimenti.

Ne esisterebbero in quantità notevole, invero, da annoverare entro la categoria del *traditore*, ma non sono venuto a capo di nulla tentando di trovare il sosia del singolare modello "Alcibiade".

Intendo dire che Alcibiade ebbe in sorte, sin dalla nascita, e poi dalla preclara formazione, un insieme di doti e prerogative eccellenti.

Bellezza, intelligenza, eloquenza, coraggio, attitudine al comando.

Di altra fattura, invece, è la figura paradigmatica del traditore nel più diffuso immaginario collettivo.

Si tratta dell'antitesi rispetto al nostro uomo, cioè di grugno untuoso, mani adunche, detestabile per aspetto fisico, degno del disprezzo pur da parte di chi si rende beneficiario dei suoi esecrabili servizi.

Ecco perché, nel giudizio sull'imputato in assenza di siffatti deteriori connotati, io considero suscettibile di maggior rimprovero il mancato impiego nella condotta virtuosa dei doni generosi conferiti a lui dalla Fortuna, e sia pure tenendo conto degli intrighi frapposti dal livore e dall'invidia dei concittadini.

Qualcuno infatti potrebbe sostenere al riguardo che eventi contrari di vario genere lo sviarono dal retto sentire e lo costrinsero ad agire per altre opportunità di più comoda scelta, privato come fu, a causa del rancore altrui, della possibilità di perseguire il bene.

Ebbene, non posso condividere tale opinione. Anzi, sono propenso a ritenere che quei doni debbano considerarsi una circostanza aggravante, nella posizione processuale di Alcibiade, per il fatto dell'essere stati così indegnamente sprecati.

Confido pertanto, Plutarco, in un'insindacabile sentenza di condanna e mi auguro che vorrai procedere con la severità dovuta.

Scena 8: arringa

Solone – L'accusa ammette candidamente che non esiste nella Storia un'effige emblematica del tipo *traditore* da sovrapporre all'imputato per somiglianza fisica o morale e ne ricava un'argomentazione che, a mio parere, non deve affatto porsi a carico suo.
Mi spiego: Giuda, il traditore per eccellenza, oppur Efialte, colui che rivelò ai persiani l'esistenza dell'angusto varco montano attraverso il quale cogliere alle spalle i trecento di Leonida, sono dipinti in genere come miseri omiciattoli, dallo sguardo ambiguo, sembianze contorte, incedere strisciante ed arti ricurvi.
Sebbene infatti non sia noto l'autentico aspetto, così la tradizione dei popoli li condanna, e tali restano impressi nell'inconscio della gente di ogni tempo e luogo: assolutamente antitetici, invero, ad Alcibiade, per la sua splendente immagine esteriore.
E ancora: Charles Maurice Talleyrand de Périgord, il nobile francese dell'epoca dei lumi, che del tradimento fece abito di vita, fu certo un personaggio di straordinaria astuzia, e prosperò al servizio di illustri padroni, posti all'apogeo di gloria, salvo poi abbandonarli avendone in anticipo colto l'imminente catastrofe.
Ma, anche in tal caso, esistono alcune differenze: egli non fu mai un *leader*, come Alcibiade, bensì un subordinato, brillante numero due, pur sempre pronto a fuggire come un topo dalla nave che affonda per salire su un'altra che naviga a gonfie vele.
Disinvolto politico, fine intrallazzatore, egli transitò dall'aristocrazia alla rivoluzione, dal Direttorio a Napoleone, da Napoleone allo *Czar* di Russia e *Kaiser* d'Austria, dall'Europa in restauro a Vienna, a re Luigi XVIII di Francia, dal re di Francia al re d'Inghilterra in carica d'ambasciatore a Londra, sino alla morte naturale all'età veneranda di oltre ottant'anni.
Diversamente dagli altri due però, l'aspetto di Talleyrand è noto: non era affatto un tipo ripugnante, anzi, direi gradevole, nei line-

amenti e nel tratto signorile, ma dallo sguardo torbido e l'incedere zoppo.

Neppure egli comunque è paragonabile ad Alcibiade, il numero uno, così bello nella perfezione corporea e lo sguardo ammaliante.

Ebbene, insigne Plutarco e signori della corte, mi sono soffermato su alcuni individui, marchiati dalla Storia come traditori, per sostenere che, se l'immagine non corrisponde all'imputato, come pure l'accusa riconosce, ciò semplicemente dipende dal fatto per cui Alcibiade non fu un traditore, nè questa mia si intenda un'apodittica affermazione.

Ma procediamo con ordine e ritorniamo agli aneddoti, di cui l'accusa ci ha resi edotti al fine di screditare il nostro e accentuare la condotta insolente verso la comunità in genere.

Almeno uno di tali episodi infatti, che l'accusa ha omesso di narrare, attesta in controtendenza la generosità di Alcibiade.

Orbene, noi sappiamo che egli era solito maltrattare con sarcasmo e crudeltà i tanti adulatori ma, in una determinata circostanza, assunse tutt'altro atteggiamento verso uno straniero che si era rivolto a lui pregandolo di accettare in regalìa il denaro ricavato dalla vendita di tutti i suoi beni.

Alcibiade allora lo invitò a pranzo, lo circondò di premure e respinse il dono, consigliando all'ospite di impiegare le risorse, piuttosto, per partecipare a una gara d'appalto sull'esazione delle tasse.

Il meteco accettò il consiglio e nel giorno seguente andò alla piazza degli affari ove dichiarò un'offerta appena superiore a quella di tutti gli altri intervenuti.

La xenofoba virulenta reazione dei notabili cittadini avrebbe di certo costretto alla fuga lo straniero, se Alcibiade non si fosse adoperato di suo urlando ai funzionari dell'incanto: "costui è mio amico! scrivete il mio nome ed io garantirò per lui".

Il meteco, infine, non s'aggiudicò l'appalto però i concorrenti, grazie all'impetuoso appello dell'imputato, dovettero pagargli una notevole somma affinchè di spontanea volontà si ritirasse.

Anche tale episodio va soggetto al vaglio critico, quanto a veridicità, come tutti gli altri già narrati.

Resta assodato, però, che Alcibiade, nonostante l'irritante vanità, agì sempre come uomo eccellente. Celare quindi la tracotanza endemica non sarebbe stato un atto virtuoso ma solo un ipocrita infingimento.

Insomma, grazie al gradito aspetto e l'ottima reputazione, l'imputato non passava inosservato nello scenario di città.

Emanava seduzione e carisma, destava ammirazione e rispetto, ma pure invidie laceranti ed acri livori. In ogni caso mai indifferenza.

Perché dovremmo giudicare come colpa infame la natura di un uomo nato sotto il favore della Fortuna in una società incline ad esaltare la bellezza e la gloria in ogni forma immaginabile?

Alcibiade invero fu un rappresentante del classico splendore ateniese e come tale orientò la condotta in vita privata e politica, ma vi prego, non facciamone un dramma!

Mettiamo da parte invece, e una volta per tutte, il tempo della dorata gioventù, in cui egli diede libero sfogo all'intemperanza immatura di uno spirito travolgente, accumulando sì una marea di peccati veniali, ma non macchiandosi di inenarrabili misfatti.

Passiamo invece a più solidi argomenti, come raccomanda Cornelio Nepote, e cominciamo dalla causa primaria di defezione di cui anche l'accusa ha dovuto ammettere l'estraneità da parte di Alcibiade, cioè l'affare delle Erme e dei Misteri Eleusini.

L'incidente probatorio tenuto al riguardo ha fatto giustizia sulle false accuse piovute addosso all'imputato: quale recondito interesse infatti egli avrebbe nutrito nell'infiammare quel movimento destabilizzante così inopportuno, laddove invece l'attuazione del progetto guerresco esigeva assoluta armonia sociale? Ed era il suo progetto! ambizioso certo, ma non chimerico nella potenziale realizzazione.

Come biasimare allora Alcibiade se, veduta miseramente crollare per invidia la sua creatura, si preoccupò innanzitutto della propria pelle e quindi di ricercare una via alternativa.

L'approdo a Sparta, del resto, non fu una scelta premeditata bensì un rifugio coatto, l'unico che potesse garantire un minimo di sicurezza a fronte dell'accanita persecuzione dalla patria Atene, ove l'isteria e la smania di neutralizzare il nemico, presunto, almeno sino ad allora, erano giunte a una forma di parossismo tale per cui Alcibiade vedeva ogni ponte irrimediabilmente bruciato.

Egli, nella penosa consapevolezza d'avere ormai saltato il fosso, che cos'altro avrebbe potuto fare in quel frangente se non cedere il collo inerme sul ceppo del boia? Invero fu indubbiamente sincero con se stesso e con gli spartani in assemblea quando, nel discorso d'esordio, ammise che il proprio sentimento, ostile contro Atene, insorgeva non da malvagità ma da nostalgia di riconquistare la Patria che lo aveva privato dei diritti e condannato a morte.

E come lo ricompensò l'ingrata città, nemica e rivale di Atene, per i preziosi consigli?

Semplice: decise di assassinarlo, senza processo né plausibili motivi, e, forse, soltanto per una banale questione di corna.

Inutile dilungarsi ora sulle complesse vicende che portarono il nostro uomo al cospetto del satrapo persiano Tissaferne, in avversione alla città di Sparta, e poi sulla piazza di Samo, contraltare di Atene.

Abbiamo ascoltato la parola di molti testimoni coinvolti, al riguardo, e che cosa è scaturito, infine, da quel variegato gruppo di personaggi che intervennero sulle vicende stesse?

Assai poca virtù, invero, piuttosto una pletora di abiezione umana, di bassezza morale, di ingenua furbizia, di codardi pentimenti, di dubbi meschini, di vane ambizioni, e chi più ne ha più ne metta.

In tale insieme di degradante grettezza Alcibiade non fu il peggiore, anzi, si distinse come soggetto dotato di coraggio e perseveranza, in ricerca del riscatto storico che potesse degnamente riabilitarlo dalla discutibile condotta pregressa.

E lo ottenne, alla grande, infatti, con il suo glorioso ritorno ad Atene, pure se per un breve periodo, stroncato poi da pretestuoso motivo: lo scacco insignificante in battaglia ove egli neppure fu presente.

Rabbiosi avversari colsero al volo l'occasione, e costrinsero il nostro all'esilio volontario, però Alcibiade indomito non si arrese, sinchè la morte lo colse per opera di vigliacche mani omicide.

Fine gloriosa e procurata da nemici coalizzati contro lui per il timore di una riscossa da ritenersi tutt'altro che remota.

Signori della corte ed eminente pubblico, mi accingo a concludere.

Non possiamo non convenire sul ritenere l'imputato un personaggio di imponente statura storica, seppur al tempo stesso contraddittorio e stravagante, nelle divergenti interpretazioni svolte da contemporanei più o meno contrari e da storici più o meno in buonafede.

Né d'altra parte appare di facile soluzione il quesito sul se Alcibiade apportò maggiore danno o beneficio alla città per eccellenza, Atene, o se al contrario egli subì da essa un carico di offese peggiori rispetto agli sperticati onori.

Ora io non intendo procedere ad una somma algebrica rigorosa sulla base di elementi opinabili, la cui analisi attenta non consente in ogni caso un'esegesi incontrovertibile.

Preferisco, invece, attenermi a criteri di immediata presa istintiva e ti propongo, Plutarco, nel considerare gli eventi e la persona che così a fondo abbiamo sviscerato, un metodo fondato sì su norme giuridiche indefettibili, ma soprattutto sul comune buon senso e avendo la cura di cogliere le più intime motivazioni che reputo in prevalenza vere, e ciò nonostante l'esteriore arroganza, la sicumera esibita, la sua vita sregolata, opposte all'invidia e alla meschinità degli avversari.

Confido dunque che per questa via perverrai a una giusta sentenza di assoluzione rendendo merito così all'animo autentico dell'imputato.

Ambizioso e protagonista, certo, ma valoroso nella Storia.

Scena 9: sentenza

Plutarco – Alcibiade un giorno chiese udienza a Pericle il quale non lo ricevette e gli mandò a dire che era occupato a cercare il modo in cui presentare il conto delle spese annuali agli ateniesi. "Non sarebbe meglio se provvedesse a escogitare il pretesto per non dire alcunchè sul bilancio?" commentò sarcastico il giovane, e se ne andò sghignazzando sino alle lacrime.

Ecco, onorevole pubblico, l'ultimo tra gli aneddoti che mi sforzai di raccattare sulla vita licenziosa del *dandy* malandrino, nonchè arbitro d'eleganza e modello di irriverente derisione contro ogni tendenza ai più severi costumi cittadini.

Ma il motto di salace ironia certo non costituì un affronto al sistema democratico vigente, seriamente inteso.

Non vedo, infatti, alcuna idea di sovversione politica al riguardo, ma solo la pia manifestazione di viziosa baldanza da parte di un ragazzo irretito nel proprio narcisismo fisico e intellettuale come già abbiamo constatato in altre occasioni, anche più fastidiose.

Alcibiade conduceva una vita brillante tra ètere e amanti di entrambi i sessi. Partecipava a festini, ricevimenti, banchetti pantagruelici e ne offriva altrettanti con squisita generosità.

Non perdeva un'occasione di farsi ammirare, riscuotendo smagliante successo e venerazione per l'aspetto esteriore e la fluente parola.

Curava in eccentrico e sfrenato edonismo l'abbigliamento e dedicava all'esercizio del corpo scultoreo, in palestre e stadi, molto più tempo di quanto sarebbe stato normale tra la splendida gioventù ateniese.

Spendeva denaro a fiumi e non si preoccupava delle fonti.

E allora? Egregi signori della corte, è tutta qui invero l'essenza della dolce vita ateniese in cui si crogiolava il bell'Alcibiade.

Ha detto bene Solone, sull'onda di Cornelio Nepote: non facciamone un dramma, e finiamo di denigrare l'impulso al naturale disordine di vita perseguito dall'immaturo virgulto favorito anche troppo dai beni della buona sorte. Non sussiste reato in tutto ciò.

Attenzione piuttosto a che non sfugga la più importante tra le prove che stiamo cercando: noi celebriamo un processo il cui esito verte su altre colpe e quindi non possiamo perdere tempo nel disquisire sulle innocue, innocenti evasioni.

Non paia però quest'ultimo aggettivo che ho utilizzato un anticipo di giudizio globale, giacchè il coacervo delle rocambolesche avventure di Alcibiade induce a una profonda riflessione onnicomprensiva.

Moralmente ciascuno tragga il proprio convincimento, irrilevante ai nostri fini. Noi consideriamo la Storia, non il frivolo pettegolezzo.

Essa ci ricorda che nessuno tra i suoi giganti fu esente da vizi privati nelle più nobili virtù di gloria militare ed esperienza politica. Si menzionino Alessandro, Cesare, Napoleone, per limitare l'esame ai più fulgidi esempi, e si accosti ad essi Alcibiade.

Oltre alle futili considerazioni caratteriali, anche a lui non può essere disconosciuta la forte volontà di distinguersi in imprese memorabili, nonostante l'innata attitudine superficiale a godersi la vita.

Egli, infatti, diede inconfutabili prove di valore bellico sul campo di battaglia e in postura di comando, sinchè a trent'anni si cimentò con ambiziosa aspettativa nell'arena politica.

Da questo punto perciò cominci l'indagine finale.

Orbene, in merito io ritengo innanzitutto che l'accusa e la difesa non abbiano ben approfondito il contributo di Alcibiade eletto stratega in Atene proprio all'inizio dell'effimera tregua detta *pace di Nicia*.

Appariva arduo, allora, individuare gli sbocchi futuri della situazione ma noi sappiamo ora che la guerra sarebbe ripresa ancora più cruenta e che un tanto è dovuto in buona parte alle trame dell'imputato.

Immagino quindi che un altro filone potrebbe emergere da un'analisi più attenta sull'attività politica, che voglio svolgere in via suppletiva, soprattutto valutando i mezzi che l'imputato utilizzò. Il carisma personale e la fervida eloquenza lo favorirono nel rendersi protagonista, ma sin qui non avrei alcunchè da eccepire.

La politica, infatti, è anche suggestione e le masse chiedono la guida di un *leader* che le sappia manovrare, purchè orientato ad esprimere il sincero pensiero di paladino del popolo.

Alcibiade invece si servì in preferenza dell'inganno, come strumento più efficace, e di una totale mancanza di scrupoli nell'esercitarlo.

Ne è, per certo, un esempio eloquente il premeditato raggiro che egli dispose contro gli ambasciatori spartani giunti ad Atene con l'onere di negoziare una soluzione pacifica del conflitto.

Fu proprio all'esito di tale episodio che il nostro ottenne la nomina a stratega: Tucidide riferisce che gli ambasciatori affermarono, entro il consiglio ristretto, di essere dotati di pieni poteri ma Alcibiade, in un colloquio privato, li convinse a dire il contrario di fronte al popolo.

Suadente, si sarebbe presentato in armonia ed avrebbe sconsigliato la ammissione di pieni poteri, giacchè in tale premessa, chissà che cosa avrebbe preteso ancora il popolo da loro. Egli stesso poi si sarebbe in compenso impegnato ad agevolare altre istanze a favore di Sparta.

La trappola sarebbe poi scattata inesorabile nell'assemblea quando il nostro, posta la precisa domanda ai legati sull'ampiezza del mandato ricevuto, dopo la dequalificante risposta pilotata, spudoratamente si sarebbe smentito e, in magistrale recita di collera, avrebbe aggredito la "congrega di cialtroni che osava presentarsi senza credenziali".

Li ridicolizzò impietoso guadagnando così stima e apprezzamento da parte di una massa ululante e carica di astio selvaggio.

Pur io narrai l'evento nelle Vite, poichè così lo rintracciai tra le fonti consultate, nè mi posi problemi sull'autenticità del tutto.

Ma, se davvero il fatto avvenne in siffatte modalità, come dovremmo giudicare noi quella condotta priva di qualsivoglia attenuante etica?

Un uomo capace di tale turpitudine, inqualificabile per infamia, non meriterebbe neppure l'allestimento di un processo giacchè starebbe sotto gli occhi di tutti un'indegnità che altro non avrebbe comportato se non l'inconfutabile ignominia.

Solone e Licurgo però non hanno citato quell'episodio, nè Tucidide si è dilungato nel dettaglio. Io quindi desidero sottoporre il dubbio a me stesso ed a voi, eminente pubblico e signori della corte.

È plausibile ritenere che uomini saggi, esperti, avveduti, ai quali era stato affidato un onere così delicato nel contesto di rovente tensione, si fossero lasciati turlupinare in incredibile ingenuità da Alcibiade?

Cioè da un privato cittadino, senza titolo di pubblica autorità e in più notoriamente avverso alla pace?

Ammesso e non concesso poi che la versione risponda al vero, come si spiegherebbe la benevola accoglienza che, pochi anni dopo, Sparta riservò all'autore di cotanto oltraggio?

Endio, amico spartano di Alcibiade e tutore al cospetto della città, ha ricordato d'essere appartenuto al gruppo dei legati offesi e umiliati, però non ha parlato con astio di Alcibiade, anzi, tutt'altro spirito ha esibito per lui, in parole di stima e simpatia.

Ebbene, colleghi e pubblico, questa articolata riflessione mi induce a ritenere che sì, probabilmente esiste un fondo di verità nella contorta vicenda, disdicevole per malafede dell'autore, ma che invero essa sia stata riscritta con dovizia di particolari distorti, o addirittura inventati dagli avversari allo scopo di descrivere a tinte fosche un personaggio temuto per l'abilità nel mietere consenso grazie all'attrattiva della persona ed al prestigio dell'ascendenza di famiglia.

Non potrebbe piuttosto essere avvenuto che i legati spartani avessero mentito sul possesso dei pieni poteri d'innanzi al consiglio ristretto e che Alcibiade li avesse poi costretti a dire il vero in assemblea?

Naturalmente anche questa è mera ipotesi, però io sono propenso a ritenerla verosimile più dell'altra passata alla Storia, e che in realtà l'invidia e la maldicenza siano prevalse sulla verità.

In siffatta mia versione si potrebbe pertanto sostenere che Alcibiade, astuto calcolatore, non avrebbe orientato la sua condotta politica con più mendace scaltrezza rispetto agli altri personaggi che all'epoca si schierarono pro o contro la guerra.

Il nobile Nicia, per esempio, osannato *leader* aristocratico e venerato cittadino, per onestà intellettuale, non si pose forse allo stesso livello di Alcibiade quando, essendosi ritrovati entrambi a rischio di esilio, si accordarono per deviare i voti contro Iperbolo? Furfante demagogo sì, quest'ultimo, tuttavia assolutamente estraneo alla questione insorta tra i due esponenti maggiori.

Comunque sia, dopo la sordida intesa, Nicia e Alcibiade si batterono ad armi pari nel contendersi l'influenza sul popolo, ma in merito non pare sussistere alcunchè di esecrabile, a carico dell'uno o dell'altro, nella ricerca di pace, o nella tendenza alla guerra.

L'una e l'altra posizione, a prescindere dalla scontata condanna sulla guerra, presentavano allora validi risvolti sull'opportunità di far fuori Sparta o di renderla alleata.

La spuntò Alcibiade infine con l'opzione guerrafondaia, e non esiste dubbio che l'autentico sentimento patriottico alimentò la sua azione, ma è proprio qui che iniziano i dolori, cioè il dilemma lacerante sulla condanna o sull'assoluzione.

L'imputato prevalse, dicevo, ma Atene lo perseguì in base ad accuse false e lo condannò a morte talchè dovette fuggire e cercare rifugio a Sparta, offrendo in cambio la propria collaborazione.

Fu tradimento? oppure desiderio di una Patria migliore?

Come interpretare il movente dell'imputato rispetto a quello che sia Licurgo sia Solone hanno sostenuto con valide argomentazioni?

Orbene, illustri colleghi e onorevole pubblico, sgombriamo il campo definitivamente non soltanto dalle considerazioni sul comportamento tenuto in gioventù, ma pure dalle risibili calunnie sui fatti delle Erme e Misteri Eleusini (accertata l'innocenza dell'imputato, al riguardo, deve di conseguenza ritenersi ingiusta la sentenza di condanna).

Veniamo quindi al punto cruciale, ovvero al presunto tradimento che da quei fatti ebbe genesi e diede àdito per una catena non interrotta a tante altre vicende.

Isocrate, nell'orazione postuma in difesa di Alcibiade, rammentò che l'uomo, ormai sbarcato in Sicilia al comando condiviso della flotta:

Appresa la tracotanza dei nemici, e ritenendo di patire una terribile ingiustizia, poiché non lo giudicavano quando era presente, bensì lo condannavano quando era lontano, non stimò opportuno tornare ad Atene e si recò invece ad Argo, ove restò tranquillo. Decretata però in Patria l'istanza di bandirlo da tutta l'Ellade, poiché nessuna altra salvezza gli si mostrava, fu costretto a fuggire presso gli spartani.

Primo e non irrilevante elemento a discarico dunque: se il tradimento sussiste, esso non fu atto premeditato, bensì condotta conseguenziale e resa indispensabile da un urgente fine di preservare l'incolumità.

Questo è un dato di fatto che nessuno potrebbe confutare, in quanto sorretto dalla logica più elementare e dalla palmare evidenza.

Alcibiade perciò non rientra nella categoria del traditore congenito, e privo di principi morali. Nient'affatto! Solone e Ligurgo, d'altronde, hanno invano cercato il prototipo a cui accostarlo.

Alcibiade è un uomo prode, coraggioso. Ne diede la prova nei ranghi della fanteria oplitica ed alti ruoli di vertice. Agì non per avidità di denaro o infimi motivi in genere. Fu ambizioso e perseguì il primato di Atene imperiale nello scacchiere ellenico.

Si dannò per consolidarlo e l'avrebbe forse ottenuto se il nemico non l'avesse ostacolato per sordidi sotterfugi.

Aspirò altresì alla gloria personale, sapendo di meritarla, e desiderò il bene della Patria senza trascurare i dovuti onori a sè stesso.

Subentra però in tale contesto un secondo elemento che esige attento esame poiché potrebbe ribaltare il senso di quanto ho sinora esposto in termini positivi.

Il legame d'appartenenza che intercorse tra Alcibiade ed Atene non è in alcun modo da porsi in discussione, dicevo, ma la corrente politica a lui contraria espose a dura prova quel vincolo ancestrale, sino alla rottura insanabile che spinse l'uomo verso l'acerrima nemica Sparta: unica città dell'Ellade abbastanza sicura da non cedere alle pressioni ateniesi per l'estradizione.

Alcibiade, pertanto, agì costretto dallo stato di necessità, ma quale fu davvero l'intimo convincimento? l'impulso emotivo e inconfessabile che ne determinò la condotta?

Do ut des, recita implacabile l'aforisma, e Alcibiade era consapevole che non potava esimersi dal vendere Atene in cambio di un'ospitalità che gli garantisse la sopravvivenza. Sì, ma con quale motivazione?

Attenzione, illustri colleghi ed onorevole pubblico, questo è il tratto essenziale di cui deve essere esplorata ogni piega.

Da qui risulterà o meno la colpevolezza.

Alcibiade fu sospinto dallo spirito di vendetta, e gioì nel presagire lo sfacelo di Atene? Oppure fu tormentato e non riuscì a darsi pace per la scelta di campo ignobile che dovette attuare?

Consideriamo le vicissitudini alla luce di siffatto arduo interrogativo: *In primis*, l'indizio che si trae dal discorso Alcibiade volto al popolo spartano non è attendibile.

Pur fidando nell'abilità ad incantare le folle, egli stesso capì quanto il compito fosse difficile nel primo incontro con il nemico.

Comprese che gli si imponeva di forzare al massimo grado la propria *vis* persuasiva e, proprio per questo, non possiamo credere alla sua parola, e cioè che la defezione da Atene sarebbe stata indotta da un nostalgico desiderio di recuperarla:

Sono al bando, è vero, però se fuggo alla perfidia di chi m'ha ferito non mi sottraggo all'incarico di darvi un servigio. L'avversario più accanito non è quello che ha talvolta inferto colpi al nemico, ma chi ha costretto a un odio più ostile uno che un giorno l'amava. Il senso di carità di patria oggi mi è estraneo ma era ardente quando godevo i diritti del cittadino. Sento di non assalire una nazione che conservi per me il valore di patria, poiché essa ha cessato di essere tale. Sono io piuttosto che voglio riconquistarla: amore di patria non è rifiuto a vibrarle il colpo, quando violando il giusto mi abbia ripudiato, bensì bramare di riaverla con ogni fibra, vinto dalla nostalgia.

Tutto il discorso trasuda superba sfacciataggine: arte in cui Alcibiade fu maestro, come ha ricordato Licurgo tacciando nel contempo i suoi concittadini di dabbenaggine. E peggio per loro! Aggiungo io.
Alcibiade riuscì nel suo intento e per due anni visse rispettato presso l'ex nemica, e forse proprio allora cominciò a elaborare un piano per scalare le gerarchie politiche di Sparta sino alla dignità monarchica, se non in proprio almeno per gli eredi.
Sedusse la regina propiziando la nascita del successore, e possiamo domandarci se davvero lo fece per quel fine esclusivo.
Appare difficile reperire una prova di un simile presupposto, ma per certo tale condotta sarebbe aderente all'indole del personaggio.
Comunque sia, tornando al tema dell'intima attitudine, non è certo la vendetta contro Atene il movente che ispirò Alcibiade.
No! Vero è, piuttosto, che per lui restò indifferente il crudele destino della città. Il presunto risultato di una rovina finale non incise affatto sulla personale ambizione.

Sebbene avesse proclamato in pubblico il contrario, poco importava a lui di riconquistare la Patria, e meno che mai di volerla riavere con *ogni fibra, vinto dalla nostalgia*.
Alcibiade, in realtà, era preso solo da sé stesso, e quelle parole altro non furono se non il segno di una vuota retorica.
Meschinità e malevolenza di pura rivalsa, però, non appartenevano alla sua natura, non gliene poteva importare di meno e del resto, per un altro aspetto, neppur avvertì rimorso per la sopravvenuta disfatta ateniese in Sicilia: spedizione da lui voluta, prima, e poi boicottata.
Alcibiade infatti, nel soggiorno a Sparta, si sentì attratto da tutt'altri obiettivi, vale a dire l'onore e la gloria che Atene ingrata gli negava, e sulla base di tale considerazione, restò persuaso in buona fede che la slealtà venisse soltanto dai concittadini.
Così perdurò il legame con il nemico ed egli tessè la sua tela.
Orbene, mentre nel dibattito abbiamo invano tentato di cristallizzare il momento preciso in cui l'imputato maturò il proposito di rientrare ad Atene, gli eventi si svilupparono con frenetico avvicendamento.
Il nostro, entro siffatto scenario, percepì i primi segnali di avversione provenienti dal vertice di Sparta contro di lui, che peraltro si resero sempre più manifesti, ancorchè la causa rimanesse oscura.
Per il momento allora attuale seguì l'istinto, più che razionali piani atti a cogliere l'attimo fuggente di una nuova avventura.
In qualche modo però gli giunse informazione che nelle alte sfere di Sparta era stato deliberato in segreto il proposito di ucciderlo, perciò l'uomo fu costretto, in fretta e furia, a cambiare di nuovo bandiera.
Ecco dunque il salto mortale in campo persiano.
Non esistevano in tali frangenti alternative percorribili poichè Atene lo aveva condannato a morte in pubblico processo, e Sparta nutriva perversi intenti omicidi nei suoi confronti.

Come altrimenti avrebbe potuto, e dovuto, reagire Alcibiade davanti all'ossessiva persecuzione dalla Patria, ed alla letale minaccia che la nuova Patria stava architettando?

La risposta apparve evidente: il satrapo persiano Tissaferne, recente alleato di Sparta, aveva manifestato stima nei confronti di Alcibiade, ne aveva intuito il genio strategico e si era ritrovato affine a lui per indole canagliesca, propensa all'inganno.

Perché mai Alcibiade non avrebbe dovuto attendersi che Tissaferne fosse disposto ad accoglierlo con onore presso la sua corte al fine di servirsi del suo acuto fiuto "consulenziale"?

Detto e fatto! Alcibiade si trasferì armi e bagagli a Sardi, dove subito conquistò la fiducia del satrapo per gli efficaci consigli, vale a dire il progressivo distacco dall'alleanza spartana unito a ipotetica apertura verso Atene, il tutto in prospettiva di interesse persiano.

Che cosa dobbiamo ritenere al riguardo, signori della corte ed esimio pubblico? Di nuovo un tradimento? O un'azione necessitata?

Ci siamo orientati su quest'ultima opzione laddove si è trattato di un salto del fosso da Atene a Sparta, ovvero dalla Patria al nemico.

Par corretto, quindi, che tale partito debba essere accolto a maggiore ragione in quanto il salto fu attuata non contro la Patria, ma contro la nuova presunta amica che in realtà si era manifestata letale.

Una remora etica già opinabile nel primo caso, scompare proprio nel secondo, davanti ad un intento omicida non solo proditorio ma anche privo di chiari moventi (Solone ha immaginato in arringa che l'astio spartano fosse dovuta a una banalissima questione di corna).

Comunque sia, l'idea di capovolgere su Atene un'alleanza stipulata da Tissaferne con Sparta, non fu certo l'univoca intenzione acquisita da Alcibiade per ritornare in Patria.

Invero le complesse fasi della guerra non gli permisero di capire le opportunità per intraprendere qualsiasi ulteriore azione.

Passarono anni infatti prima che si ravvedesse lo sviluppo definito.

Il ritorno trionfale comunque avvenne e si realizzò per vicende che lo portarono a rinnegare non solo i legami intercorsi con Sparta ma anche l'armonia consolidata con il persiano Tissaferne.

Alcibiade giunse così alla fine dell'articolato percorso procurando ad Atene rivincite e benefici maggiori rispetto ai danni inferti, salvo poi essere di nuovo respinto per labili motivi ed ammazzato per mano di sicari incaricati da un ignoto mandante.

Signori della corte ed eminente pubblico, mi accingo a deliberare.

L'epilogo tracciato in breve mi induce ad affermare che Alcibiade si decise a perdonare Atene, non viceversa, eppure, accolto e osannato come salvatore, dovette subire l'avversione del nemico interno sino a sentirsi costretto all'esilio volontario.

Cionostante si prodigò ancora per la Patria e si rammenti al riguardo come egli, non richiesto, mise in guardia gli strateghi ad Egospotami sulla precarietà dello schieramento ma venne cacciato in malo modo. Magari, se gli avessero prestato ascolto, la Storia si sarebbe svolta in tutt'altra direzione.

Menziono quell'episodio come conferma, se davvero ce n'è bisogno, della più assoluta innocenza quanto a spirito di meschina vendetta da parte del nostro protagonista. Sostengo quindi che sussiste lo stato di necessità da cui Alcibiade venne impedito ad agire altrimenti.

Egli dovette, non volle, sottrarsi al cortese invito di seguire da libero la nave inviata in Sicilia per condurlo in Patria, invero per arrestarlo e sottoporlo a processo fondato su menzogneri presupposti.

Fu braccato nel vagabondare in fuga, dal braccio armato di Atene, e poi costretto a salvare la pelle correndo nella tana del lupo persiano, che certo non gli avrebbe concesso asilo senza compenso.

Giungo a dire al riguardo che gli spartani abusarono di lui, e neppure escludo che la ricerca di un alleato in campo persiano fu perseguita anche da volontà di soccorso alla Patria, che era in estrema difficoltà dopo la disfatta siciliana.

Forse non si trattò di nostalgia, però è certo che, quando Alcibiade tornò a casa, arrecò in dote vittorie clamorose e risorse considerevoli sottratte agli spartani i quali, grazie alla sua tenacia, soggiacevano in una situazione disperata.

Probabilmente altri trionfi egli avrebbe conseguito per un esito finale vittorioso della guerra per parte di Atene, ma il vento malevolo spirò contro di lui.

Ritengo dunque essere questa mia visione dei fatti la corretta sequela da adottare per la stesura del giudizio, escludendo ogni connotazione negativa sull'ambizione dell'uomo. Smisurata? Sì! Imprescindibile comunque per chiunque ambisca alla gloria.

P.Q.M.

Sia assolto Alcibiade con formula piena da ogni addebito al cospetto della Storia.

Non sussiste alcun tradimento, denunciato come il peggiore dei suoi crimini, poichè egli agì sempre coatto da uno stato di necessità nelle scelte di campo, né configura colpa l'ambizione legata alla coscienza del proprio valore, seppure espressa con eccessiva sicumera, purchè l'idea di se stesso corrisponda al vero.

Atto secondo

Cesare Borgia

Plutarco – Incaricati in questo processo per la difesa e per l'accusa, Niccolò Machiavelli e Francesco Guicciardini, eminentissimi autori di Storia e Politica, furono contemporanei all'imputato, ed entrambi assistettero alla sua apoteosi e caduta entro il panorama geo-politico europeo all'epoca del maturo Rinascimento italico. Machiavelli incontrò Cesare Borgia in persona e intrattenne con lui fruttuosi contatti, come ambasciatore della Repubblica di Firenze. Ne fu un sincero ammiratore e lo designò archetipo del *Principe*, da lui vagheggiato come l'ideale governatore della sorte dei popoli.
Guicciardini invece non lo vide mai, però scrisse di lui nella Storia d'Italia, peraltro in termini tutt'altro che celebrativi.
Io ovviamente non seppi alcunchè sui tre illustri uomini, tuttavia mi risulta che Messer Niccolò venne a cercare proprio tra le mie Vite il soggetto degno di essere accostato al Duca Valentino.

Contesto storico (XV/XVI secolo d.c.)
Scena 1: lo studente (1475 – 1493)
Scena 2: il cardinale (1493 – 1498)
Scena 3: il Duca Valentino (1498 – 1501)
Scena 4: il condottiero d'Italia (1501 – 1506)
Scena 5: morte gloriosa (1507)
Scena 6: dichiarazione spontanea dell'imputato
Scena 7: requisitoria
Scena 8: arringa
Scena 9: sentenza

Contesto storico (XV/XVI secolo d.C.)

Il ciclo della vita di Cesare Borgia si estende dal 1475 al 1507, entro lo scenario della penisola italica, intesa nei termini della definizione coniata dal principe tedesco, von Metternich, il ministro degli esteri dell'Impero asburgico, tre secoli dopo.
"l'Italia non è altro che un'espressione geografica".
Frase supponente sì, ma inequivocabilmente vera, sia nell'epoca del Congresso di Vienna, sia al passo tra i secoli XV e XVI.
In entrambi i periodi, infatti, all'antica lingua comune e alla brillante cultura artistica letteraria presenti nella penisola, non corrispondeva un solido ordine politico che potesse garantirne l'indipendenza dalle possenti entità straniere di Francia, Spagna, Impero Germanico.
Cesare avrebbe tentato invano l'impresa di trasformare l'espressione geografica in uno stato unitario che, invece, comprendeva un gruppo di città (cinque maggiori e alcune altre minori) come nuclei di potere politico autonomo, ma assai dissimili per assetto costituzionale e non dotate di milizia propria bensì soltanto mercenaria: Milano, Venezia, Firenze, Roma, Napoli, nonchè Ferrara e Mantova tra le minori.
In particolare il 1492, data essenziale di sviluppo grazie alla scoperta dell'America, registrò altri eventi che sconvolsero la penisola italica più della straordinaria novità mondiale, pressochè inosservata.
Morì infatti Lorenzo Medici, il Magnifico, e ascese al Soglio Papale Rodrigo Borgia, Alessandro VI, padre del diciassettenne Cesare.
In allora dunque il Ducato di Milano era governato, per grande parte della Lombardia, dagli Sforza, da poco succeduti ai Visconti.

La Repubblica di Venezia, gestita nel peculiare regime oligarchico, aveva ampliato il dominio *da mar* sulla terraferma sino a Bergamo, a Ovest, e Friuli, a est.
La Signoria di Firenze, di fatto già possedimento privato dei Medici, prosperava in Toscana per finanza e commercio internazionale.
Roma, soggetta al Papa e faro spirituale della cristianità, esercitava il potere temporale sull'Italia centrale.
Napoli, monarchia della casata Aragona, il ramo cadetto dei regnanti di Spagna, amministrava l'Italia meridionale.
Gli Este a Ferrara ed i Gonzaga a Mantova si ponevano a completare il quadro in cui Cesare dedicò, per breve tratto, la travolgente figura di guerriero e politico all'aspirazione di guida sull'Italia intera.

Scena 1: lo studente (1475 – 1493)

Dalla nascita alla nomina cardinalizia.

Plutarco – Innanzitutto parli l'imputato ed esponga il riepilogo di sé e delle proprie origini.

Bello, dalla chioma corvina a riflessi ramati, dall'imponente statura. Scultoreo, in attillato completo di velluto nero, l'imputato dardeggia lo sguardo arrogante in disinvolta postura.

Cesare Borgia – Nacqui da Roderic Llançol de Borja, appartenente alla piccola nobiltà del regno di Valencia.
Egli emigrò giovanissimo a Roma dove suo zio, cardinale Alonso de Borjia, venne in seguito proclamato Papa, con il nome di Callisto III. Quest'ultimo lo nominò a sua volta cardinale nonché Vicecancelliere Di Santa Romana Chiesa, cioè braccio destro del Pontefice.
Mia madre, Giovanna Cattanei, detta Vannozza, di origine lombarda, prosperosa locandiera in Campo de Fiori, grazie alla fiera avvenenza coltivò frequentazioni altolocate tra la nobiltà romana sino a divenire l'amante ufficiale del Vicecancelliere, mio papà.
Dall'unione, dopo me, primogenito di Vannozza e Rodrigo, ebbero i natali Giovanni, Lucrezia e Goffredo.
Nostro padre, eletto Papa, riconobbe figli naturali noi con una Bolla che rimase segreta, integrativa a un'altra, ufficiale, che ci dichiarava figli legittimi altrui.

Plutarco – Grazie Cesare, non ti si richiede altro, per il momento. Prego Messer Niccolò e Messer Francesco d'accostarsi al seggio per disporre insieme sulle istituende fasi del processo.

Il conciliabolo, impercettibile dal pubblico, procede a lungo.

Plutarco – Un'inquietante vaga leggenda nera avvolge nelle spire la famiglia Borgia talchè la presenza di Cesare non può essere valutata da sola, relegandosi a comprimario il ruolo degli altri membri.

A Lucrezia sarà dato lo spazio adeguato nel seguito, ed assai meno, invece, agli altri fratelli, ma sia adesso convocato alla sbarra il Papa, Alessandro VI, ovvero papà Rodrigo, capostipite e ispiratore.

Avviluppato nella candida preziosa veste che spazzola il pavimento e coperto alle spalle dalla cappa vermiglia, orlata d'ermellino, con in capo l'uguale camauro, un uomo anziano, alto e obeso, incede tra le ali del pubblico lasciando immaginare la notevole prestanza fisica della sua gioventù.

Plutarco – Perdona Rodrigo se mi astengo dall'attribuirti il titolo di Santità. Non solo infatti esso è alieno alla mia cultura, ma soprattutto preferisco rivolgermi a personaggi nella dimensione umana e storica piuttosto che a simboli astratti dell'autorità civile o religiosa.

A te la Storia assegna una parte determinante nella parabola epica di Cesare, figura di considerevole altezza, ma che nulla avrebbe potuto senza la tua abile regìa.

Oso anzi affermare, al riguardo, che tu dovresti comparire in veste di correo anziché testimone, in questo processo, tuttavia sarebbe troppo arduo vagliare gli eventi in prospettiva di così diverse personalità.

Pare pertanto opportuno sentire la tua versione dei fatti come da uno degli spettatori, non da protagonista. Parlaci quindi di te stesso e dei vincoli che ti legarono al figlio maggiore sin dalla prima giovinezza.

Rodrigo Borgia – Dio perdoni, innanzitutto, la lussuria sfrenata che non riuscii a contenere, neppure essendo investito del più alto ufficio in seno alla Santa Romana Chiesa e, in subordine, la brama di potere temporale che anteposi sempre alla cura spirituale delle anime.

Non ritengo invece di meritare biasimo per il favore che accordai ai componenti della mia famiglia poichè l'appassionato amore paterno determinò le scelte di vita che assunsi per i miei figli, e soprattutto di Cesare, più temuto, in verità, che prediletto.

Sfacciato nepotismo, potresti obiettare, o Plutarco, del quale peraltro anch'io fui beneficiario, quando mio zio Alonso, Callisto III, fratello di mamma Isabella, introdusse nella Corte Pontificia Romana schiere di spagnoli e poi, in particolare, donò a mio fratello Pedro ed a me le prestigiose cariche di Prefetto dell'Urbe e di Vicecancelliere.

Pedro non sopravvisse ai tumulti scatenatisi dopo la morte del nostro benefattore. Io invece mi destreggiai dentro il conclave azzeccando il cavallo vincente: Enea Silvio Piccolomini, da Siena, Pio II, il quale confermò il mio ufficio, ratificato peraltro dai successivi Papi: Paolo II, Sisto IV, Innocenzio VIII, sino a me, sessantenne.

Ma veniamo a Cesare, come richiedi, Plutarco, a cui intesi che fosse garantita un'educazione eccellente con affido alla mia devota cugina, Adriana de Mila, ed a Spannolio di Majorca, illustre precettore.

Intravedevo per lui, sino dalla più tenera età, la successione al Soglio Pontificio, che non dubitavo di acquisire, prima o poi, e non solo per me, ma per tutta la discendenza, poichè, impudente all'inverosimile, concepivo il progetto di rendere il Papato una monarchia ereditaria.

A quattordici anni Cesare iniziò l'istruzione universitaria umanistica in Perugia e sino a sedici anni si trattenne nella magnifica città allora soggetta allo Stato Pontificio, ma di fatto governata dai Baglioni.

Ricordo con struggente nostalgia Cesare adolescente: giovin signore, efebico, gentile, introverso, riflessivo, dall'espressione del volto non maturata ancora nell'aggressiva e beffarda grinta battagliera, che poi avrebbe soggiogato persino me, padre e Pontefice.

Non avevo ancora compreso, infatti, che lo schivo atteggiamento, in realtà, preludeva ai tenebrosi anfratti di un animo davvero malvagio.

Comunque sia, la metamorfosi si manifestò già nel trasferimento da Perugia a Pisa, ove frequentò la facoltà di Giurisprudenza.

Avviato infatti, per mio volere, alla carriera ecclesiastica, egli giunse in Toscana da poco insignito in carica a Vescovo di Pamplona, titolo da aggiungere a molti altri che gli avevo fatto assegnare sino dall'età di sette anni dai Papi a cui prestai servizio e che mai avrebbero osato negare alcunchè al fedele Vicecancelliere.

Protonotario Apostolico, Dignitario di Cancelleria Pontificia, Rettore di Gandìa, Arcidiacono di Altana e Jativa, Canonico della Cattedrale a Valencia, Tesoriere della Cattedrale a Cartagena, quel ragazzo usò tali onori come fronzoli ornamentali, e tuttavia assai opulenti quanto a rendite connesse, però non visitò mai i siti menzionati, né dimostrò attitudine agli uffici canonici.

Si degnò sì di inviare una laconica lettera pastorale alla comunità di Pamplona, come titolare dell'ultima prebenda arcivescovile, ma solo per nominare il procuratore, a cui affidò tutte le funzioni, dopodichè si diede alla vita licenziosa dello studente di lusso.

Avevo scelto Pisa, l'Università italica più prestigiosa, dopo Bologna, affinchè entrasse in frequenza con gli eredi delle famiglie famose per governo di città o per ricchezza.

Ebbene, malgrado la più modesta origine, come figlio di un *numero due*, in più straniero, Cesare impose subito il proprio grande carisma all'accondiscendenza dell'élite studentesca e, ligio alle aspettative, iniziò allora a tessere la tela dello scintillante destino.

In effetti, non sapevo ancora che egli lo avrebbe realizzato in diverse vie rispetto ai piani da me concepiti.

Se infatti nella mia prospettiva la carriera ecclesiastica rappresentava il primato riservato a Cesare, egli era incline, piuttosto, alla carriera militare: un ripiego da me riservato al secondo genito.

Invero, avevo immaginato di ottenere la nomina a Capitano Generale dell'esercito Pontificio per Pedro Luis, autentico primogenito da una donna di cui non desidero rivelare il nome.

Pedro s'era distinto nella conquista di Granada dai Mori, con fervido elogio personale del re Ferdinando Aragona, ma non avrei mai osato chiedere la porpora in favore di un bastardo così smaccato.

Purtroppo la sua morte prematura, per malattia, mi indusse a rifare i piani. Giovanni pertanto, secondogenito da Vannozza, gli subentrò nella carriera militare ed in un prestigioso matrimonio spagnolo.

Dicevo, Plutarco, che nutrii sempre sviscerato amore per i figli, e per quelli nati da Vannozza in particolare, ma non posso altresì negare la preferenza per Giovanni e Lucrezia, mentre guardavo a Goffredo con malcelato disprezzo, anche perché non ero certo che fosse figlio mio, ed ammiravo Cesare, ma al tempo stesso lo trovavo inquietante.

Me ne resi conto una prima volta quando, ancora bambini, li chiamai per comunicare a loro quei miei progetti.

Cesare restò deluso ma non fece una piega. Io comunque colsi nello sguardo, incupito all'improvviso, l'ombra di un formidabile rancore. Comunque sia, a Pisa, dicevo, Cesare balzò subito alla ribalta come arbitro d'eleganza e magnificenza in banchetti e feste mondane.

Eccelse nell'equitazione, nella caccia con il falcone e nella scherma, bazzicò i delfini degli Este, Gonzaga, Montefeltro, Malatesta, Orsini, Baglioni, e, intelligente com'era, primeggiò negli studi.

A me poi premeva, in particolare, un legame di amicizia tra Cesare e Giovanni Medici, figlio di Lorenzo il Magnifico.

I due erano entrambi indirizzati al trionfo entro Santa Madre Chiesa, ed al fine dotati di precoci onori. Non dubito che, insieme, avrebbero realizzato il mio sogno di un'alleanza tra Firenze e la Santa Sede.

Purtroppo soltanto Giovanni, sedicenne cardinale nel periodo pisano, sarebbe stato poi proclamato Pontefice col nome di Leone X.
Cesare e Giovanni, comunque, divennero davvero grandi amici, con gioia condivisa tra me e Lorenzo: un genio politico diplomatico che dava per scontata la mia ascesa al Soglio.
Giunse così il fatidico anno 1492.
Lorenzo morì ed io finalmente fui eletto Papa, Alessandro VI.

Plutarco – Scusa Rodrigo se sospendo la narrazione in questo punto cruciale ma, riservandomi di accordare ad accusa e difesa un ampio spazio di integrazione, vorrei estendere agli altri autorevoli membri della famiglia il privilegio di raccontare Cesare.
Sia chiamata quindi alla sbarra del testimone Madonna Lucrezia.

Rodrigo lascia l'aula, benedicendo solenne, mentre il pubblico lo ignora distratto nell'eccitato brusio di fremente attesa.

Incede la leggiadra ragazza, bionda e sorridente, emanando charme discreto nel presentarsi al pubblico, ora in rispettoso silenzio.
I lunghi capelli acconciati in trecce eleganti, la veste di velluto rosso appena un poco scollata, ed ornata in fregi di broccato d'argento, la semplice collana di perle, con una piccola croce dorata a pendente, conferiscono a lei un'aura di attraente dignità.

Plutarco – Porgo riverente omaggio a te, Madonna Lucrezia, ed alla tua presenza storica indipendente dall'essere stata sorella di Cesare.
Parlaci comunque di lui adesso nel periodo adolescenziale e di prima giovinezza aggiungendovi il tuo prezioso tocco di femminilità.

Lucrezia Borgia – Minore di cinque anni rispetto a Cesare ne avevo tredici allorchè papà Rodrigo divenne Papa Alessandro e, nonostante la tenera età, già rappresentavo per lui lo strumento politico idoneo a cementare alleanze attraverso un opportuno matrimonio, che poi non fu uno soltanto.

Da Vicecancelliere, infatti, egli mi aveva promessa a un personaggio minore, ma l'accresciuto prestigio lo indusse a violare l'accordo per cercare un più ambizioso partito.
La scelta cadde, pertanto, su Giovanni Sforza, il Signore di Pesaro e nipote di Ludovico il Moro, reggente del Ducato di Milano.
Fu un'unione infelice ed altre due seguirono, ma non divaghiamo.

Vissi i miei primi anni circondata da un affetto sincero, di papà e dei fratelli, Cesare, Giovanni, Goffredo, nel principesco palazzo di Santa Maria in Selce, residenza della nostra tutrice, Adriana de Mila.
Furono anni sereni di una meravigliosa infanzia, mai più ritrovati.

Da bambina ero parecchio affezionata sia a Giovanni sia a Goffredo, ma per Cesare stravedevo, ricambiata con pari intensità di pensiero.
Lo persi di vista purtroppo negli anni di studio a Perugia e Pisa.
Ed in particolare mi addolorò la clamorosa assenza nella cerimonia di intronizzazione per papà Rodrigo, il quale categoricamente aveva ordinato a Cesare di non presentarsi.
E perché mai? Potevo comprendere, sino a un certo punto, il disagio nell'invitare mamma Vannozza, visto che c'era pure Giulia Farnese, la ventenne amante in carica di papà, epperò mi sfuggiva il motivo di un simile affronto nei confronti del primogenito.
Giulia Farnese, quella scema! era nuora di Adriana poichè moglie di suo figlio, Orsino Orsini, mezza calzetta che mamma Adriana non aveva esitato a disonorare, ordendo la tresca papale.
Seduta accanto a me, sul palco d'onore, in quella splendida giornata, quella cretina mi tormentò senza tregua, chiedendo con insistenza dove fosse mio fratello Cesare, in palese gelosia per il notorio affetto suo nei miei confronti.

Brutta troia! bellissima invero, come se non le bastasse malignare sul favore di cui godevo da parte di papà.

Fu proprio confidando in tale debolezza che ebbi in seguito ardire di interrogarlo sull'inspiegabile assenza di Cesare, ma ne ricavai una risposta che non mi persuase affatto.

Mi disse infatti che non gli era sembrato dignitoso lasciarlo assistere a un così importante evento assiso tra la massa dei vescovi. Avrebbe dovuto distinguersi piuttosto nel ristretto circolo di cardinali.

Quella nomina programmata, tuttavia, era ancora prematura, seppure al vescovato di Pamplona papà ne avesse già aggiunto un altro molto più importante, quello di Valencia.

Il "Pamplona", così chiamato a Pisa, divenne allora il "Valentino". Da quell'agosto lo rividi appena in marzo dell'anno dopo, con gioia immensa. Giunse a Roma, di notte, avendo trasgredito al perdurante ordine di papà e, prima di ogni altro incontro, volle farmi visita.

Quante cose mi raccontò in camera da letto, dopo avermi svegliata di soprassalto, senza farsi accorgere dalle dame di compagnia.

Orbene, Plutarco, seppi da lui che si trovava a Siena quando arrivò la notizia dell'elezione pontificale, impegnato a organizzare la corsa al Pallio per il suo meraviglioso destriero.

Diede in allora istruzioni al fantino, a che venisse vinto l'irriducibile concorrente dei Gonzaga, e corse via, a fare i bagagli per un trionfale rientro a Roma.

Partì di gran carriera ma a Spoleto lo raggiunse il messaggio di papà: "si trattenesse là sino a nuovo ordine" senza ulteriori spiegazioni.

Di fronte a quelle che papà mi aveva somministrato, in distinta sede, sono propensa a ritenere che egli, invero, non volesse porre in ombra sé stesso nella rappresentativa occasione, esibendo la presenza di un figlio così abbagliante.

Cesare comunque obbedì, rassegnato, e trascorse quei mesi a Spoleto in baldorie e stravizi con Michelotto Corella e Ramiro de

Lorca, due canaglie incontrate a Pisa che sarebbero poi diventati luogotenenti, e *killers* di fiducia, nelle future furfantesche avventure.

Tra l'altro, poiché la sua vittoria al Pallio di Siena era stata annullata per frode del fantino (premeditata da Cesare) buttatosi a terra sul filo del traguardo, talchè il cavallo alleggerito bruciasse il temuto rivale Gonzaga. Mio fratello scrisse ai Priori di Siena mescendo blandizie a minacce, ed infine ebbe la conferma della vittoria.

Conversammo a lungo in quella nottata, sino a che Cesare se ne andò poco prima dell'alba, per non alimentare, disse, le ignobili voci di un incesto fra noi che già circolavano.

Il giorno dopo esplose l'ira di papà, per la disobbedienza, ma cambiò subito in perdono, e Cesare ottenne il permesso di rimanere a Roma, almeno sino alle mie imminenti nozze con Giovanni Sforza.

Ero una tredicenne ignara delle manovre sottese a quel matrimonio.

Papa Alessandro VI, eletto grazie alla retribuita astensione al Soglio del cardinal Ascanio Sforza, fratello di Ludovico il Moro, a sua volta reggente del Ducato di Milano in nome e per conto del piccolo Gian Galeazzo, intendeva confermare la riconoscenza agli Sforza, sebbene Giovanni, conte di Pesaro, fosse un rappresentante minore.

Al tempo stesso desiderava punire Ferrante d'Aragona, re di Napoli, per l'opposizione da lui ostentata all'elezione papale, negando la mia mano al partito da lui proposto, cioè Alfonso, nipote illegittimo, che in seguito sarebbe stato il mio secondo marito.

L'intrigo del Pontefice in realtà era collegato alle strategie straniere di Francia e Spagna sulla penisola.

Napoli ovviamente era legata alla Spagna, per parentela monarchica, mentre Milano guardava alla Francia.

È inutile tuttavia approfondire qui il dettaglio poichè Cesare, stante l'ancora giovane età, non ne fu coinvolto.

Egli, comunque, disprezzava visceralmente Giovanni Sforza, ma non potrei esimermi dal constatare l'uguale brutale intolleranza anche nei confronti degli altri due miei successivi mariti, e senza distinzioni di carattere politico.
La solenne cerimonia avvenne in Roma, giugno 1493, ed ivi rimasi. Non seguii infatti Giovanni a Pesaro poiché papà non voleva che il matrimonio fosse consumato prima della mia acconcia età.
E pure Cesare si trattenne a Roma in pianta stabile.

Plutarco – Con rammarico devo interrompere per il momento la tua avvincente esposizione, Madonna Lucrezia, e cedere quindi la parola a Giovanni, secondogenito di Vannozza e Rodrigo.

Con un grazioso inchino Lucrezia si appresta a lasciare l'aula.

Pretenzioso e vanesio, il giovane, dalla bionda capigliatura ricciuta in boccoli leziosi, incede, vestito di raso abbagliante per sgargianti colori azzurro e arancio, ornato in sovrappeso dalla vistosa collana d'oro, tempestata di smeraldi e rubini.

Plutarco – Giovanni, o Juan che dir si voglia, eri il preferito di papà Rodrigo, che infatti non provava soggezione nei tuoi confronti, come invece avveniva per Cesare.
Narra, ti prego, di te in famiglia e del rapporto instaurato con Cesare, l'ingombrante primogenito.

Giovanni Borgia – Ingombrante sarò stato io per lui, Plutarco, viste le ambìte cariche del braccio militare assegnatemi, quelle che Cesare avrebbe desiderato anche a scapito della porpora cardinalizia, voluta per lui da papà Rodrigo.
E infatti, Michelotto e Ramiro, *killers* agli ordini di Cesare, già citati da Lucrezia, ho sentito, mi tesero un agguato, incappucciati, però io li riconobbi anche in quell'oscuro e insidioso vicolo di Roma.

Perché lo avrebbero fatto, se non per mandato del padrone, il perfido ed ipocrita fratello desideroso di acquisire le mie prerogative?

Non esiste prova di ciò che affermo ma così andarono davvero i fatti, e questa fu la fine che mi colse a ventuno anni.

Plutarco – Dovremo per certo parlare ancora di quell'agguato letale, Giovanni, ma non adesso, poiché si tratta di un fatto dalle molteplici controverse interpretazioni. Procedi come ti ho chiesto, per favore.

Giovanni Borgia –E sia, Plutarco, comincio dai nostri diciotto anni, essendo io minore di uno soltanto rispetto a Cesare.

Ero presente alla festa dell'intronizzazione papale, a cui egli dovette rinunciare, per ordine di papà, il che lo rese anche più ostile nei miei confronti, già poco cordiale da ragazzo.

Nell'ambito della famiglia, invero, noi condividemmo affetto sincero per i piccoli Lucrezia e Goffredo, ma tra noi due non sussistette altro se non tiepida cortesia, nel migliore dei casi, o velato sarcasmo.

Papà Rodrigo, non ancora Papa, riversò su me le speranze che aveva nutrito per Pedro Luis, il fratellastro maggiore di quindic'anni, morto prematuramente per malattia.

Ereditai quindi, a quattordici anni, il Ducato di Gandìa e la fidanzata Maria Enriquez Lopez de Luna, cugina di Ferdinando II d'Aragona: costui, il marito di Isabella di Castiglia futuro re di Spagna unificata, aveva insignito Pedro di detti onori per il valore guerresco del quale aveva dato prova nella riconquista di Granada.

Mi risulta che papà abbia già narrato tutto questo.

Orbene, un anno dopo la sua nomina papale, mi fu impartito l'ordine di recarmi in Spagna per prendere possesso del Ducato assegnatomi e sposare Maria Erriquez Lopez de Luna.

Al contempo Cesare, terminato il brillante studio a Pisa, si preparava alla carriera ecclesiastica ed al tirocinio a fianco di papà.

Maria, mia moglie, fu una delusione, ciononostante nacquero Juan e Isabella, nei tre anni in cui rimasi in Spagna, sinchè venni richiamato a Roma e nominato Gonfaloniere dell'esercito Pontificio.

Cesare, in quegli anni, era salito alla porpora cardinalizia grazie alle spregiudicate manovre di papà, eppure soffrì il mio trionfo come una sconfitta intollerabile per le sue vere aspirazioni.

Si sentiva defraudato nell'autentica vocazione ed i nostri rapporti già in equilibrio precario decaddero all'infimo livello.

Plutarco – Fermati qui, Giovanni, poiché non voglio ascoltare altro su di te, sulle tue "imprese" e, men che mai, sul misterioso proditorio attentato che a ventuno anni stroncò la tua vita.

Immagino infatti che ti vanteresti per le successive nomine a Signore di Terracina, Pontecorvo, Benevento, senza tuttavia precisare che il tuo talento militare si limitava alle grandiose parate in cui sfilavi con parvenza di guerriero bardato da raffinati armature e cimieri.

Sul campo di battaglia, invece, preferivi trattenerti sicuro in retrovia, piuttosto che in prima linea, ma quando ti ci trovasti, tuo malgrado, a Soriano, fosti sconfitto proprio per la tua vile condotta.

Spiego per il pubblico: a Soriano avvenne una battaglia tra i Pontifici ed i ribelli Orsini ove il generale mercenario Vitellozzo Vitelli, dopo avere sfoltito a cannonate le schiere di Giovanni, partì all'assalto, ed il nostro, viste le palle degli occhi al nemico, paralizzato di terrore, si arrese senza tentare un minimo di resistenza.

Vai pure, Giovanni, e sia chiamato ora Goffredo Borgia, l'ultimo dei nati da Vannozza e Rodrigo.

È svanito il beffardo sorriso di Giovanni mentre si allontana.

Un ragazzino dal volto pulito, timido e riservato, accede alla sbarra.

Plutarco – Ti è dovuto, Goffredo, un breve transito in quest'aula, se non altro per completare il quadro della "famigliola" Borgia. In ogni caso sono persuaso che saprai dirci qualcosa di interessante.

Goffredo Borgia – Temo invece che ti deluderò, Plutarco, poiché io, minore di sei anni rispetto a Cesare, fui vezzeggiato e benvoluto dai miei fratelli sì, ma non godetti mai dei favori di papà, che persino si poneva un dubbio sul se fossi davvero suo figlio, come d'altronde mi risulta abbia detto qui, al vostro cospetto.

Nacqui infatti quando mamma Vannozza era stata appena licenziata da papà, non ancora Papa, e rimaritata, per suo intervento, ad un tale Giorgio della Croce, compiacente segretario apostolico.

Nelle trame di famiglia non mi fu assegnato altro ruolo se non quello di pedina di scambio matrimoniale e così, senza neppure conoscere il dissimulato scopo politico, sposai imberbe Sancha d'Aragona, poco dopo le nozze di Lucrezia con Giovanni Sforza. Sancha era un'altra nipote illegittima di Ferrante, già menzionato re di Napoli, nonché sorella di Alfonso, secondo marito di Lucrezia.

Tanto per non lasciarmi proprio a mani vuote mi fu conferito il titolo di Principe di Squillace, dagli Aragona, ove trascorsi i primi anni del matrimonio, poi ritornammo a Roma e vivemmo un periodo di pace e armonia entro il lieto quartetto di fratelli e cognati, vale a dire: io, Sancha, Lucrezia, Alfonso.

Cesare, nel frattempo, ormai in carica di cardinale, stava in tutt'altre faccende impegnato.

Ecco, Plutarco, è tutto qui. Altre vicende sono legate alla turbolenta ascesa di Cesare, ma immagino che se ne parlerà altrove.

Plutarco – Ma certo Goffredo, non mancherà occasione, adesso però desidero ringraziarti della schiva immagine offerta, così estranea alla rappresentazione perversa della famiglia Borgia.

Il ragazzino sorride discreto e se ne va senza voltare le spalle.

Plutarco – Ritorniamo a Cesare, dunque: eccolo a Roma, compiuto il brillante ciclo di studi. Intende rimanervi, pronto a recitare la parte dominante che ritiene a lui dovuta.

C'è ancora molto da apprendere, da parte sua, ma per certo ha capito già che la pace nella penisola è soltanto apparente e che il ciclo della Storia non tarderà a evolvere consentendogli le più ambiziose mete.

La sua vita sarà intrisa di guerra e violenza, crudeltà e intrigo.

Tutti elementi in contrasto con la vocazione pastorale di un Principe della Chiesa, come diventerà, per poi rinunciare, oppure futuro Papa, come papà Rodrigo vorrebbe, ma non diventerà mai.

Ecco perché, prima di narrare le avventure dell'uomo, nell'articolato scenario italico ed europeo, pare opportuno esporre alcuni tratti sulla Chiesa intesa come Stato territoriale, anche belligerante.

Affido quindi a te, Messer Niccolò, la sintesi storica sull'origine del Potere Temporale.

Occhietto vispo, ammiccante, Niccolò ordina le scartoffie sul banco e comincia il suo discorso.

Machiavelli – Poiché mi si richiede una sintesi, non una trattazione, prenderò le mosse dalla fine della *cattività avignonese*, vale a dire il periodo, di quasi settanta anni (1309 – 1377), in cui la Santa Sede fu relegata ad Avignone per volere della corona di Francia: esilio coatto anteriore di oltre due secoli all'epoca Borgia.

La Chiesa, assente da Roma, perse i territori d'Italia centrale che nei nove secoli passati aveva acquisito come erede del decaduto

Impero Romano d'Occidente (per rinuncia a mantenerli da parte dell'Impero Romano d'Oriente) e anche per generose donazioni di Carlo Magno, in cambio del risorto Impero.

Fu Papa Gregorio XI che rientrò definitivamente a Roma, ma già da vent'anni, in vista dell'evento, la Chiesa era impegnata nel recupero delle terre che costituivano il dominio temporale pontificio.

Ad esecutore di tale progetto venne incaricato un cardinale spagnolo, Egidio Albornoz, nominato legato del Papa e Vicario Generale.

L'Albornoz riscosse successo sì, non totale tuttavia, e comunque più per arte diplomatica che guerresca.

Egli ridusse alla ragione alcune tra le famiglie che, assente il Papa, si erano immesse di fatto nel governo di città importanti ed attribuì loro il vicariato apostolico "in temporalibus", cioè confermò l'autorità del governo, ma non più in autonomia, bensì in soggezione al Papa.

Così avvenne, tra le maggiori dinastie, per i Montefeltro a Urbino, i Malatesta a Rimini, gli Alidosi a Imola, i Da Polenta a Ravenna. Non per gli Ordelaffi a Forlì, che rimasero indipendenti.

L'Albornoz comunque portò a termine l'onere affidato delineando la struttura amministrativa delle nuove provincie che ammetteva spazio notevole di libertà, ma sotto revisione globale del Legato Pontificio, governatore papale con pieni poteri.

L'assetto era compiuto quando Gregorio XI tornò definitivamente a Roma, ma l'autorità spirituale della Santa Romana Chiesa attraversò proprio da quel rientro una crisi devastante: lo scisma d'Occidente.

Dopo Gregorio XI salì al Sacro Soglio Urbano VI ma un gruppo di cardinali francesi elesse Clemente VII "antipapa".

Costui si insediò ad Avignone mentre gli stati europei riconobbero la legittimità dell'uno o l'altro Pontefice, poi lo scisma si consolidò tra i successori dei due.

Si tentò altresì un compromesso in Concilio Ecumenico convocato a Pisa, ma la situazione assunse una piega aberrante poiché lì fu eletto un Papa, Alessandro V, teso a sciogliere il conflitto per rinuncia alla carica da parte dei contendenti. Peccato che questi ultimi, decisi a lasciare il Soglio, si rimangiarono la parola ed i Papi divennero tre.

A quarant'anni dal ritorno a Roma del Pontefice la vertenza fu infine risolta con elezione di un altro Papa, Martino V, mentre gli altri tre vennero dichiarati eretici e scismatici.

Trascorsero ancora settant'anni sinchè Rodrigo Borgia, o Alessandro VI, rinnovò la politica espansionistica territoriale verso quelle città non ancora ridotte a disciplina.

Scena 2: il cardinale (1493 – 1498)

Dalla porpora alla spada.

Plutarco – Il presupposto alla nomina cardinalizia di Cesare Borgia è stato svelato dall'imputato stesso accennando alla Bolla Papale con cui Alessandro VI lo consacrò ufficialmente figlio di Vannozza e di un certo Giorgio della Croce.

L'ostacolo rappresentato dalla nascita da un Papa venne così rimosso e simultaneamente il Papa consegnò a Cesare un'altra Bolla, segreta, che attestava per lui la condizione di figlio naturale proprio.

Ma la notizia dell'autentica paternità trapelò, comunque, e rinfocolò la fronda guidata dal cardinale Giuliano Della Rovere, il futuro Papa Giulio II, tuttavia le sue minacce caddero nel vuoto.

La via quindi era spianata e Cesare assunse la porpora commentando beffardo: "appenderò la Bolla segreta sulla porta di un bordello".

Ora però - *par condicio* - desidero coinvolgere te, Messer Francesco, in sintesi sul quadro politico italico ed internazionale di quei tempi: indispensabile premessa all'ascesa di Cesare.

Occhio solenne, dignitoso, Francesco ordina le scartoffie sul banco e comincia il suo discorso.

Guicciardini – Ligio alle istruzioni ricevute, mi riferirò a tempi non lontani dall'epoca in esame, salvo qualche richiamo più remoto.

Osservo quindi innanzitutto che, dopo la caduta dell'Impero Romano d'Occidente, la penisola italica non conobbe mai un altro momento così propizio di pace, di fioritura artistica e culturale, se non alla fine del XV secolo, a un dipresso nel 1492.

Lorenzo il Magnifico da Firenze fu il principale artefice, per sapiente lavoro di mediazione diplomatica, ma anche Ferrante Aragona, re di Napoli, e Ludovico il Moro, reggente di Milano, ancorchè uomini di indole più bellicosa, contribuirono all'assetto dell'equilibrio politico, se non altro per arginare, insieme, la potenza della Repubblica di San Marco, maggiore di ogni nemico eppur minore di una loro unione.

Da Roma, Papa Alessandro VI partecipava non come un imparziale spettatore: in particolare lo separavano sottili screzi da Ferrante, re di Napoli (la città apparteneva all'antico feudo papale normanno).

Tale contrasto più o meno manifesto tendeva ad accostare, piuttosto, il Papa a Milano, alleata dei francesi. In più il Papa, per tradizione, si tirava dietro anche i ducati di Ferrara e di Mantova.

Così si atteggiavano in quel periodo le maggiori città italiche, ma su quelle premesse di fragile bilanciamento politico intervenne la morte di re Ferrante: evento che generò un nuovo ciclo guerresco.

Il regno di Napoli, su cui si apriva una difficile successione, era nato per investitura pontificia degli antichi domini normanni, poi traslato agli Svevi Hohenstaufen per matrimonio.

Enrico VI, figlio del Barbarossa e suo successore nel Sacro Romano Impero, sposò Costanza d'Altavilla, la figlia di Ruggero II, re dei normanni di Sicilia, talchè dall'unione insorse la fusione in un unico regno di Sicilia dell'intera Italia Meridionale.

Federico II, figlio di Enrico e Costanza, ne assunse l'investitura.

Alla fine della casata Hohenstaufen il Papa nominò il francese Carlo d'Angiò re di Sicilia, che si rese inviso al popolo per un'opprimente pressione fiscale.

Ne derivò la rivolta dei Vespri Siciliani e quindi una lunga guerra tra Angioini di Francia ed Aragonesi di Spagna, questi ultimi aspiranti al trono per una vantata parentela con gli Hohenstaufen.

All'esito del conflitto si realizzò la frattura tra i due regni di Sicilia e di Napoli, ovvero isolano aragonese e continentale angioino.

In seguito gli aragonesi, conquistarono anche il regno sul continente e lo concessero al loro ramo cadetto, a cui apparteneva re Ferrante.

Orbene, egli, per testamento, aveva nominato erede al trono il figlio Alfonso, ed Alessandro VI, venuta meno l'inimicizia con Ferrante, rispolverò l'antica tradizione normanna di tutela feudale che legava Napoli alla Santa Sede, e si dispose a consacrare il diritto di Alfonso inviando un delegato all'incoronazione.

Si intromise a tale punto Carlo VIII, re di Francia, appartenente alla dinastia Valois, rivendicando la corona di Napoli per la parentela dei Valois con gli Angioini, ex regnanti nella città partenopea.

Ecco pertanto la scintilla che avrebbe comportato la fine del periodo di pace vigente nella penisola italica, ma qui è opportuno che io mi fermi, Plutarco, poiché siamo pervenuti ormai ai fatti contemporanei, a Papa Alessandro VI ed al suo degno figliolo.

Plutarco – Ringrazio entrambi voi, Messeri Niccolò e Francesco, ed ora vi invito ad individuare il prossimo testimone.

"Venga Giuliano della Rovere" all'unìsono Niccolò e Francesco.

Il cinquantenne cardinale, magro e segaligno, dallo sguardo rapace, ostenta il segno dell'autorità nella veste e nel mantello con sfarzosi toni di rosso.

Plutarco – Da irriducibile nemico di Rogrigo Borgia, sei per certo tu il soggetto più adatto a illustrare gli eventi in questo frangente. Ascolteremo pertanto con il massimo interesse il tuo racconto, per la parte in cui non eri ancora Papa.

Giuliano della Rovere – Fui Papa, successore di Alessandro VI, sì, a parte il breve transito di Pio III (inferiore a un mese), ma nep-

pure io desidero parlarne adesso. Preferisco, invece, estendere il racconto al periodo di poco anteriore.
Mi soffermo perciò sugli atti del conclave da cui Rodrigo uscì Papa.
Ancorchè mi roda evocare le subdole manovre, penso che sia dovuto almeno un breve passo sull'infame percorso, compiuto nonostante la mia furibonda resistenza.
Alla morte del Pontefice Innocenzio VIII, Giovanni Battista Cybo, i cardinali favoriti a succedergli eravamo io e Ascanio Sforza, mentre Rodrigo sembrava fuori dal gioco.
Ascanio, il terzogenito del magnifico capitano di ventura Francesco, Duca di Milano per matrimonio con Bianca Maria Visconti e quindi fautore del passaggio di signoria, in passato aveva conteso ad un mio prozio, Francesco della Rovere, il Sacro Soglio, uscendone sconfitto.
Francesco fu Sisto IV, prima di Innocenzo VIII.
Vent'anni dopo Ascanio presagì che neppure alla seconda occasione l'avrebbe spuntata, e pertanto mi offrì la sua rinuncia, insieme con il voto dei suoi adepti, richiedendo in cambio il Vicecancellierato, più un cospicuo conguaglio.
Fare le scarpe a Rodrigo mi allettava, ma infine rifiutai la proposta.
Venne così il conclave che vide in sequenza tre scrutini inutili sinchè Ascanio rinnovò l'offerta a Rodrigo, il quale accettò senza ritegno.
Lo Sforza ottenne in cambio la prestigiosa carica di Vicecancelliere, ormai vacante, e la benedizione papale sul Ducato di Milano per suo fratello Ludovico il Moro, già reggente in nome dell'imberbe nipote, Gian Galeazzo, più asinate d'oro, e, successivamente ancora la mano di Lucrezia per Giovanni Sforza, Signore di Pesaro e nostro nipote.
Dio strafulmini Rodrigo Borgia, il nuovo Papa, simoniaco e corrotto, vincente contro la mia candidatura.

E un anno dopo, dovetti ingoiare anche il rospo di Cesare cardinale.
Ma torniamo a noi, Plutarco: alla guerra imminente per la morte di re Ferrante e la successione al trono di Napoli.
Quale migliore occasione mi si sarebbe mai presentata di adoperare la mia influenza, tutt'allora possente, in favore di Carlo VIII, il re di Francia per chiedergli di espugnare Roma nel viaggio verso Napoli e l'arresto del Papa, pronto a incoronare l'erede napoletano?
Quante e quali vibranti accuse avrei potuto scagliare contro Rodrigo per impetrarne al re la rimozione ed offrire me stesso al Sacro Soglio sulla punta delle alabarde francesi?
Accuse assolutamente veritiere, peraltro.

Plutarco – E invece, Giuliano, dovesti di nuovo abbassare la cresta, come vedremo, ma solo per poi gustare fredda la tua vendetta.
Ce lo narrerà ora il cardinale Ascanio Sforza.

Impermalito il della Rovere volta di scatto le spalle e s'allontana a passo di marcia dall'aula.

Circospetto ed ingrugnato, ecco l'altro cardinale alla sbarra.

Plutarco – Hai diritto alla replica, Ascanio, ed a quant'altro potresti a tua volta riferire sulla critica situazione in Italia.

Ascanio Sforza – Giuliano della Rovere ha sostanzialmente narrato il vero, ma io devo precisare che la mia condotta fu orientata da uno spirito diplomatico equidistante, soprattutto conforme alla politica di mio fratello Ludovico, reggente del Ducato di Milano.
Duca titolare era nostro nipote Gian Galeazzo, che peraltro volentieri avrebbe lasciato il governo allo zio se non fosse stato per

le manovre ambiziose di sua moglie Isabella, nipote di Ferrante, re di Napoli.

Al fine di prevenire tale insidia mio fratello cercò l'alleanza del re di Francia Carlo VIII, e presto divenne Duca per la morte prematura di Gian Galeazzo.

Quando però, con la morte di Ferrante, venne il momento di scoprire le carte, Ludovico onorò i patti intercorsi con il re francese mentre il Papa Alessandro VI, è noto, s'allineò con gli Aragona di Napoli.

Io pertanto mi trovai in grande imbarazzo, ma infine decisi di tradire il Papa per seguire mio fratello.

In una burrascosa riunione del concistoro cardinalizio, Giuliano della Rovere, con estrema violenza verbale, dichiarò solidarietà alla causa francese ed osò esigere le dimissioni di Alessandro VI. Mi coinvolse quindi, a che aderissi alla sua pretesa, e io risposi come voleva, ma fui breve perché mi tremava la voce.

Non scorderò mai l'occhio tremendo di Cesare nell'occasione, volto diritto a me, mentre Alessandro andò fuori di testa.

Comunque sia, se appare opportuno che altri narrino il fiasco totale della spedizione francese in Italia, in parte mia ringrazio Dio per non avere perduto la porpora cardinalizia, finendo i miei giorni all'età di settant'anni, anziché molto prima, per pugnale dei sicari di Cesare.

Meno male, d'altronde, che egli era ancora un apprendista stregone e che la prudenza del lungimirante Rodrigo prevalse nello stabilire la sorte di me che ero pur sempre un Principe della Chiesa.

Fui confinato in Castel Sant'Angelo, e neppure nei sotterranei, ma in un confortevole appartamento: comunque una prigione e perciò al contempo benemerenza per Carlo VIII, una volta espugnata Roma.

Plutarco – Grazie Ascanio, per la chiara franchezza. Non oso muoverti una critica: erano tempi calamitosi, per tutti.

Proseguiamo dunque, Messeri Niccolò e Francesco, sia designato da voi il prossimo teste.

"Venga Carlo VIII" all'unìsono Niccolò e Francesco.

Avanza un giovane dall'occhio imbambolato e dallo smisurato naso aquilino. La bassa statura, le gambe arcuate, il bolso portamento, di certo non ispirano alcuna impressione di regale dignità.

Plutarco – Parlaci liberamente, re Carlo, dell'illusoria impresa che ti impegnò in Italia.

Carlo VIII – Avverto nel tuo laconico invito, Plutarco, scarsa stima nei miei confronti, ma non mi offendo.

Però sappi che non mi era per certo sfuggita, ancorchè quasi ragazzo, la potenzialità malefica del neo cardinale Cesare Borgia. A lui, infatti, mi rivolsi stigmatizzando il fatto per cui nell'infornata recente di nuovi prelati al vertice non compariva alcun francese.

Gli raccomandai perciò un nostro ministro a che interponesse i buoni uffici con papà, promettendo in cambio personale gratitudine, ed egli neppure si degnò di rispondere... villano e arrogante.

Me la legai al dito, seppure mi spingessero a Napoli altre ragioni non certo collegate a una questione di mero puntiglio.

Il regno di Francia, infatti, s'era ingrandito a dismisura grazie ai miei predecessori, che in guerra o opportuni matrimoni avevano acquisito cospicui territori.

Mancava però Napoli, ex Angiò, casato della mia ascendenza per via femminile: l'ultimo fiore che volevo cogliere come legittima dote.

Là intendevo inoltre costituire la base di spedizione contro l'infedele ottomano che, da quasi cinquanta anni, governava Costantinopoli.

Quasi una crociata alla riconquista del Santo Sepolcro, ancorchè tale velleità fosse ormai passata di moda.

Ludovico il Moro, peraltro, mediante suoi ambasciatori, mi garantiva amicizia e sostegno economico, lasciandomi intravedere il favore di altri principi italici, la fedeltà dei baroni napoletani legati agli Angiò e, addirittura, la neutralità di Venezia.

Sul fondamento di siffatte premesse, ignorai l'opposizione interna da parte dei nobili consiglieri che non approvavano l'avventura.

Possedevo infatti un grandioso esercito d'oltre trentamila soldati, più artiglieria di prim'ordine e risorse di ogni genere in quantità.

Mi coprii quindi le spalle da Spagna, Inghilterra, Impero germanico, con generose cessioni territoriali, e partii per l'Italia lancia in resta.

Fu una marcia trionfale: su Piemonte, Milano, Firenze.

In quest'ultima città Piero de Medici, figlio di Lorenzo il Magnifico, spalancò le porte senza combattere, ma pagò la viltà con l'esilio per rivolta di popolo che lo costrinse alla fuga lasciando il campo libero al demone Savonarola, nemico del Pontefice, e perciò amico mio.

Pier Capponi, leader della fronda anti medìcea, e noto per l'aneddoto di trombe e campane, fu eletto a capo della nuova Repubblica.

A Firenze, ove Ludovico il Moro cavalcò altezzoso al mio fianco, mi raggiunse anche il cardinale Giuliano della Rovere, che si inchinò al mio cospetto, ma io, sebbene nulla ormai si ponesse tra me e Roma, ero ancora dubbioso sul modo in cui mi sarei atteggiato nei confronti di Sua Santità Alessandro VI

Mi era noto che il Papa era orientato decisamente in difesa di Napoli. Ma la Francia, seppur regno d'antica tradizione cattolica, non poteva accettare condizionamento alcuno dalla Santa Sede.

Io del resto mi attendevo come minimo che Alessandro autorizzasse il pacifico transito delle mie schiere attraverso il territorio dello Stato Pontificio per proseguire in Campania.

Plutarco – Può bastare da parte tua, Carlo, lasciamo pure raccontare il seguito fallimentare della calata in Italia proprio a lui, Sua Santità, dal punto di vista dell'altra parte in conflitto.

Rimane interdetto il re da tanta indifferenza e senza parole cede il passo al Papa che incede maestoso.

Alessandro VI – Grazie Plutarco per l'onore che adesso mi concedi di ritornare sulla scena a parlare della vana superbia di Carlo VIII.

Non era affatto improbabile invero che egli mi avrebbe spodestato se non avessi concesso all'armata francese il pacifico transito sulle terre dello Stato Pontificio, come egli si aspettava da me. Ciononostante ignorai le sue minacce e non solo confermai la scelta di inviare un mio legato a consacrare l'incoronazione di Alfonso, ma nell'occasione convenni con lui il matrimonio tra sua figlia, Sancha, e mio figlio Goffredo, celebrato senza indugi, tanto perché Carlo non nutrisse dubbi sulla mia posizione.

Con Cesare poi mi accinsi a gestire le presumibili conseguenze. Orbene, quando già il rombo dei cannoni francesi riecheggiava sino nel nostro palazzo, decisi innanzitutto di spedire le mie tre donne in quel di Pesaro, in salvo dalla furia in arrivo.

Giovanni Sforza venne a Roma per prelevare suo moglie Lucrezia, la giovane e bella Giulia Farnese, e Adriana de Mila, mia cugina.

Dopodiciò riunii il consiglio pontificio composto per quell'occasione soltanto da me e Cesare che, in primo atto, mi consigliò di fare fuori i cardinali Ascanio Sforza e Giuliano della Rovere.

Mi guardai bene dall'accontentarlo, naturalmente, poichè non aveva ancora vent'anni e l'impulso della gioventù era acerbo.

Mandai quindi Ascanio Sforza a Castel Sant'Angelo e lasciai fuggire Giuliano Della Rovere poiché immaginavo che si sarebbe sputtanato da solo innanzi al re Di Francia.

Ebbi conforto ed aiuto da Cesare, ma gli eventi volgevano al peggio: non solo Paolo Orsini, il comandante del mio esercito, s'era arreso ai francesi, ma essi avevano pure intercettato le mie tre donne in fuga e le tenevano prigioniere, chissà in quali condizioni. Mi attanagliò allora la tetra disperazione, meditai persino di fuggire a Napoli, ma la fredda tenacia di Cesare, e la sua affettuosa violenza mi persuasero a rimanere, asserragliato a Castel Sant'Angelo.

Plutarco – Mi spiace Rodrigo, ma devo sospendere di nuovo poiché desidero affidare la testimonianza dell'incontro tra te e Carlo VIII a una terza persona: l'autore del *Liber Notarum*, vite dei Papi. Una preziosissima fonte storica scrupolosamente redatta.

Di nuovo il Pontefice si allontana benedicente.

Alto e solenne, avvolto in toga nera ornata dai cordoni rossi del suo grado, l'uomo, dai tratti aristocratici, incorniciati dall'impeccabile barba fulva, si accosta alla sbarra con ironica espressione.

Plutarco – Si presenti il testimone.

Johannes Burckardt – Tedesco, da Niederhaslach, sebbene di umili origini percorsi una splendida carriera in Vaticano, sino ad assumere la carica di Cerimoniere del Pontefice, Alessandro VI. Invero non godetti mai di poteri decisionali in politica ma, delegato all'organizzazione degli eventi importanti, ero sempre presente agli incontri del massimo livello e pertanto ritengo, senza falsa modestia, d'avere maturato un'esperienza notevole nelle segrete cose di Stato.
Ordunque, Plutarco, in quella veste fui incaricato di ricevere re Carlo in porta del Popolo, consegnare le chiavi dell'Urbe e accompagnarlo a palazzo Venezia, dove era allestito il trono regale,

con una sfilata che durò sei ore, tra ali di folla acclamante ai "liberatori".

Il popolo romano se ne sarebbe accorto entro qualche giorno di quale razza di liberatori si trattasse: un esercito composto a metà da truppe mercenarie svizzere, tedesche, scozzesi, che si sarebbero date al più crudele saccheggio su persone e cose.

Comunque sia, nel salone dei ricevimenti a palazzo Venezia, c'erano pure Ascanio Sforza e Giuliano della Rovere mentre il re, ignaro del fatto per cui il Papa si era barricato entro Castel Sant'Angelo, con un presidio considerevole di guardie, prese la parola e mi chiese quando mai Sua Santità si fosse degnato di concedergli udienza.

Io risposi, come da istruzioni, che Sua Santità era indisposto.

Confesso che sudai freddo quando vidi il re paonazzo dalla collera.

Mi fu comunque dato congedo senza danni, con mio sollievo.

All'atto dell'uscita, il re mi affidò un cortese messaggio scritto per il Papa mentre un altro, verbale, mi fu sussurrato dal cardinale Sforza: quattromila ducati per il rilascio delle donne di Alessandro VI.

Ovviamente assistetti anche al primo atto del disgelo quando alcuni giorni dopo, nel salone grande a Castel Sant'Angelo, Ascanio Sforza introdusse Lucrezia, Giulia Farnese, Adriana De Mila, a ritrovare il papà, l'amante, il cugino, nel mentre i mortai e le bombarde francesi martoriavano i bastioni del castello.

Ci vollero comunque altri dieci giorni di cannonate prima che il Papa assentisse a tornare in Vaticano e incontrare il re, non senza che *tête-à-tête* Ascanio avesse garantito a Rodrigo l'idea del re di scaricare il della Rovere con tutta la sua velenosa maldicenza.

Sinchè venne il giorno di cui mi chiedi, Plutarco.

Sala del Pappagallo: dimora privata del Papa. Rodrigo siede solenne al trono con al fianco Cesare.

Ma devo deluderti, Plutarco. Altro non vidi se non la falsa devozione del re e l'accondiscendente atteggiarsi del Papa, in attrito con il vero rapporto di forze, dopodichè Rodrigo volle procedere a porte chiuse.

In seguito seppi che Alessandro aveva concesso a Carlo il transito su territorio pontificio con la promessa della benedizione al titolo reale francese sulla città di Napoli, e intero territorio, esclusa la Sicilia, un solido possesso degli Aragona di Spagna.

Carlo VIII ottenne anche enormi garanzie a salvaguardia dei patti di conferma: venti asini carichi d'oro e due ostaggi di lusso, vale a dire suo figlio Cesare ed il principe Djem.

Parve pace fatta tra Alessandro VI e Carlo VIII.

Plutarco – Vedremo, Johannes, per il momento hai indicato il nome del prossimo testimone che vorrei ascoltare: pittoresco personaggio nell'articolata saga dei Borgia.

Con un profondo inchino, a cui è avvezzo, Johannes lascia l'aula.

Il nuovo personaggio, nel candido turbante e nella tunica scarlatta, lunga sino al piede, dalle fattezze gradevoli, per nulla accattivanti, dal baffo sottile e spiovente, non desta ammirazione tra il pubblico bensì un misto di scherno e pietà.

Plutarco – Anche da te, principe, è dovuta una breve presentazione.

Djem Sultan – Il mio soggiorno a Roma fu una nota di folcrore, più che una presenza di rilevanza storica, che peraltro si intrecciò con le vite dei fratelli Borgia, Cesare e Giovanni.
Io ero il figlio non primogenito di Maometto II, colui che conquistò Costantinopoli e pose fine all'Impero Romano d'Oriente costituendo il Sultanato turco ottomano.
Alla morte di papà lottai per la successione al trono con mio fratello maggiore, Bayezid, ma la spuntò lui ed io fui costretto all'esilio.

Nella mia situazione comunque rappresentavo per l'intera cristianità un ottimo strumento di ricatto contro il sultano.

Qualunque potenza occidentale, infatti, avrebbe potuto sostenere in armi la mia pretesa di ascesa al trono laddove Bayezid si sarebbe ben disposto a pagare ospitalità nei miei confronti da parte di stati e regni come una prigione dorata, purchè non creassi problemi.

O meglio ancora avrebbe assoldato un sicario.

Meno male che l'ipotesi del ricatto apparve sempre la migliore e così la Francia dapprima provvide, e poi lo Stato Pontificio.

Ivi fui "ospite" di Innocenzio VIII e del successore Alessandro VI. Non nutrivo più allora ambizioni di rivincita su mio fratello, cercavo solo la bella vita, vezzeggiato com'ero alle corti francese e papale.

A Roma, in particolare, entrai nelle grazie di Juan, secondogenito di Alessandro e Vannozza.

Costui mi voleva sempre con sé, ed imitava la mia raffinata eleganza orientale. Gli era congeniale il mio stile, ma anche Cesare cedeva al suggestivo sembiante di quel gagà bellimbusto che ero diventato.

Orbene, Plutarco, Cesare ed io, ostaggi di Carlo VIII, partimmo per Napoli cavalcando al suo fianco come splendenti prede di guerra.

Ma Cesare non giunse mai a Napoli: a Velletri si involò in una fuga rocambolesca con il favore delle tenebre e la collera di Carlo esplose tremenda e impotente il giorno dopo. Fu un presagio di sventura per lui la scomparsa di quegli ostaggi.

Plutarco – Già, principe Djem, poiché moristi poco dopo a Napoli e La Storia non ha conservato ricordo sulle cause della tua morte. Si vagheggiò sull'ipotesi di un veleno progressivo somministrato dai Borgia, onde sottrarre a Carlo un potere di ricatto contro il Sultano di Costantinopoli che tu rappresentavi: un'altra fiaba sulla famiglia?

Chissà come avvenne davvero la tua fine misteriosa? Comunque sia poco importa, non desidero invece che resti il mistero sul modo in cui Cesare si fece beffe di Carlo VIII. Venga pertanto alla sbarra il preferito tra i suoi tagliagole.

Il patetico principe sorride amaro e si allontana.

Un giovane dal passo atletico, naso adunco e sguardo strafottente, dalla corta barba incolta e l'ispida criniera ricciuta, cinto a tracolla sulla giubba di pelle marrone da una pesante spada inguainata nel pregiato fodero, succede alla sbarra.

Plutarco – Il tuo nome è già echeggiato incidentalmente tra le mura di quest'aula, mascalzone avanzo di galera. Raccontaci ora di Cesare ed in particolare di quei mesi che trascorse da "primula rossa".

Michelotto Corella – Spagnolo di Valencia, rampollo di una nobiltà minore, caduta in disgrazia, lasciammo la Spagna ed approdammo in Italia alla ricerca di un futuro migliore.
Maggiore d'alcuni anni, rispetto a Cesare, lo incontrai da studente a Pisa, entrando nel gruppo dei viziati imberbi scapestrati da lui diretto in gozzoviglie, risse, stupri, e quant'altro.
Ne guadagnai il rispetto, e ricambiai in fedele devozione, affascinato dal suo travolgente carisma.
Subii il prestigio, lo seguii in tutte le imprese, e la Storia mi conferì il marchio di "boia del Valentino".
Ma non ero con lui nel viaggio a Napoli e ci trovammo solo dopo la sua fuga, quindi il mio racconto è materia di seconda mano.
Cesare giunse a Roma all'alba, venne a cercarmi e subito ripartimmo per Spoleto. Inviò un messaggio a papà per informarlo della vicenda, ma non volle incontrarlo per non comprometterlo di fronte a re Carlo che per certo lo avrebbe accusato di complicità.

Sparimmo poi per tre mesi e non rileva sapere dove ci infrattammo. Piegato in due dal ridere, Cesare mi narrò che a Velletri, durante la prima tappa del viaggio, si era camuffato da garzone di stalla e, elusa la vigilanza delle guardie, aveva rubato il miglior cavallo lasciando a re Carlo la veste cardinalizia vuota.

Tre mesi dopo, dicevo, tornammo a Roma e insieme facemmo strage dello scarno presidio francese rimasto in retrovia: la sua vendetta per il saccheggio della casa di mamma Vannozza.

Plutarco – E così mancati i preziosi ostaggi, il Papa potè rimangiarsi la promessa di canonizzare il titolo a Carlo, autoproclamato non solo re di Napoli ma anche, con vanagloria, di Sicilia e Gerusalemme.
Concludiamo quindi sullo smacco subito e all'uopo indicate, Messeri
Niccolò e Francesco, i testi adeguati al seguito.

Difesa e accusa discutono a lungo e infine propongono al giudice la sospensione dell'udienza per un colloquio a porte chiuse.
Il giudice acconsente e lascia l'aula diretto alla camera di consiglio.
Nella saletta adiacente all'aula, tra scaffali di volumi ordinatamente riposti, i tre siedono ad un sobrio tavolo rotondo.

Guicciardini – Con assenso di Messere Niccolò parlo anche a nome suo per riepilogare le vicende che si svolsero in Napoli dopo l'arrivo di Carlo, sino al momento in cui se ne andò con la coda tra le gambe.
Ritengo opportuno che lo facciamo noi, piuttosto che altri testimoni, necessariamente di parte napoletana o francese.
Nessun affidamento essi potrebbero ispirare se pensiamo ad esempio all'epidemia di sifilide che imperversò nei mesi dell'invasione, detta "male francese" dagli uni e "male napoletano" dagli altri.

Da una nostra più attendibile ricostruzione potremo approfondire lo sviluppo degli eventi successivi e determinanti.

Plutarco – Così sia, Messere Francesco.

Machiavelli – Grazie Plutarco, confermo la mia adesione a tale *iter* che ci porterà a scorgere altre luci ed ombre sull'imputato.

Guicciardini – Facciamo un passo indietro: mentre Carlo VIII era a Roma, Alfonso d'Aragona, già Duca di Calabria, nonchè successore al trono di Napoli, veniva incoronato nella cattedrale di San Gennaro in presenza del delegato pontificio.

Alfonso però mantenne il regno per pochi giorni, giacchè re Carlo premeva ormai quasi alle porte ed il nuovo re, terrorizzato da presagi funesti, abdicò in favore di Ferdinando, o Ferrandino, il primo genito legittimo rispetto ai due illegittimi, l'omonimo Alfonso e Sancha.

Quando i francesi presero Napoli senza difficoltà, Alfonso scappò in Sicilia, seguito a ruota dall'intera famiglia, compreso Ferrandino.

La stella di Carlo toccò allora lo zenith e poi iniziò la fatale discesa.

Il popolo napoletano soggiacque alla soldataglia mercenaria francese per saccheggi e atrocità già perpetrate a Roma, ma subito si ribellò in corale animo coraggioso ed efficace guerriglia.

I baroni cittadini, ancora simpatizzanti degli Angiò, frondaioli per gli Aragona, mutarono bandiera a causa dell'opprimente nuovo governo e si organizzarono in attiva opposizione.

Ma, soprattutto, all'azione del re francese era seguita una reazione di portata internazionale che unì in lega la Spagna, l'Impero germanico, Venezia, Milano, il Papa.

Tali eterogenee e contrastanti entità entrarono in coalizione per quel momento nell'avversione comune contro Carlo VIII.

La permanenza di quest'ultimo a Napoli si protrasse per quattro mesi dopodichè, vista la mala parata, ripartì per la Francia e rientrò quasi illeso: a Fornovo, nei pressi di Parma, avvenne l'unica vera e propria battaglia della campagna italica, contro l'effimera lega antifrancese, ma non è dato stabilire quale delle parti ne uscì davvero vincente.
Comunque sia, Carlo tornò in Francia e non ebbe più alcun rapporto con la famiglia Borgia.
Egli infatti spirò, pochi anni dopo, in seguito ad una violenta craniata contro il basso architrave dell'ingresso di un castello che egli si era incaponito a passare trotterellando a cavallo.
A Napoli, dopo la ritirata dei francesi, rientrarono gli Aragona ma il giovane Ferrandino morì poco dopo senza eredi, ed a lui subentrò di fatto, lo zio Federico, fratello di Alfonso.
Il ciclo bellico era chiuso ma altri si sarebbero aperti.

Plutarco – Eccellente sintesi, Messer Francesco.
Se dunque non hai nulla da aggiungere, Messer Niccolò, torniamo in aula dove ascolteremo di nuovo il racconto del Papa Alessandro VI sugli sviluppi a Roma.

Il pubblico in attesa ammutolisce al rientro della Corte.

Plutarco – Ebbene, Rodrigo, sopravvissuto alla bufera avevi tenuto illesa la dignità, non più costretto a favorire il re di Francia. Ma sentiamo dalla tua voce che cosa successe a Roma da allora?

Alessandro VI – Parecchie cose, Plutarco, in famiglia e in politica. Ma procediamo con ordine, e consentimi innanzitutto di esprimere la massima gratitudine a Cesare per la dedizione e la perseveranza con cui mi indusse a resistere alla prepotenza del conquistatore gallico.
Non soltanto infatti la sua audacia nella fuga da Velletri mi sottrasse all'ignominia di dover concedere il promesso *imprimatur*

all'impresa dei francesi, ma fu anche talmente abile da attuare il rientro a Roma, oltre che della sua persona, pure dei beni dati in garanzia, lasciando in mano al re cassoni ricolmi di sabbia in luogo dell'oro.

Naturalmente, mentre Carlo scappava da Napoli, io partii da Roma e con Cesare mi intrattenni ad Orvieto e Perugia: lieto esilio, che durò un anno e ci preservò dall'imbatterci nelle schiere francesi.

Il ritorno a Roma comunque fu gioioso poichè vi ritrovai uniti i figli adorati: Cesare, cardinale e prezioso consulente, Goffredo e Sancha, esuli finalmente da Squillace, Lucrezia, separata di fatto dal marito, Giovanni Sforza: il matrimonio, già prezzo dell'alleanza con Milano, non aveva più alcun pregio, visti i trascorsi su campi avversi.

Decisi, allora, di fare *en plein* e richiamai Giovanni dalla Spagna per nominarlo Gonfaloniere, Capitano Generale dell'Esercito pontificio, come del resto era previsto nei miei progetti iniziali. Intendevo infatti investirlo del comando militare supremo per sedare una volta per tutte alcune questioni interne non risolte.

Plutarco – Perdonami Papa Alessandro se di nuovo devo sospendere il tuo dire, ma un dubbio mi coglie sulla lucidità del tuo giudizio nel parlare di Giovanni, il figlio prediletto.
Orbene, una volta eliminato il cardinale della Rovere, fuggito con re Carlo a Parigi, recuperato il ravveduto cardinale Sforza, restava da sanare il bubbone degli Orsini, baroni romani da sempre tuoi nemici. Al riguardo mi domando se tu credevi davvero in Giovanni quando gli conferisti il segno del comando per farli fuori.
Sì? Perché allora gli affiancasti due generali in subordine, e in realtà più esperti di lui?
Desidero quindi sentirli in sequenza.

Alessandro pare infastidito dall'andirivieni che gli viene imposto e dalla scettica affermazione del giudice, ma abbozza.

Piuttosto pallido, smunto ed emaciato, dagli occhi azzurri e capelli biondi, ricadenti lisci ai lati del volto, si accosta un giovane in abito di velluto nero che per nulla manifesta l'aspetto di un uomo d'armi.

Plutarco – Presenta te stesso, valente comandante, ed in particolare parlaci della tua breve esperienza sotto il vessillo pontificio.

Guidobaldo da Montefeltro – Fui duca di Urbino innanzitutto, e mi dedicai al mestiere delle armi per indole innata, sebbene la prestanza fisica non fosse proprio una mia caratteristica dominante.

Militai nell'esercito della lega antifrancese istituita contro il re Carlo VIII in fuga da Napoli.

Stavo al soldo della Repubblica di San Marco, al comando centrale del marchese di Mantova, Francesco Gonzaga.

Papa Alessandro VI allora se ne ricordò e mi chiamò al suo servizio per esigenze dello Stato Pontificio.

Si trattava di ricondurre alla disciplina i riottosi Orsini.

Costoro rappresentavano insieme ai Colonna, Caietani, Savelli, il *top* dell'aristocrazia romana, al tempo oppositrice per partito preso della detestata egemonia borgiana in Roma.

In campagna d'Italia di Carlo VIII gli Orsini si erano schierati con i francesi e, avvalendosi della debolezza papale avevano razziato terre e castelli nella campagna laziale sbandierando sui bastioni i gigli di Francia con insolente spregio.

Come poteva Alessandro VI tollerare siffatto irridente oltraggio?

Partimmo dunque lancia in resta ed espugnammo in breve quasi tutte le loro roccheforti, ma io ebbi sfortuna e restai gravemente ferito.

Sarà stato soltanto un caso, Plutarco, se le sorti si ribaltarono proprio da allora contro di noi? Gli Orsini si chiusero sicuri entro la

fortezza di Bracciano, protetta dalle acque lacustri, e resistettero all'assedio. Si permisero, inoltre, audaci sortite sinchè, nella battaglia di Soriano, fui preso prigioniero, mentre Giovanni fuggì come una lepre.
Mi risulta, Plutarco, che tu abbia già accennato al deplorevole atto di codardia. Comunque sia l'infingardaggine di Giovanni indusse a una sequela di umilianti sconfitte ed il conflitto finì in pareggio.
Orsini e Borgia siglarono infine la pace: Giovanni fu celebrato con i massimi onori, mentre per me, prigioniero, il Papa rifiutò persino di pagare il riscatto.

Plutarco – Grazie Guidobaldo, e venga ora l'altro capitano, al quale rivolgo le stesse parole.
Presenta te stesso, valente comandante, ed in particolare parlaci della tua breve esperienza sotto il vessillo pontificio.

I due uomini d'armi si incrociano in un cavalleresco saluto.

Superbo nella cesellata armatura, coperto dallo splendido mantello di tessuto leopardato, ecco l'immagine tipica del guerriero, peraltro gentiluomo di stile eccellente e raffinata cultura.

Consalvo Fernández de Cordòba – Maturai le prime esperienze in armi prestando servizio con la regina Isabella di Castiglia, durante la guerra civile contro il Portogallo. Partecipai in seguito alla conquista di Granada per conto del re Ferdinando d'Aragona.
Quest'ultimo, per difesa del regno di Sicilia, già in suo dominio, mi volle in Italia contro Carlo VIII, quindi in aiuto a re Ferrandino.
Là mi distinsi con alterne fortune nelle terre di Calabria.
Il mio temperamento, autonomo ribelle, mi portava spesso a entrare in polemica con i sovrani committenti, e ciò avvenne anche

con il re Ferrandino, talchè infine accettai l'offerta di Alessandro VI, vale a dire un incarico alle dipendenze del figlio Giovanni.
Si trattava di riconquistare la rocca di Gaeta, l'ultimo avamposto dei francesi nella penisola italica, e fu una passeggiata.
Ovviamente Giovanni se ne accaparrò tutto il merito ma Alessandro VI dovette almeno riconoscere il vero e consentire a me di gestire le trattative conseguenti.
Pretesi che il comandante francese fosse reso libero senza riscatti, e che Gaeta venisse esentata dalle tasse per dieci anni.
Ottenni inoltre la Rosa d'Oro, cioè la massima onorificenza militare dello Stato Pontificio.
Su Giovanni, infine, dichiarai al Papa la mia spassionata opinione ed egli si strinse nelle spalle senza alcunchè da ridire.

Plutarco – Grazie Consalvo, con te mi pare che abbiamo parlato sin troppo sul vanaglorioso pseudo condottiero Giovanni Borgia, vivo.
Dovremo piuttosto dedicare almeno un cenno alla sua morte violenta e misteriosa, di cui egli stesso ha accusato suo fratello Cesare.
Ma prima ritorno alla gioia di Rodrigo nel trovarsi, dopo le traversie di guerra, riunito in famiglia.
Lasciamo dunque, per un po', la figura di Cesare e vediamo come se la passarono allora i fratelli, Lucrezia e Goffredo.
Sia convocata all'uopo la principessa Sancha d'Aragona.

L'incantevole ragazza bruna dagli occhi ardenti e lo sguardo altero incede sensuale alla sbarra vestita di bianco e accompagnata da un brusio di corale ammirazione.

Plutarco – Sposa di Goffredo ed amica di Lucrezia, parlaci di te, dei Borgia e di quel tuo soggiorno romano, per la parte più serena.

Sancha d'Aragona – Ero figlia illegittima di Alfonso, e dell'amante Trogia Gazzela, nipote del vecchio Ferrante, sorella di un altro figlio illegittimo, Alfonso, il Duca di Bisceglie omonimo di papà, ed infine sorellastra di Ferrandino, figlio legittimo.
Trascorsi un'infanzia dorata a Napoli ma appena quindicenne sposai Goffredo Borgia, essendo lui più giovane di due anni.
Appena morto il nonno Ferrante le mie nozze furono celebrate a fine di suggellare il trattato anti francese intercorso tra Napoli e la Santa Sede, come convenuto tra i nostri genitori.
Il Pontefice aveva deliberato che noi ci saremmo stabiliti a Roma ma l'arrivo di Carlo VII in armi sparigliò le carte e pertanto fuggimmo a Squillace in Calabria ove Goffredo era stato nominato Principe.
Solo tre anni dopo, passata la *buriana* francese, la volontà del Papa fu adempiuta e quindi io conobbi Roma in tutta la sua straordinaria magnificenza, accolta con benigna disposizione da tutta la famiglia.
Ero sinceramente affezionata a Goffredo ma la mia natura passionale prevalse e, in quelle giornate di licenziose feste e sontuosi banchetti, cedetti a Cesare e Giovanni, in immediata sequenza, ma non al Papa che sin dal primo arrivo mi ricoprì di smodate attenzioni.
Peccato che, in quel turbinìo di vita scintillante, non potei cogliere l'occasione di corrispondere alla corte discreta di un uomo brillante: Consalvo Fernandez de Cordòba.
Desidero comunque parlare soprattutto di Lucrezia poiché, dopo una certa diffidenza iniziale, cominciai ad apprezzarla, sino a che nacque l'amicizia, per affinità di sentimenti e comuni lancinanti dolori.
Lucrezia era persona sensibile, intelligente, seppure fragile. Mi diede tutta la sua fiducia ed io divenni depositaria dei suoi segreti.
Seppi così che il marito, Giovanni Sforza, allora assente da Roma, in realtà era fuggito in fretta e furia per il timore di un attentato

da parte dei Borgia, Cesare ed Alessandro, i quali, non più interessati a tenere buoni rapporti con Milano, avrebbero meditato di farlo fuori al fine di rendere libera Lucrezia per un migliore partito.

A me parve che lei, nonostante la delusione del matrimonio, ne fosse davvero dispiaciuta e quindi non ebbi il coraggio di dirle che Cesare, nell'intimità, mi aveva in effetti rivelato tale progetto.

Comunque sia, nessuno mai parlò apertamente di soppressione fisica e la questione fu risolta in maniera incruenta.

Il matrimonio, infatti, venne annullato per impotenza di Giovanni, il quale non ammise mai simile disonore.

Nessuno tuttavia lo ascoltò e la soluzione fu legalmente consolidata.

Lucrezia non confermò né smentì, neppure con me, e si rifugiò dalle monache di San Sisto, in polemica aperta con papà Rodrigo.

Plutarco – Grazie principessa per l'onesta testimonianza. Non fosti proprio una collegiale dunque, e nella famiglia Borgia ne vedesti una più di Bertoldo, ma invero non facesti male a nessuno. Se non a Cesare, ma ne riparleremo.

Sorride maliziosa Sancha d'Aragona e prende congedo.

Plutarco – Veniamo ora all'assassinio di Giovanni Borgia, sul quale si è svolto in fase di indagini un inutile incidente probatorio.

In merito affido il racconto dei fatti accertati, delle congetture e della premessa indispensabile, all'onnisciente Cerimoniere Pontificio.

Johannes Burckardt – Ho sentito, Plutarco, il saluto che hai rivolto alla principessa Sancha, amica di Lucrezia per affinità di sentimenti, come ha detto, e aggiungo io, di indole erotica, poiché se ella non fu una collegiale, neppure Lucrezia parve un'educanda.

Ecco perché la sua pretesa verginità, dopo il primo matrimonio, non fu altro che una bufala, certificata da compiacenti medici, della quale l'Europa intera prese atto scompisciandosi dalle risate.
I rapporti degli ambasciatori accreditati presso la Santa Sede fecero a gara in graffiante sarcasmo.
Giovanni Sforza era stato già sposato con figli quando sposò la figlia del Papa, e lo sarebbe stato ancora, allietato da numerosa prole.
Quindi egli negò ogni addebito sul *flop* con Lucrezia, ma la sentenza ecclesiastica emessa da giudici pilotati non gli concesse scampo.
Sorvolo poi sulle insistenti voci d'incesto di Lucrezia con papà e con Cesare, perché le ritengo pura maldicenza, ma non posso ignorare un altro episodio.
Appena un mese dopo l'annullamento del matrimonio con Giovanni, Lucrezia rimase incinta, ed il cadavere del presunto padre, tale Pedro Calderon, aitante cameriere di Alessandro, fu ripescato nel Tevere.
Si dice, in merito, che Cesare in persona lo ammazzò.
Il bimbo però nacque e creò qualche imbarazzo in seguito.
Ma perdona, Plutarco, le mie vacue divagazioni, e veniamo piuttosto all'omicidio di Giovanni Borgia: altro cadavere, eccellente in questo caso, rinvenuto nel Tevere.
L'indispensabile premessa a cui hai accennato fu la decisione papale di riconoscere a re Federico di Napoli, il fratello di Alfonso nonché zio successore a Ferrandino morto senza eredi, il crisma dell'autorità pontificia, in cambio del Ducato di Benevento, da donare a Giovanni per le sue "benemerenze" militari.
Il concistoro cardinalizio insorse unanime per la manifesta indegnità di Giovanni come Gonfaloniere comandante militare e per l'ulteriore provocazione dell'intervenuta nomina del cardinale Cesare delegato alla cerimonia di incoronazione di Federico.
Alessandro, come al solito, se ne fece un ampio baffo e sancì la data in cui Giovanni e Cesare insieme sarebbero partiti per Na-

poli, uno a insediarsi nel Ducato, l'altro a conferire l'investitura a Federico.
Ma Giovanni non sarebbe mai partito e Cesare avrebbe da solo preso la strada di Napoli.

I fatti

A una cena in famiglia, nell'elegante residenza di mamma Vannozza Cattanei, parteciparono Cesare, Giovanni, Goffredo, Sancha, ma non Lucrezia, allora ospite del convento di San Sisto.
Si festeggiava l'imminente viaggio a Napoli di Cesare e Giovanni.
A un tratto si presentò un uomo mascherato e bisbigliò alcune parole all'orecchio di Giovanni, che ridacchiò e subito lo congedò.
Circa a mezzanotte il gruppo lasciò a cavallo la casa, seguito a breve distanza dallo sconosciuto.
Giunti al ponte di Trastevere Giovanni disse di voler proseguire per i fatti suoi. Incaricò lo staffiere di recargli l'armatura leggera dandogli appuntamento nella piazza Giudea entro un'ora. Ordinò di aspettarlo per un'altra ora e quindi di andarsene se non fosse tornato.
Si dileguò poi con lo sconosciuto nelle viscere del ghetto, nonostante i fratelli avessero tentato di distoglierlo dal proposito, a tale ora ed in quel malfamato quartiere.
Fu invero una condotta che non sorprese alcuno poiché era tutt'altro che inconsueta da parte di Giovanni, sempre ben disposto a incontri galanti più o meno raffinati.
Nessuno più lo vide.
A mezzogiorno del secondo giorno successivo, dopo inutili ricerche, si impigliò nella rete di un pescatore teverino il corpo flaccido di un giovane elegante che fu poi riconosciuto come Giovanni Borgia.
Spiccavano nove ferite da pugnale di cui una letale alla gola.
Scalpore e violente emozioni coinvolsero tutta la città, già sottosopra all'atto della sparizione. La tensione si dilatò quindi in tutta

Europa, e il Papa restò prostrato dall'immane dolore per tre giorni.
Si rinchiuse in una sala del Vaticano senza mangiare, dormire, o dare udienza a nessuno, solo prorompendo in urla, gemiti e singhiozzi che nulla più avevano di umano.
Uscì infine con il viso sfigurato in febbrile, malsana quiete, tutt'altro che rasserenante per gli astanti. Scrisse lettere ai sovrani e convocò il concistoro per esprimere la vergogna sull'infame gestione del Papato da parte sua.
Promise quindi a tutti gli interlocutori una stagione di ravvedimento virtuoso e radicale, dicendosi colpito a morte dalla mano di Dio.

Le congetture

L'indagine sull'efferato omicidio di Giovanni Borgia si protrasse per mesi e produsse una sequela di ipotesi ma nessun risultato concreto. Il misterioso uomo mascherato non fu mai identificato né emerse chi fosse la donna con cui Giovanni intendeva incontrarsi, pur ammesso che esistesse davvero.
Il Capitano di Giustizia comunque si orientò a ricercare un mandante per motivazione politica piuttosto che un agente isolato per faccende di corna o di comune rapina.
Emerse il nome di Goffredo, infuriato per la relazione clandestina di Giovanni con Sancha; del cardinal Ascanio Sforza, per una grave lite scoppiata in casa sua, nella quale Giovanni avrebbe offeso gli ospiti; di Guidobaldo da Montefeltro, presente a Roma, per la gloria rubata da Giovanni nella guerra contro gli Orsini, o per il rifiuto di pagare il riscatto dalla prigionìa da parte del Papa; di Giovanni Sforza, per gli intrighi tramati sul matrimonio con Lucrezia; degli Orsini, per feroce rinnovata inimicizia sfociata in una guerra.
Nulla di tutto ciò, tuttavia, venne inconfutabilmente documentato.

Soltanto dieci mesi dopo la morte di Giovanni irruppe l'ipotesi sulla colpevolezza di Cesare.
Si trattò peraltro di contraddizioni, chiacchiere prive di evidenze, ma poichè l'appetitosa notizia, passata alla cronaca più becera, pervenne sino alle vette della Storia attraverso il vostro genio, Messeri Niccolò e Francesco, non mi permetto di andare oltre.

Plutarco – Scelta avveduta Johannes. Accusa e difesa riprenderanno le pieghe del sospetto sull'imputato.

Ma pure allora la vita continuò nell'incessante procedere e persino il dolore del Papa, come i buoni propositi, edulcorarono nello sviluppo contingente degli eventi.

Occorre pertanto di nuovo un riepilogo aggiornato della situazione e quindi, ancora *par condicio*, devo rivolgermi a te, Messere Niccolò.

Machiavelli – Grazie Plutarco. In quegli anni ero il Segretario della Seconda Cancelleria della Repubblica di Firenze e quindi ritengo di poter parlare in termini di cronaca, più che di Storia.

Ordunque, Signori della Corte e illustre pubblico, dopo il successo di quell'accozzaglia detta *lega antifrancese* che espulse Carlo VIII dal suolo italico, le città maggiori ripresero imperterrite il gioco di infide alleanze ed aperte ostilità al cospetto delle grandi potenze di Spagna e Francia: l'una presente in Italia per il tramite dei cugini Aragona di Napoli, l'altra desiderosa di tornarvi per stratagemmi dinastici.

Nella mia Firenze in particolare furoreggiava asperrimo un elemento devastante di crisi per il Papato: la presenza apocalittica di Girolamo Savonarola, *leader* religioso che aveva detronizzato il codardo Piero dei Medici per connivenza infame con re Carlo VIII, nonché grande oppositore della simonìa e corruzione imperante a Roma.

Papa Alessandro, un monarca temporale più che spirituale, non se ne curò più di tanto e si limitò a scomunicarlo.

Per Milano piuttosto si prospettavano acuti dolori.
Morto Carlo VIII di Francia era succeduto a lui Luigi XII, nipote di Valentina Visconti, il quale perciò poteva vantare legittime pretese sul Ducato di Ludovico il Moro.
Quest'ultimo presagì la minaccia ma non intese mantenere l'alleanza preziosa con Venezia, già instaurata con la lega antifrancese contro il re di Francia, anzi ribaltò l'accordo e si schierò con Firenze, allora in guerra con la ribelle Pisa, che si era legata alla Serenissima.
Venezia non perdonò e, quando Luigi XII scese in Italia, s'alleò con lui agevolando la fine del grande Ludovico il Moro.
A Napoli infine regnava Federico d'Aragona, poco tranquillo invero, considerata la sua dubbia investitura al trono dopo Ferrandino.

Plutarco – Magistrale, Messere Niccolò! Ma ora torniamo a Roma, ove la stella del cardinale Cesare brillava più che mai, considerate le ampie prospettive spalancate dalla morte di Giovanni.
Al riguardo è giocoforza riprendere il discorso con Papa Alessandro.

Rabbuiato più che mai il Papa si ripresenta alla sbarra.

Alessandro VI – Per quanto ancora dovrò sottostare al tuo arbitrio, Plutarco? Ma tant'è: ero ancora il personaggio più importante.
Orbene signori della Corte, la morte del prediletto Giovanni portava, ineluttabilmente, al debutto di Cesare come comandante militare, nel marasma che Messere Niccolò ha magistralmente illustrato.
Sussisteva però un impedimento. Avrei pure accantonato il progetto di far di lui il Pontefice mio successore, poiché la dispensa di Cesare dallo stato ecclesiale non rappresentava affatto un nodo insuperabile, né la nomina a Capitano Generale in luogo di

Giovanni sarebbe stata difficile, in vista degli altri traguardi che avevamo in mente.

Ma ciò non sarebbe bastato.

Occorreva ancora che Cesare ottenesse un titolo nobiliare eccellente che solo una grande potenza avrebbe potuto conferire. E quale mai poteva essere quella potenza? Francia o Spagna? Scegliemmo la Spagna dapprima: per onorare i recenti trascorsi? O per amore di Patria, considerate le nostre origini? O perché altro?

Forse perché Cesare era maturato in destrezza diplomatica e magari vedeva lontano più di quanto potessi fare io, tutt'altro che ripresomi dal funesto evento che mi ottundeva il cuore e la mente.

Comunque sia, Lucrezia si prestava perfettamente al bisogno: libera da vincoli matrimoniali, fu promessa sposa al giovane Alfonso, Duca di Bisceglie, fratello di Sancha.

Il patto intervenne a mia insaputa tra re Federico e Cesare, durante il soggiorno di Cesare a Capua per la cerimonia d'intronizzazione di re Federico (a Napoli imperversava un'epidemia).

Approvai comunque *a posteriori* l'iniziativa di Cesare, soltanto volli che gli sposi si stabilissero a Roma, come Sancha e Goffredo. Del resto Alfonso era un bellissimo ragazzo di cui Lucrezia, figlia e sorella, si sarebbe poi innamorata perdutamente. E buon per lei, che si riconciliò con me e lasciò il convento ove s'era rifugiata.

Noi però considerammo l'unione, che subito ebbe luogo, assai poco remunerativa poiché Alfonso, come figlio illegittimo, era il portatore di un modesto patrimonio.

Quelle nozze però, nella nostra prospettiva, erano soltanto un passo propedeutico ad un terzo matrimonio Borgia Aragona, vale a dire a un'unione da cui Cesare avrebbe guadagnato un fiorente principato.

Avevamo altresì previsto che, se Federico si fosse messo di traverso, noi avremmo disinvoltamente mutato bandiera e ci saremmo rivolti a Luigi XII, il nuovo re di Francia.

Ovviamente, Spagna o Francia che fosse, ero pronto a concedere la dispensa per Cesare dallo stato canonico.

Plutarco – Quindi Cesare presagiva il futuro come braccio armato di Santa Romana Chiesa e chissà mai non avesse già allora preordinato di unire l'Italia intera alla guida di un unico sovrano. Comunque sia perdona, Rodrigo, quel che tu chiami arbitrio, eppure te l'avevo detto che tu dovresti essere coimputato, non testimone, nel processo in atto.
Rimani pertanto a disposizione e venga ora Federico, l'autonominato precario re di Napoli

Alto e allampanato, il sovrano dal lungo naso e il mento sfuggente si rivolge alla corte con una comica espressione malfida.

Plutarco – Rilassati Federico, ci è noto che fosti re grazie alla morte prematura di tuo nipote Ferrandino e che ti autoproclamasti solo per acclamazione di folla, non in virtù di un legittimo titolo formale.
Cesare ti arrecò la benedizione pontificale e quindi, *nulla questio*, il titolo fu cristallizzato nel modo più completo. Che altro di meglio avresti potuto desiderare? Noi vogliamo piuttosto sapere quale altro tipo di rapporti dovesti intrattenere ancora con gli intriganti Borgia.

Federico d'Aragona – E meno male Plutarco, temevo tu intendessi contestare quel mio colpo di mano, motivato altresì dalla necessità di assicurare la permanenza della monarchia insidiata dai francesi.
So bene, infatti, che, a rigor di codice, il trono sarebbe spettato non a me bensì a mia nipote Isabella, moglie di Ludovico il Moro e sorella di Ferrandino. Ma lei era ormai una Sforza e perciò virtuale nemica.

Ecco perché, in ansia per la dinastia Aragona di Napoli, insistetti con il Papa affinchè supplisse alla mancanza della legittimazione formale concedendo la sua benedizione.

Così in effetti avvenne attraverso il cardinale Cesare, ed io ricambiai del resto il favore convenendo con Cesare il matrimonio tra Lucrezia e Alfonso, anche sperando di non aver più nulla da spartire con quei fastidiosi Borgia, una volta appagati grazie al connubio tra i rampolli più giovani. E invece, eccoli di nuovo alla mia porta.

Ma che cosa volevano ancora?

L'obiettivo, presto dichiarato, era la mano di mia figlia, Carlotta, per Cesare, più un opulento titolo in cambio della loro presa di posizione definitiva in favore della mia malferma posizione regale.

Mi trovai allora in grave imbarazzo. Avevo a cuore, sì, l'amicizia del Papa, ma ancora di più tenevo all'armonia con i cugini di Spagna.

I *cattolicissimi* re Ferdinando d'Aragona e Isabella di Castiglia, il cui matrimonio preludeva all'unificazione totale della penisola iberica in unico regno, non avrebbero gradito il matrimonio di una principessa Aragona, ancorchè napoletana, con un cardinale spretato.

Per fortuna Carlotta mi venne in aiuto con la sua isterica opposizione al progetto Borgia: non voleva saperne di Cesare e così ebbi il destro per guadagnare tempo. Mi dissi desolato, ma incapace di domare la bizzarra puledra. Non ero affatto tranquillo, tuttavia.

Plutarco – E come darti torto, Federico, sapendo quello che i Borgia prefiguravano in *double face,* con tutte le varianti eventuali? Ascoltiamo pertanto adesso re Luigi XII.

Incede il re di Francia, dall'occhio chiaro ed attento, in un volto che esprime prontezza a cogliere l'altrui disponibilità ai propri servizi.

Plutarco – Meno sprovveduto del predecessore, raccontaci un po' di te, re Luigi, e del modo in cui ti inseristi nelle vicende in questione.

Luigi XII – Eccomi Plutarco, seppure non ritenga di avere molto da narrare su di me, se non che la morte prematura di Carlo VIII senza eredi mi condusse al trono come appartenente al ramo collaterale dei Valois - Orleans, rispolverandosi così antiche tradizioni di famiglia.

In quanto tale ereditai non solo il diritto angioino sul regno di Napoli appartenuto a Carlo, ma anche, grazie alla nonna Valentina Visconti, fondate pretese sul Ducato di Milano.

Non desideravo per certo rinunciare né all'uno né all'altro ed altresì ero bene informato da miei legati sull'intrallazzo dei Borgia con il re Federico d'Aragona, e sull'avversione velata ma non troppo che essi stessi nutrivano nei confronti degli Sforza.

Su Napoli e Milano ero molto interessato e in particolare per Milano avevo stretto alleanza con Venezia.

Ma su un'altra questione ancora mi premeva il favore papale: volevo cioè ripudiare mia moglie Giovanna per sposare la vedova di Carlo, Anna di Bretagna.

Al matrimonio con Giovanna, sgraziata ed incapace di procreare, ero stato costretto da papà, Duca Orleans, al fine di costituire un'ipoteca sul trono di Francia, che poi raggiunsi per altra strada. Anna era una leggiadra ragazza, portatrice del Ducato di Bretagna.

Occorrevano però all'uopo due dispense papali: una per annullare il mio matrimonio e l'altra per sposare la vedova di un cugino. Mi stavo scervellando così sul modo migliore per ingraziarmi il Papa quando, inaspettata, si presentò una delegazione segreta dal Vaticano per chiedermi di intercedere con re Federico affinchè concedesse il sospirato assenso alle nozze tra Cesare e la figlia di lui, Carlotta.

Costei, di madre francese, viveva allora alla mia corte.
Non mi parve vero!

Tutto quadrava alla perfezione, compreso l'intiepidito atteggiamento Papale verso Napoli e Milano.
Spedii allora una missione in risposta immediata al Papa offrendogli il Ducato di Valentinois per Cesare con contestuale invito a Parigi ad assumere l'investitura (una velata alternativa alle nozze napoletane), e promisi l'impegno a convincere re Federico e la recalcitrante figlia, sia pure non credendoci affatto.
In cambio chiesi il cappello cardinalizio per un mio protetto e, come se niente fosse, le dispense matrimoniali.
Nessun problema per il cappello, rispose il Papa, e promise inoltre la fraterna accoglienza al cardinal della Rovere che re Carlo s'era tirato dietro in Francia parcheggiandolo ad Avignone.
Una sgradita presenza in meno per me.
Ma sull'annullamento? Tutt'altro paio di maniche! Alessandro istituì comunque una commissione di studio atta a trovare la soluzione.
In definitiva, Plutarco, le trattative procedevano col vento in poppa.

Plutarco – Ma certo, Luigi! Che sarà mai stato il cappello e l'astioso abbraccio con Giuliano della Rovere? Né la commissione ingobbita sui sacri testi avrebbe trovato difficoltà a scovare un decente cavillo. Sentiamo tuttavia che pensò sulla spinosa vicenda il Pontefice.

Rassegnato Rodrigo ritorna alla sbarra.

Alessandro VI – Lo confermo, Plutarco: nessun problema. Dovevo solo spretare Cesare senza rimetterci la faccia: una cosa da niente per un maestro d'intrighi della mia levatura. Ma non fu così facile!
Convocai subito il Sacro Collegio, dopo essermi lavorato uno ad uno i prelati. Molti si diedero malati. Mi infuriai all'inverosimile

e infine ottenni ciò che volevo: ratifica preventiva a ogni mia decisione.

Una disfatta per loro, ma per venirne a capo dovetti rendere pubblica la Bolla segreta con la quale, molti anni addietro, avevo riconosciuto Cesare come figlio naturale.

Naturalmente mi attendevo furibonde reazioni diplomatiche da ogni parte e pertanto raccomandai a Cesare di non andare in giro paludato di porpora, almeno per un po' di tempo.

Non mi ferirono più di tanto le beffarde relazioni degli ambasciatori stranieri in Santa Sede, né degli ironici cronisti.

Marin Sanudo, da Venezia, ad esempio, così scrisse: "al tempo in cui il cardinale Aleria dismise la porpora, per farsi frate, ci furono molti voti contrari in concistoro. Alessandro li ha avuti tutti per sé invece.
Nella Chiesa di Dio tutto va a rovescio".

I maggiori dispiaceri vennero piuttosto dalle Loro Maestà Cattoliche di Spagna, Ferdinando e Isabella, ma placai faticosamente la collera con la promessa di cedere il cappello di Cesare ad un loro protetto.

Così sia, Plutarco, pure io mi ero persuaso che il futuro di Cesare si sarebbe realizzato per altre vie da quelle pianificate.

Non sarebbe asceso al Sacro Soglio bensì a brillante gloria militare.

Plutarco – E così sia Rodrigo, ma sentite cosa scrisse il Cerimoniere Burckardt su quegli eventi.

Si è tenuto un concistoro in cui il cardinale Valentino ha dichiarato che dalla più tenera età si è sempre sentito incline a ufficio secolare ma che il Santo Padre gli aveva ordinato la vita religiosa mentre lui non aveva potuto opporsi alla volontà genitoriale.
Ma, poiché per indole restava legato alla vita secolare, pregava Sua Santità di accordargli una dispensa affinchè potesse buttare la veste per rientrare nel mondo ed eventualmente contrarre matrimonio.

Plutarco – Proprio in quei giorni era giunta a Roma la patente del re di Francia che consentiva a Cesare di fregiarsi del titolo ducale. Il "Valentino", Vescovo di Valencia ai tempi di Pisa, era diventato il "Duca Valentino": Cesare Borgia, non più uomo di Chiesa.

Scena 3: il Duca Valentino (1498 – 1501)

Dal Ducato francese all'espansione *ultra* pontificia.

Plutarco – Le intese tra Cesare e Alessandro VI con il re di Francia s'erano consolidate sulla carta e pertanto Luigi XII rinnovò al Duca Valentino l'invito alla sua corte per apporre l'*imprimatur* finale.

Sentiamo in proposito il racconto di Ramiro de Lorca, maggiordomo e guardia del corpo di Cesare durante il soggiorno in terra di Francia.

Il giovane dal volto barbuto e lo sguardo lievemente canzonatorio si presenta alla sbarra cinto da una leggera ed elegante armatura.

Plutarco – Narraci, Ramiro, dei preparativi per il viaggio e poi delle alterne speranze che Cesare nutrì al cospetto del re di Francia.

Ramiro de Lorca – Potrei intrattenerti a lungo, o Plutarco, sul lusso magnificente con cui Cesare intese dare prova di se stesso a re Luigi presentandosi come un principe circondato da una folla di dignitari, armati, personale di servizio, tutti in ghingheri per fogge e accessori pacchiani e ridicoli.

Tanto per menzionare un dettaglio, basti ricordare che il suo cavallo era ferrato d'argento e i finimenti cosparsi di campanule d'oro talchè la presenza del Duca si annunciava per lo stravagante quanto assurdo tintinnìo, tutt'altro che marziale. Né d'altronde il re s'era manifestato meno grandioso: aveva infatti inviato sette galee a Civitavecchia per raccogliere tutto quel ciarpame e sbarcarlo poi a Marsiglia.

Posso comprendere tuttavia che Cesare volesse stupire l'anfitrione e, al tempo stesso, fare colpo su Carlotta d'Aragona, ospite di re Luigi, che questi s'era impegnato a rendere più mite nei suoi confronti.

Cesare d'altronde non l'aveva mai incontrata prima e quindi contava sull'indubbio carisma personale, una volta scomparsi quei deturpanti segni sul volto dovuti alla sifilide contratta a Capua. Ma non ci fu nulla da fare: né l'influenza di Luigi di Francia né il bel Duca in persona poterono alcunchè sull'ostinata ragazza.

Cesare perciò si sentiva beffato, sul fronte politico e sentimentale: se per un verso aveva consegnato in fiducia le dispense papali che tanto premevano al re, dall'altro s'era preso solo una parte del dovuto. Quella che, tutto sommato, riteneva meno importante.

Luigi, peraltro, stava in gravoso imbarazzo per il non essere in grado di mantenere la parola data.

Erano queste le alterne speranze di cui hai domandato, Plutarco?

Ebbene, trascorsero alcuni mesi nella sgradevole situazione di stallo, ma infine il re escogitò la maniera atta a soddisfare entrambe le parti. Charlotte d'Albret, cugina di Luigi e sorella del re di Navarra, venne presentata a Cesare come damigella di compagnia della nuova regina Anna di Bretagna, che Luigi aveva sposato in fretta e furia avendone ottenuto le dispense pontifice.

Fu amore reciproco a prima vista: Cesare sposò Charlotte e la riempì di tutti i magnifici doni accumulati per l'altra Carlotta.

Quei due erano fatti l'uno per l'altra, innamorati pazzi nella favolosa cornice. Michelotto e io stentavamo a riconoscere in Cesare il nostro abituale signore e padrone. E infatti la luna di miele durò poco.

Plutarco – Meno di due mesi a quanto ci risulta, Ramiro. Cesare era maturo per la guerra e su quest'onda perfezionò gli accordi con il re di Francia il quale non solo lo elevò al rango di cugino acquisito, ma gli promise cospicui contributi in risorse umane e finanziarie per sue future imprese nei domini temporali della Chiesa.

Egli quindi partì per l'Italia con Luigi, al quale ormai si era vincolato a doppio filo, e mai più incontrò Charlotte.

Milano era allora il primario obiettivo di Luigi XII, ed in subordine Napoli. Sentiamo quindi sulla ripresa delle ostilità Ludovico il Moro, imponente personaggio il cui racconto non può essere trascurato.

Una voluminosa e folta criniera di riccioluti capelli neri incornicia il volto affilato dall'espressione pacata, ma pericolosamente scaltra.

Plutarco – Parlaci di te Ludovico, della parte eminente nella Storia e della sciagura che, nei frangenti in esame, stava per pioverti addosso. Anche sui Borgia del resto avrai molto da narrare. O no?

Ludovico il Moro – Secondogenito maschio del grande Francesco, fui il reggente del Ducato di Milano, per conto di mio nipote Gian Galeazzo, figlio di Galeazzo Maria, mio fratello primogenito morto prematuro. Divenni Duca dopo la fine del ragazzo destando ingiusti sospetti di bieco mandante, e grazie anche alle arti diplomatiche del mio fratello minore Ascanio, Vicecancelliere di Alessandro VI.

Ci puoi scommettere Plutarco che saprei narrare a iosa sulla famiglia stramaledetta, ma preferisco limitarmi all'essenziale, citando solo un esempio emblematico sulla propensione all'inganno, tipica di Cesare Borgia, o Duca Valentino che dire si voglia.

Quando Luigi XII, ormai varcate le Alpi, stava ospite dei Savoia in Piemonte, pronto a invadere il mio ricco Ducato, Cesare, nella veste di suo luogotenente, mi fece pervenire una lettera tutta miele con cui mi pregava di assicurare il passaggio di suoi legati verso il Papa, suo padre, recanti messaggi segreti e non graditi al re.

È noto infatti che Alessandro VI non vedeva con occhio benigno la spudorata amicizia tra re Luigi XII e suo figlio Cesare, né costui vi era coinvolto in lealtà e abnegazione, accorto farabutto qual era.

Comunque sia, Plutarco, con il francese alle porte, e Venezia alleata, in cambio dei fiorenti territori di Cremona e di Ghiara d'Adda, non trovai altra possibilità se non la fuga, ma non precipitosa, visto che mi portai dietro le più ingenti ricchezze del Ducato.
Milano cadde, senza combattere, ed io riparai ad Innsbruck, ospite di Massimiliano d'Asburgo, imperatore romano germanico.

Plutarco – Grazie Ludovico. Non credo che tu meriti le critiche con cui fosti tacciato d'essere stato la causa del ritorno dello straniero in Italia, per malaccorta politica. Tentasti anche di riprendere il Ducato ma fosti sconfitto e finisti i tuoi giorni prigioniero in Francia.
Torniamo però a Cesare, la cui carriera militare è appena iniziata.
Vi invito di nuovo, Messeri Niccolò e Francesco, ad indicare i testi.

Un breve conciliabolo precede il discorso di Messere Francesco

Guicciardini – Non rimarrebbe che l'imbarazzo della scelta se solo intendessimo farci narrare i sontuosi festeggiamenti con cui re Luigi fu accolto in Milano.
Potrebbe venire il cardinale della Rovere, di ritorno grazie alle armi francesi? O Francesco Gonzaga, il condottiero vincente contro Carlo VIII in Fornovo? O il Duca Savoia, compiacente amico di re Luigi?
O il Duca Ercole d'Este da Ferrara, già suocero di Ludovico il Moro, eppure timoroso di subire un assalto francese? E tanti altri ancora.
Tutti concorderebbero nel confermare l'atteggiamento affettuoso del re Luigi nei confronti di Cesare e gli onori sperticati che concedeva a lui tenendolo al fianco in ogni occasione con ostentata familiarità.
Nessuno sospettava che, in realtà, Luigi lo considerava un potenziale ostaggio, se il Pontefice avesse violato gli accordi intercorsi.

Una reciproca diffidenza presiedeva invero all'innaturale sodalizio.

Ma lasciamo perdere le personalità importanti, plaudenti più o meno convinte all'andazzo degli eventi, poichè ora cominciano davvero le imprese belliche di Cesare e quindi ti prego, Plutarco, di concedermi lo spazio idoneo ad una rapida premessa.

Plutarco – Procedi pure, Messere Francesco.

Guicciardini – Grazie Plutarco. E il pubblico ricordi ora la relazione di Messere Niccolò sui domini temporali del Papa.

A essa egli aveva concluso citando l'opera del Papa Alessandro VI: un'iniziativa determinata al ripristino del potere nei confronti di vari tirannelli locali che esigevano il tributo dai sudditi ma non pagavano alcunchè al Papa ignorando l'autorità del Legato Pontificio.

Tale azione di Alessandro sarebbe proseguita, allora, per aiuto della potenza francese e per l'attitudine di condottiero del Duca Valentino.

A quello scopo egli incassò il contributo promesso da Luigi, vale a dire trecento lancieri e duemila cavalieri, al comando del generale Ives d'Allegrè, più quattromila mercenari guasconi, al comando del Baglì di Digione, più innumerevoli cannoni da assedio.

Da papà ricevette fiumi di denaro con cui arruolò molte altre schiere per opera del generale di ventura Vitellozzo Vitelli.

La Romagna, terra di veemente passione e sanguigna umanità, parve designata come campo di battaglia predestinato.

Ma dove Cesare avrebbe sferrato il primo assalto, avendo attenzione a non infastidire Venezia e Firenze?

Imola e Forlì sembravano proprio i luoghi adatti: città riottose contro tutti e perciò improbabili destinatarie di aiuti esterni.

Annuncio quindi Caterina Sforza a teste, cruciale in questo tratto.

Plutarco – Sì Messere Francesco, talmente importante da indurmi a incaricare Messere Niccolò di un'adeguata presentazione.

Machiavelli – Caterina Sforza era figlia illegittima di Gian Galeazzo. Maria Sforza, Duca di Milano, succeduto al fondatore della signoria, Francesco, e perciò nipote di Ludovico il Moro e di Ascanio. Donna di sofisticata formazione umanistica, ella manifestò attitudine anche per il governo e per le armi, consapevole d'appartenere ad una stirpe di valorosi guerrieri ed astuti *leaders* politici. Da Milano si trasferì, in seguito, alla corte pontificia, per matrimonio con Girolamo Riario, nipote del Papa Sisto VI della Rovere. Girolamo divenne poi Conte di Imola e Forlì per nomina papale sulle terre appartenenti allo Stato Pontificio.

Trascuro gli eventi che videro in Caterina la protagonista nei tumulti di Roma, in seguito alla fine di Sisto V, e poi a Forlì, dopo la morte del marito Girolamo (ci vorrebbe una trattazione *ad hoc*). Ma, sta di fatto che ella fornì una prova di coraggio e determinazione eccezionali in entrambe le vicende, ed infine assunse la reggenza di Imola e Forlì in nome del figlio Ottaviano.

In quella veste si destreggiò abilmente mantenendo neutrali i domini di Romagna che, per l'allocazione geografica, costituivano un critico punto di passaggio tra nord e sud per l'invasione della penisola.

In esiti vincenti gestì contrasti e alleanze con gli stati di confine. Si sposò altre due volte e, tre volte vedova, vendicò la fine violenta dei mariti con estrema crudeltà.

Ebbe nove figli, e l'ultimo sarebbe diventato famoso come capitano di ventura: il mitico Giovanni dalle Bande Nere.

Plutarco – Grazie Messer Niccolò, per la solita maestria narrativa. E venga ora la *Virago Tygre*, com'era nota Caterina alla sua epoca.

Sorprende l'aspetto della donna così delicato e cortese nelle fattezze del volto, serioso e modesto. *I capelli ramati leggermente mossi ed il vestito nero scollato, e contornato di candido pizzo, conferiscono al suo incedere in esile figura un tocco di magnifico decoro.*

Plutarco – La fama ti precede, Madonna Caterina. Siamo ansiosi di sentire però il resto della tua vita dopo l'indomita resistenza opposta sino all'ultimo anelito alle brame feroci del Duca Valentino.

Caterina Sforza – Ero informata, Plutarco, per i miei agenti occulti, sulle mosse di Cesare sino dalla partenza del re Luigi da Milano, per il ritorno in Francia, e di Cesare stesso sulla via Emilia diretto prima a Bologna e poi in Romagna.

Provvidi subito, quindi, inviando al Papa una lettera dei forlivesi con cui essi promettevano dedizione e impetravano clemenza. Invero i cittadini non sapevano nulla.

Mio era il messaggio: si trattava d'una pergamena arrotolata dentro una canna avvolta in un drappo di seta che, attraverso miei emissari, fu consegnata a un suonatore di liuto originario di Forlì. Costui apparteneva alla corte del Papa e come tale era libero da ogni controllo per l'ingresso in Vaticano.

In realtà, il musico agiva al mio servizio e sapeva che io stessa avevo bene stropicciato la pergamena sul cadavere d'un appestato, in modo che, pervenuta alle mani del Papa, essa sarebbe stata causa della sua morte. Suo figlio avrebbe così abbandonato i biechi propositi.

Ma lo stratagemma non andò a buon fine ed il ragazzo, sotto tortura, rivelò i nomi dei contatti che inevitabilmente conducevano a me.

Dicono che Cesare stesso, rientrato a Roma in rapida sortita, lo mise alle strette nel mentre Michelotto gli maciullava le dita.

Il primo *round* a distanza segnò così un punto a favore del nemico ed io non vidi altro rimedio se non rinchiudermi dentro la rocca di Forlì in attesa della devastante avanzata.

Imola infatti cedette all'intimazione di resa e ciononostante subì uno spietato saccheggio dai mercenari, che Cesare non riuscì ad evitare: i comandanti francesi male tolleravano il suo ordine supremo.

Io peraltro rincarai la dose facendo decapitare gli ostaggi imolesi che avevo condotto con me a Forlì.

Se infine la città spalancò le porte ai "liberatori" alla pari di Imola, con il tragico *replay* della strage mercenaria, io mi trincerai dentro la Rocca Ravaldino, presidiata da duemila armati e possente artiglieria, dotata inoltre di sufficienti risorse per resistere ad oltranza.

Cesare allora, considerato l'irto ostacolo che lo aspettava, si presentò da solo a cavallo sul bordo del fossato che circondava la Rocca e mi invitò con voce tonante a scendere per un colloquio riservato.

Accettai all'istante, e me lo ritrovai ad un passo.

Indietreggiai un poco inducendolo a salire sul ponte levatoio e subito scattò l'insidia predisposta: il ponte fu rapidamente levato ma Cesare riuscì a saltare fulmineo in salvo sull'argine.

Quell'imbecille del castellano, da me opportunamente istruito, aveva dato l'ordine troppo in fretta talchè persi il beneficio di prendere il Duca prigioniero.

Ben altra piega in tal caso avrebbero assunto gli eventi.

Comunque sia, alla dichiarazione di guerra seguirono venti giorni di bombardamento, corrisposto colpo su colpo, che non mi fiaccarono.

Alla fine però un assalto risolutivo varcò le mura ed il cruento corpo a corpo, a cui partecipai cercando la morte, imperversò sin nel cortile del mio palazzo.

Non fui io a chiedere la resa, ma l'imbecille castellano issò bandiera bianca ed i miei ufficiali smisero di battersi.

Dovetti rassegnarmi a tentare di imbonire il Duca con altre armi. Quelle che, sventolando la sottana, esibii ai forlivesi inferociti per le tasse che minacciavano di uccidere i miei figli da loro rapiti. "Guardate lo stampo con cui ne conierò altri."

Plutarco – Non posso levare il cappello, Madonna Caterina, poichè non lo indosso, però levo in piedi me stesso con deferente omaggio.

Ricambia l'inchino la Virago Tygre e lascia l'aula, accompagnata dal fragoroso applauso del pubblico.

Plutarco – Il destino di Caterina Sforza si compì dunque per volontà di altre persone, e tra queste il generale francese che ora chiamo alla sbarra affinchè ce lo racconti.

Alto e magro, pallido in volto ma d'aitante presenza, l'uomo fissa lo sguardo aperto e leale dritto negli occhi al giudice.

Plutarco – Ti irritava non poco, Pari di Francia, la gerarchia verso il Duca Valentino che ritenevi un *parvënù*, ma lo rispettavi, e per senso del dovere gli fosti fedele.
Narraci, quindi, che ne fu di Madonna Caterina, alla fine della prima spedizione militare del Duca Valentino.

Ives d'Allegre – La controversia sul diritto a tenere Caterina, vale a dire da noi francesi o dal Duca, fu transitoriamente definita in favore di quest'ultimo. Noi due la scortammo nel cortile della rocca colmo di cadaveri, ed io permisi al Duca di condurla al suo palazzo.
La Storia non ammette di sapere se ella diede seguito ad un tentativo di seduzione, come mi risulta abbia dichiarato di voler fare davvero, o se invece il Duca si servì in propria iniziativa.

Comunque sia, permaneva il problema sul se Caterina dovesse stare in via definitiva con lui, oppure essere rivendicata al re di Francia.

In realtà, non avrei per certo transatto su quest'ultima opzione, ma le circostanze si imposero in maniera diversa, per fatale concomitanza, e Caterina prese infine la via di Roma.

Il Duca, avendo scelto in immediato obiettivo Pesaro, ovvero Contea di Giovanni Sforza, l'ex cognato, si affrettava a predisporre le azioni urgenti per l'amministrazione delle città espugnate, lasciando quindi il governo di Imola e Forlì al suo fido Ramiro de Lorca.

Un mattino, mentre Cesare cavalcava in campagna con Caterina e un piccolo presidio, venne circondato da uno squadrone di mercenari, al comando del Baglì di Digione, i quali, truci e minacciosi, chiesero di cedere la prigioniera.

Quella soldataglia, turbolenta e avvinazzata, non perdonava al Duca dell'essersi infine imposto contro i furiosi saccheggi perpetrati e non avrebbe esitato a farlo fuori se non avesse obbedito.

Il Duca dovette abbozzare ma subito meditò le contromisure.

Mi convocò da Forlimpopoli, ove mi trovavo, ed insieme allestimmo una parata di tutte le nostre forze sulla piazza di Forlì.

Disponemmo le unità in modo che i mercenari si sentissero assediati dalle truppe francesi e dalle sue fedelissime, inoltre lasciando libero il popolo inferocito per le angherie subite.

Il Duca si presentò superbo a cavallo, arringò i mercenari ed incusse tra le file il terrore prospettando esemplari punizioni collettive.

Giunto davanti al Baglì gli sputò in faccia il suo disprezzo, e ottenne così il rilascio della prigioniera, madonna Caterina Sforza.

Non provai più, in vita mia, tanta ammirazione per un condottiero né pertanto ebbi più l'ardire di contestare il suo diritto alla Contessa.

Stavamo così per avventarci su Pesaro quando mi giunse dal re Luigi un ordine di rientro immediato a Milano dove Ludovico il

Moro era tornato ed aveva ripreso il Ducato grazie all'imperatore germanico.

Occorreva infliggere un colpo di grazia, il che avvenne a Novara, ma il Duca, privo del nostro ausilio, si trovò costretto a lasciare il campo e ritornare subito a Roma, dopo quasi diciotto mesi d'assenza.

Con Madonna Caterina al seguito, naturalmente.

Plutarco – Si trattò di un'occasionale battuta d'arresto che per nulla compromise le ambizioni espansionistiche del Duca. Ma sentiamo da papà Rodrigo come Roma e la famiglia lo accolsero.

Alessandro VI – Gennaio 1500, Anno di Giubileo. Roma, affollata di pellegrini, non avrebbe potuto offrire una cornice più sfarzosa alla marcia trionfale del suo nuovo Cesare. E tanto basti per l'Urbe.

In famiglia, invece, l'atmosfera era radicalmente cambiata per via di alcuni fatti succeduti in assenza di Cesare, a causa della nostra nuova politica filofrancese.

Alfonso d'Aragona, marito di Lucrezia, erroneamente presagiva aria ostile contro il regno di Napoli e se stesso, talchè, memore anche del trascorso trattamento inflitto a Giovanni Sforza, era fuggito da Roma improvvisamente e rifugiato a Napoli senza la mia autorizzazione.

Lucrezia, incinta di alcuni mesi, ne fece una malattia, ed io stabilii di allontanarla da Roma affidandole il governatorato di Spoleto.

Goffredo era in carcere a Castel Sant'Angelo: una mia punizione per l'essere stato coinvolto in una rissa con la guardia vaticana.

Sancha a sua volta, che aveva interceduto per lui, fu da me scacciata a Napoli sulle orme di Alfonso.

Il re Federico di Napoli, non propenso ad offendermi in un momento così critico, persuase Alfonso a tornare da Lucrezia e me ad accettare il rientro di Sancha.

Riappacificati, ci ritrovammo uniti al castello di Nepi, mentre Cesare imperversava in Romagna forte dell'ausilio francese e dell'interdetto da me emesso contro la regione, rea del non avere pagato i tributi.

Quindi tornammo tutti a Roma dove, pochi mesi più tardi, nacque il bimbo di Alfonso e Lucrezia, battezzato con il mio nome.

In quest'atmosfera d'apparente armonia ricevemmo Cesare di ritorno dalle imprese belliche, ed io gli conferii il titolo di Duca di Romagna e di Gonfaloniere Capitano Generale dell'esercito pontificio.

Plutarco – Così il Duca Valentino e di Romagna, abbondantemente insignito, ottenne anche le ambite cariche appartenute a Giovanni.

Caterina Sforza, che avrebbe dovuto abdicare al titolo di Contessa, per rendere definitivamente valido quello di Cesare, non desistette e, ospite qual era del Pontefice, finì prigioniera nei sotterranei di Castel Sant'Angelo.

Avvenne, allora, un incidente che avrebbe potuto essere mortale per te, Rodrigo: il crollo di una robusta trave del soffitto in sala udienze, causata da un fulmine improvviso, uccise un ospite vicino a te, ma tu rimanesti illeso, protetto dal baldacchino.

Subisti comunque lievi ferite ed il fatto rinsaldò i legami in famiglia in consapevolezza che le fortune di tutti erano legate alla tua vita.

Per poco tempo, tuttavia, come ci racconterà il Cerimoniere.

Johannes Burckardt – Sì Plutarco, la catena degli assassinii non era finita e questa volta cadde vittima Alfonso d'Aragona.

I fatti

Alfonso d'Aragona usciva dal Vaticano in una notte d'estate con due valletti quando fu aggredito da un gruppo di sicari incappucciati che, dopo una resistenza disperata, lo trafissero in modo non letale, talchè la guardia pontificia, richiamata dalle urla del ferito, mise in fuga gli assalitori.

Egli fu subito riportato a palazzo papale, dove gli vennero assicurati i primi soccorsi e, curato amorevolmente da Lucrezia e da Sancha, si riprese dalla crisi che lo aveva lasciato per una settimana tra la vita e la morte. Dopo un mese dall'evento fu dichiarato fuori pericolo.

E invece Alfonso morì, in una sera in cui il Michelotto irruppe nella sua stanza, ordinò ai presenti di andarsene (Sancha e Lucrezia, un medico, un parente Aragona) e sprangò la porta. Lo ritrovarono più tardi con il cranio fracassato.

Le congetture

Appare assurdo dare credito all'autodifesa di Michelotto tale per cui Alfonso, al solo vederlo avvicinarsi, si sarebbe alzato spaventato dal letto e, debole qual era, sarebbe crollato esanime sul pavimento ed avrebbe battuto con violenza il capo.

Un dubbio piuttosto permane sul movente del Duca Valentino come mandante e sul se anche il primo agguato fosse stato da lui ordinato.

Per tale ultimo sospetto non si giunse a capo di niente, anzi, vennero condotte indagini all'insegna della più smaccata omertà.

Per il primo, pur parendo univoca la colpevolezza di Cesare, nessuna illazione al riguardo salì al rango di relativa certezza.

Si blaterò di gelosia incestuosa nei confronti di Lucrezia, di vendetta per un presunto attentato ordito da Alfonso contro Cesare, di rancore per il rifiuto di Carlotta, cugina di Alfonso, alle nozze con lui.

Ma invero nulla di tutto ciò, di natura strettamente personale, poteva conciliarsi con il freddo raziocinio a cui il Duca Valentino s'atteneva nell'aspirazione al potere.

Semmai, l'impulso di carattere politico appare attendibile, vale a dire che, da qualunque prospettiva si guardasse, la morte di Alfonso certo avrebbe giovato al giro di giostra per la Francia e contro Napoli.
Per non parlare poi della libertà di Lucrezia da un vincolo ormai reso inutile in vista di un ulteriore proficuo matrimonio.
Non desidero aggiungere altro, all'esito di un processo non concluso, ricordo solo il principio universale di presunzione d'innocenza.

Plutarco – Ti si addice la prudenza, Johannes, e perciò sia messa nel resoconto finale quest'altra infamia, che peraltro non è l'ultima bensì soltanto una dell'articolata sequela.
Ora è necessario ritornare a Cesare condottiero, pronto a concludere la riconquista della Romagna, dopo una pausa dovuta alla defezione del re Luigi, impegnato contro la reviviscenza di Ludovico il Moro.
Premessa ne fu la resa di Cesena, di cui il Duca Valentino ottenne la signoria senza neppure lasciare Roma, grazie alle irriducibili lotte tra le avversarie famiglie Tiberti e Martinelli, che consegnarono a lui le chiavi della città e lo scettro del potere.
Ma, se Cesena cadde come un frutto maturo, Faenza e Rimini invece esigevano più severi impegni, poiché Venezia vi era coinvolta e non ammetteva interferenze, seppur presa in guerra contro il Turco.
Febbrili trattative con la Repubblica di San Marco prelusero così per la nuova spedizione del Duca Valentino in Romagna e nelle Marche.
Sentiamo quindi prima di tutti la voce di Venezia.

L'uomo non giovane, dallo sguardo solenne, e paludato nella tipica livrea nera d'ambasciatore della Serenissima, si dispone alla sbarra pronto a rendere la testimonianza richiesta.

Plutarco – Dicevo, onorevole rappresentante di San Marco in Santa Sede, come te la sbrogliasti al cospetto dei volponi Borgia?

Paolo Cappello – Eletto capo della delegazione diplomatica a Roma due anni prima dei fatti di cui mi chiedi, Plutarco, ero consapevole di trovarmi in una situazione assai delicata. La mia Patria era legata all'alleanza con il re di Francia, e pertanto in linea strategica con la Santa Sede. Sussistevano però motivi di attrito a causa delle palesi aspirazioni pontifice di dominio sulla Romagna e in particolare sulle città di Faenza e Rimini, nostre protette.
I due volponi Borgia furono molto cortesi nei miei confronti, persino affettuosi, come si conviene nelle alte sfere della diplomazia. Giunsero addirittura alla promessa compromettente di considerare la nomina di un Pontefice veneziano alla prossima tornata, purchè ogni difficoltà su Faenza e Rimini venisse eliminata.
Ebbene, Plutarco, per parte mia ebbi tutto l'appoggio della cristianità assicurato dal Pontefice, nel nostro feroce conflitto contro il Turco e, di ritorno in laguna, trovai il Senato ben disposto a fingere il proprio credito verso quei due lupi famelici.
Cedemmo alla contingenza e la sorte delle due città rimase segnata.

Plutarco – Grazie illustre oratore, ma sentiamo ora la voce francese.

Il Barone, legato di Luigi XII, subentra al veneziano ostentando un aspetto fiero e corrucciato.

Plutarco – Come andarono le cose per te, rappresentante di Francia?

Luigi de Villeneuve – È presto detto Plutarco. Non ebbi il tempo di rifocillarmi, giunto a Roma, che Cesare in persona venne a trovarmi alla locanda e mi trascinò in una sordida osteria.

La disponibilità del re era chiara: avremmo dato a Cesare trecento cavalieri e duemila fanti, agli ordini del valoroso d'Allegre, a fronte dell'impegno per Cesare a collaborare nella futura spedizione contro Napoli. Una stretta di mano, un bicchiere di vino e via.
Tutt'altro che febbrili trattative.
Come del resto il d'Allegre riferì, Cesare raccolse con contribuzioni del Papa il fior fiore dei generali di ventura dell'epoca per un totale di dodicimila uomini.

Plutarco – Grazie Barone Villeneuve, però vorrei anche sottolineare che, se le trattative con la Francia a te parvero semplici, in realtà esse erano state già ampiamente delineate con re Luigi in persona.
Oltre all'accomodante neutralità di Venezia peraltro, un obiettivo più difficile, qualcos'altro fu architettato da Cesare e Rodrigo.
Ebbene ritorni Papa Alessandro a confermarcelo in questa sede.

Alessandro VI – Si Plutarco, un altro progetto in embrione assunse forma alla vigilia della partenza di Cesare.
Premesso che motivi ignoti ai più mi inducevano a ritenerlo per certo colpevole della morte di Alfonso, accettai la versione per cui Cesare agì in legittima difesa preventiva in seguito al proditorio tentativo da parte di Alfonso di colpirlo con l'arco da un'alta finestra mentre egli passeggiava tranquillo in giardino.
Fu indegno da parte mia dare credito alla bufala ma così scrissi allo zio di Alfonso, re di Napoli.
Le donne, invece, non perdonarono Cesare: né Sancha, che fu perciò subito rispedita a Napoli, né Lucrezia, che venne confinata a Nepi.
Lucrezia appunto, oggetto del nostro piano poichè di nuovo libera da vincoli nuziali, si prestava a una manovra che avrebbe ammansito un potenziale nemico troppo vicino in Romagna: l'Este di Ferrara.

Il vecchio Duca Ercole aveva designato erede il figlio, già vedovo, di quattro anni maggiore rispetto a Lucrezia. Si prospettava dunque un nuovo opportuno matrimonio.
Peccato solo che il partito portasse l'inopportuno nome di Alfonso, e che Lucrezia si fosse messa di traverso alla propria famiglia.

Plutarco – Ne vedremo gli sviluppi, ma seguiamo adesso le vicende guerresche: era ormai consolidato il patto tra Cesare e Luigi contro Napoli, che Alfonso aveva presagito rimettendoci la pelle, così come era sancita la totale conquista della Romagna da parte dei Borgia.
Alla partenza del Duca tuttavia non era noto il suo primo obiettivo.
Lo sarebbe diventato presto: Rimini. Sentiamo quindi il suo Signore.

Un giovane, dall'espressione arcigna e malvagia, il mento sfuggente e lunghi capelli neri da paggio rinascimentale, s'avanza alla sbarra ostentando uno sguardo di astiosa acredine.

Plutarco – Esponente della nobile famiglia che potrebbe vantare più degni rappresentanti, narra come cedesti, infingardo, le armi al Duca Valentino, e senza troppi danni.

Pandolfo Malatesta – Non merito la tua accusa di fellonia, Plutarco, giacchè fui Capitano Generale della Repubblica di Venezia ed in tale veste combattei numerose aspre battaglie.
Ma cos'altro mai avrei potuto fare all'atto in cui il Leone ricambiò la mia fedeltà con un infame tradimento, lasciandomi solo di fronte alle schiere preponderanti del Duca Valentino?
Non potevo per certo contare sulle mie risorse poichè il popolo mi si sarebbe rivoltato contro: non era affatto benvoluto dalla mia gente.

E così dovetti addivenire alla soluzione meno onerosa di svendere la potestà su Rimini, a condizioni vantaggiose, peraltro, considerato lo stato delle cose, e ritirarmi praticamente a vita privata.

Plutarco – Lo dicevo, Pandolfo: *Mastin vecchio* dantesco Malatesta da Verrucchio, crudele e infido Signore, avrebbe fatto di meglio.
Non occorre pertanto spendere altre parole, come pur su Pesaro, ove appena pochi giorni prima cadde la Contea.
Si presenti al nostro cospetto l'ex marito di Lucrezia Borgia.

Biondiccio, insignificante, dallo sguardo vacuo, eccolo alla sbarra.

Plutarco – Poche cicance ti prego poiché già abbastanza noi abbiamo appreso su di te, Giovanni, alla corte dei Borgia.

Giovanni Sforza – D'accordo, Plutarco, neppur io intendo parlare di quello stadio della vita che subii come un vaso di coccio in mezzo ai vasi di bronzo.
Ne uscii con disonore, e la tua disistima mi ferisce, tuttavia non più di quello che mi riservò il Duca Valentino.
A niente valse la mia ricerca di alleati: la Repubblica di San Marino, il Duca d'Urbino, Guidobaldo da Montefeltro, il Marchese Gonzaga, Francesco, Venezia stessa, indifferente più che mai.
Proclamai sì il solenne intento di difendermi da solo ma il popolo mi costrinse a chiudermi nella rocca e di notte fuggii come uno spettro.
Durante la marcia trionfale, in cui Cesare dovette farsi in quattro per essere presente alla resa delle città minori che capitolavano una dopo l'altra, egli nemmeno si degnò di passare per Pesaro, che invece pose alla furia di uno dei suoi capitani: il bolognese Ercole Bentivoglio.
L'ex cognato non mi ritenne all'altezza, e preferì recarsi a Fano, una *dependance* di Rimini, piuttosto che incontrarmi di nuovo.

Plutarco – Basta così, Giovanni. Parliamo piuttosto di Faenza, città che si manifestò di tutt'altro stampo. Venga il protagonista a narrare l'eroica resistenza.

Un leggiadro adolescente di angelica sembianza e incedere elegante raggiunge la sbarra e rivolge al giudice un timido sorriso.

Plutarco – Garbato giovinetto, premetti alla narrazione degli eventi i tratti personali della tua breve vita.

Astorre Manfredi – Figlio di Galeotto Manfredi, Signore di Faenza, e di Francesca Bentivoglio, figlia di Giovanni, Gran Gonfaloniere di Bologna, successi a papà assassinato dai Bentivoglio per miseri fatti di corna all'età di tre anni, in reggenza del Consiglio Generale.

Avevo quindic'anni all'epoca dell'assalto a Faenza guidato dal Duca Valentino e, se la mia città si distinse per indomito contegno rispetto alle altre più timorose, non fu per mio merito, ma per genuina fedeltà del popolo intero che si riunì intorno a me come simbolo di libertà e indipendenza dall'iniqua prevaricazione pontificia.

In veste di Vicario papale, infatti, avevo tentato di stornare gli intenti ostili contro Faenza inviando un delegato a Roma con tutto il denaro necessario a pagare i tributi, ma Alessandro VI lo rifiutò, e dimostrò in questo modo la sua pretestuosa meschinità. Egli inoltre mi tolse la carica di Vicario nel mentre s'approssimava il possente esercito del Duca Valentino con tutti i prestigiosi capitani.

Il Consiglio Generale decretò allora la difesa di Faenza sin all'ultimo sangue ed istituì *ad hoc* la magistratura dei Sedici della Guerra.

L'assedio ebbe luogo e durò oltre sei mesi con fasi alterne e grande dispendio di vite umane, da entrambe le parti.

Due validi condottieri del Duca rimasero uccisi, negli scontri feroci, Ferdinando Farnese e Onorio Savelli, sinchè allo stremo fu firmata la resa in clausole onorevoli, che però non furono rispettate.
Il Duca mi condusse a Roma ed un anno dopo venni assassinato.

Plutarco – Onore e rispetto a te, ultimo virgulto di una famiglia tra le più degne nel panorama italico rinascimentale.
Difendesti Faenza con eccezionale ardimento, e non meno di quanto Madonna Caterina Sforza avesse dimostrato a Forlì.
Ne condividesti la sorte in prigionia, salvo che ella fu graziata per intercessione francese. E tu, invece subisti un ignobile tradimento.
In merito rammento che Caterina Sforza abdicò infine sulle Contee di Imola e Forlì come *condicio sine qua non* per il suo rilascio dal carcere di Castel Sant'Angelo, come volle re Luigi di Francia.
Il Duca Valentino divenne quindi Signore di Romagna ormai *in toto* sottomessa e da allora iniziò l'ultimo stadio della sua epopea.
Non è dato intuire quando Cesare cominciò a vagheggiare il progetto di farsi condottiero d'Italia. Per certo concepì molto presto la riserva mentale in siffatta direzione, ma rientra nell'intimo pensiero di uomo la dimensione del proposito su cui egli potrà fare chiarezza quando gli sarà conferita la parola.
Il Duca, sino a quel punto, aveva agito entro i termini di legittimità, ovvero tenendosi all'interno del territorio dello Stato Pontificio.
Da allora, invece, dopo avere formalizzato patti con Bologna per non irritare re Luigi, amico della città, egli divenne conquistatore e varcò i propri confini, senza trascurare l'amministrazione delle nuove terre acquisite in Romagna né tralasciare cose incompiute nelle Marche.

Scena 4: il condottiero d'Italia (1501 – 1506)

Dagli sviluppi dell'espansione alla morte del Papa.

Plutarco – Le mire espansionistiche di Cesare Borgia si orientarono in quel particolare momento alla Toscana: un vicino vulnerabile, per varie ragioni, e perciò presunta facile preda agli occhi del Duca.
Chi meglio di te, Messere Niccolò, potrebbe quindi esporre in chiara premessa la scelta del condottiero già vincente in Romagna?

Machiavelli – Accolgo il tuo invito non fosse altro per mia età più matura in cui vissi a Firenze le condizioni di quei giorni.
Dacchè re Carlo VIII di Francia entrò vittorioso nella mia città, ed i Medici vennero cacciati per la loro pavida condotta, vi si costituì con rivolta popolare la Repubblica governata dal Gonfaloniere a vita Pier Soderini, assistito da sette Priori e soggetta all'influenza religiosa del frate domenicano Girolamo Savonarola.
Quest'ultimo, dichiaratosi apertamente filo francese, sostenuto dalla fazione di popolo dei *Piagnoni*, soccombette infine al partito avverso filomediceo dei *Palleschi* e venne condannato come eretico, bruciato in piazza della Signoria.
Carlo VIII peraltro, nella sua discesa in Italia, liberò Pisa dal giogo fiorentino, instaurato quasi cent'anni prima, e da allora cominciò una guerra interminabile tra le città: Pisa per conservare l'indipendenza, Firenze per sottomettere di nuovo i ribelli.
Firenze si dibatteva in gravi ambasce politiche e finanziarie mentre il partito filo mediceo, avendo a capo l'esiliato Giuliano, altro figlio di Lorenzo il Magnifico, assumeva sempre maggiore influenza.

Giuliano allora era ospite del Duca Valentino, il quale guardava alla Toscana come il falco alla lepre, e chissà che cos'altro meditasse per il futuro su Milano, Napoli, e forse anche Venezia.
Ferrara poi era già stata ammorbidita per via matrimoniale.
Nel pensiero di Cesare le città maggiori in penisola italica sarebbero cadute sotto il dominio dei Borgia l'una dopo l'altra.

Plutarco – Grazie Messere Niccolò. Torneremo fra poco in Toscana, ma su Ferrara è necessario ricordare un mio precedente accenno alle terze nozze di Madonna Lucrezia. Venga quindi a raccontarcele uno tra i protagonisti della manovra politica e sveli le recondite trame.

Un anziano nobiluomo, dai lunghi candidi capelli e dall'espressione fiera e volitiva, s'accosta rivolgendo al giudice lo sguardo altero.

Plutarco – A te la parola adesso, Duca di Ferrara, giovane generale di ventura, e poi splendido mecenate nonchè abile negoziatore.

Ercole d'Este – La famiglia a cui appartengo vantava all'età del mio governo illustri origini già da alcuni secoli. La corte di Ferrara stava tra le splendide d'Europa per magnificenza, arte e letteratura.
Il territorio, seppure non enorme, s'estendeva dal mare Adriatico agli Appennini e il nostro vessillo incorporava i riconoscimenti d'autorità del Pontefice, dell'Imperatore, del re di Francia.
Gli Este poi erano imparentati, per accorti matrimoni, con le dinastie più rilevanti nella penisola italica: gli Sforza di Milano, i Gonzaga di Mantova, gli Aragona di Napoli.
Per quale motivo, quindi, avrei dovuto ritenere appagante un'unione con i Borgia, nobili minori di Spagna, cioè le nozze tra il mio primo genito maschio erede, Alfonso, e l'illegittima Lucrezia?

E chi era poi questa Lucrezia? se non una donna che aveva procurato solo disgrazie ai suoi precedenti mariti, con due marmocchi a carico, di cui l'uno, Rodrigo, il figlio d'Alfonso Aragona, e l'altro di incerta origine. Un certo Giovanni, figlio di chissà chi. In più ella stessa era soffusa da reputazione tutt'altro che virtuosa.

Il destino di Giovanni Sforza e Alfonso Aragona (cognati di Cesare e generi del Papa) come delle rispettive case, era poco rassicurante, nè la furia guerresca del Duca Valentino, che imperversava nella vicina terra di Romagna, prometteva alcunchè di buono a noi, duchi estensi, ancorchè amici del re Luigi XII.

Perché dunque accettare una proposta così insidiosa?

Ma è ovvio: perché il Papa era il Papa, e la discordia con il Vaticano determinata da un rifiuto ci avrebbe causato amari dispiaceri.

Ciononostante non mi arresi e tentai ancora la carta francese: proposi a re Luigi XII la candidatura di mio figlio Alfonso come marito per una giovane d'alto rango nel suo *entourage*, ma non se ne fece nulla. Anche il re di Francia non voleva mettersi in urto con il Papa quindi, considerato l'ulteriore assalto dei Borgia, dovetti cedere.

Dopo un'interminabile trattativa da volgari bottegai, che affidai a un altro tra i miei figli, il cardinale Ippolito d'Este, Lucrezia finalmente venne a Ferrara, separata dai due imbarazzanti bambini che rimasero sotto splendide tutele a Roma.

Il matrimonio pertanto ebbe luogo, tra i sontuosi ricevimenti di corte e l'entusiastica accoglienza di popolo, come se davvero si trattasse di un sacramento con la sposa vergine.

E devo ammettere che pur io, incontrandola in persona, fui ben lieto di ricredermi sul fastidio della scelta coatta che mi era stata imposta.

Un atteggiamento che però non sarebbe durato a lungo.

Plutarco – Grazie Ercole d'Este, ma lasciamo ora Lucrezia alla sua nuova vita, che da allora si svolse lontano dalla famiglia d'origine, e riprendiamo le avventure di Cesare in Toscana ascoltando il racconto del più celebre tra i suoi generali di ventura.

Il massiccio ed imponente uomo d'armi, dalla corvina capigliatura ed il baffo mefistofelico, si avvicina alla sbarra sorridendo spavaldo.

Plutarco – Onorio Savelli, Ferdinando Farnese, morti all'assedio di Faenza, Giovanni Paolo Baglioni da Perugia, i fratelli Giulio e Paolo Orsini da Roma, Oliverotto da Fermo, e altri ancora, costituivano un gruppo di comando agli ordini del Valentino d'eccellente valore.
Tu solo, però, onorevole cavaliere, moltiplicavi per cento la potenza.
Ecco quindi la ragione della mia scelta come testimone sull'impresa in Toscana del Duca. Procedi nella narrazione.

Vitellozzo Vitelli – Il mestiere delle armi fu patrimonio ereditario in famiglia Vitelli, e io maturai le mie esperienze combattendo al soldo dei francesi, durante la discesa di Carlo VIII in Italia, e in seguito di Firenze, nella lunga guerra contro Pisa.
Mio fratello Paolo e io cingemmo d'assedio la città ma infine fummo costretti a desistere per carenza di risorse. Firenze così ci condannò a morte come traditori. Paolo fu giustiziato ma io riuscii a fuggire e da allora concepii un odio forsennato e implacabile contro Firenze.
Mi ritrovai anche a comandare le truppe degli Orsini contro i Borgia, come già è stato ricordato, talchè il Duca Valentino, riconobbe il mio valore e mi arruolò nella sua prima spedizione in Romagna, che finì con la conquista di Imola e Forlì.
Anche nella seconda, che fruttò la presa di Rimini e Faenza, esercitai un ruolo di primo piano, e fui bene lieto di apprendere che il Duca si apprestava allora a dirigersi in Toscana, poiché così avrei realizzato i miei letali propositi di vendetta contro l'odiata Firenze, colpevole ai miei occhi per l'assassinio di mio fratello.

Le speranze tuttavia si rilevarono non propizie sin da principio. Le truppe francesi infatti abbandonarono di nuovo il Duca Valentino per unirsi ai connazionali che scendevano in Italia diretti a Napoli.

Re Luigi diffidò altresì Cesare dall'assalire Firenze che egli riteneva un terreno di caccia di sua esclusiva pertinenza.

Persino il Pontefice Alessandro, addirittura per Breve papale, impose a suo figlio di lasciare in pace la città.

I fratelli Orsini ed io, invece, sobillavamo il nostro comandante a che non si lasciasse intimidire: loro perchè partigiani medicei, desiderosi di restaurarne la Signoria (gli Orsini erano legati ai Medici da antichi vincoli familiari) mentre io, dicevo, perché prefiguravo i saccheggi che avrebbero soddisfatto alla mia sete di rivalsa.

Invero il Duca non necessitava di incoraggiamenti o stimolo da parte di chicchessia, anzi diffidava di noi subalterni, e così partì lancia in resta attraverso gli Appennini incaricando me di stringere la tenaglia da sud procedendo su Siena.

Infine però egli non ebbe ardire d'opporsi al re francese ed al Papa, e, sia pure avendo spuntato da Firenze notevoli dotazioni di risorse, in cambio di una pace effimera, sfogò la sua frustrazione buttandosi sul modesto Ducato di Piombino, un protettorato fiorentino.

Ne espugnò la capitale e le isole d'Elba e Pianosa, lasciando a me la soddisfazione di finire l'opera nelle campagne senesi.

Il Duca Valentino in realtà era ormai lanciato su tutt'altre imprese.

Plutarco – Sì Vitellozzo, il Duca non dimenticò Firenze ma per quel momento essa rimase soltanto una pia illusione.

Dovette imboccare infatti la via di Napoli per onorare l'impegno con il re di Francia ed al riguardo è necessario un approfondimento che voglio affidare a te, Messere Francesco.

Guicciardini – È presto detto, Plutarco: stava da tempo nel piano di Luigi XII il *replay* dell'impresa fallita da Carlo VIII.

Egli intendeva ricostituire a Napoli una monarchia francese, e in tale proposito aveva favorito l'ambizione dei Borgia in Romagna a fronte del riconoscimento da parte del Papa sulla sua futura conquista.

Considerato, peraltro, il passato fallimento di Carlo VIII nonostante la pletora di risorse impiegate, egli si orientò a condividere l'impresa con la Spagna e così per segrete intese fu stipulato un accordo tra lui ed il re di Spagna, Ferdinando d'Aragona, tale per cui Federico, re di Napoli, sarebbe stato esautorato e il territorio spartito tra la Francia e la Spagna: all'una Campania e Abruzzo, all'altra Calabria e Puglia.

Ciascun contraente poi avrebbe provveduto da sé all'occupazione di fatto e quindi i francesi marciarono attraverso Toscana e Lazio, agli ordini del Maresciallo d'Aubigny, mentre gli spagnoli sbarcarono in terra di Calabria al comando di Consalvo Fernández de Cordòba.

Quando il d'Aubigny arrivò a Roma, splendidamente accolto, rivelò ad Alessandro VI l'esistenza del patto segreto con il re di Spagna ed il Papa aderì, entusiasta, promettendo senz'altro la sua benedizione al re di Francia.

Non gli riuscì difficile tradire il benedetto re Federico poiché questi, intuite le insidiose manovre, si era rivolto al Turco, il nemico giurato della cristianità, per un'alleanza difensiva.

Divenuto anch'egli nemico dunque, come tale doveva essere trattato. In realtà Alessandro comprese che era venuto il momento di pagare i debiti contratti con Luigi XII in cambio dell'ascesa di Cesare.

Quest'ultimo peraltro doveva essere al corrente degli accordi segreti poiché si presentò a Roma subito dopo la venuta dei francesi.

Plutarco – Eccellente intuizione, Messer Francesco, ma sentiamo in merito la versione autentica del Pontefice.

Alessandro VI – Confermo quanto affermato da Messer Francesco. Non avrei potuto sottrarmi dall'onorare gli impegni con la Francia, sebbene il cuore mi orientasse verso la Spagna.
Ma l'impenetrabile corte dei Cattolicissimi re, Ferdinando e Isabella, non mi fu mai davvero amica, né di fatto lo era re Luigi.
Quanto poi a Federico di Napoli, non si era manifestata palese la sua tattica dilatoria adottata nei confronti di noi Borgia?
Non si era preso gioco dell'amabile benevolenza con cui benedissi la sua precaria corona per poi nascondersi dietro alla testarda Carlotta, così mancando vergognosamente alla parola di re?
Ma che andassero tutti a farsi fottere!
Invero Cesare e io eravamo certi che ben presto la discordia avrebbe diviso i re di Francia e di Spagna, condòmini in Italia meridionale, e che uno solo sarebbe prevalso infine su tutto lo scacchiere.
Onorasse pertanto Cesare, per il momento, il vincolo pattuito con la Francia, e mantenesse fede all'onore bellico.
Il popolo infine avrebbe fomentato una rivolta contro il malgoverno di questo o quel contendente (cioè Francia o Spagna), e quindi a tale punto saremmo subentrati noi al governo del meridione.
Primo passo del governo d'Italia.

Plutarco – Voi due? Cioè tu Rodrigo, la mente, e Cesare, il braccio? Sì, questi erano i piani, e Cesare partecipò alla campagna in aiuto ai francesi con scarsa convinzione: prese Capua spianando all'alleato la strada per Napoli, produsse un orribile massacro di popolo ed infine abbandonò il campo, dopodichè si accinse ad altre mete.
Comunque sia, le vostre profezie sul futuro contrasto tra la Francia e la Spagna puntualmente si realizzarono.
Prevalse la Spagna ed il regno di Napoli, una volta estinta la dinastia cadetta Aragona, divenne definitivamente spagnolo e fu nominato il vice re con tutti i poteri delegati.
Il Duca Valentino, libero da altri oneri, si dedicò così a consolidare il dominio acquisito in Romagna e ad ampliarlo nelle Marche.

Venga quindi il personaggio che già abbiamo sentito, per altri temi, e ci intrattenga sulla rinnovata irruenza guerresca dell'imputato.

Guidobaldo da Montefeltro – Mantenni costanti rapporti d'armonia con il Vaticano, in quanto erede del Ducato d'Urbino, salvo un breve periodo in cui mi sentii tradito dal Papa, per il mancato pagamento di un riscatto, dopo l'essere stato catturato in battaglia dagli Orsini.

Per questo mi avevi già chiamato, Plutarco.

Erano trascorsi da allora alcuni anni durante i quali avevo ereditato il Ducato di Urbino, scordandomi dello sgarbo ricevuto dal Pontefice e godendo pure dell'amicizia dichiarata di Cesare.

Vivevo pertanto tranquillo nella mia città quando subii un'altra e ben più grave offesa.

Cesare, il presunto amico, pretese un apporto di soldati per infoltire le schiere destinate alla conquista di Camerino, città dei Da Varano, signori recalcitranti alla disciplina Pontificia.

Obbedii, naturalmente, e solerte ne inviai conferma.

Puoi immaginare quindi, Plutarco, la stupita meraviglia con la quale appresi che Cesare, deviato il percorso su Camerino, si dirigeva dalla mia parte con intenzioni ostili.

Seppi in seguito che una staffetta dei Da Varano, intercettata, aveva mendacemente dichiarato ai borgiani l'invio da parte mia di notevoli rinforzi a Camerino in modo che i Da Varano, proprio grazie al mio intervento, si predisponessero sostenere l'assedio.

Non mi fu dato capire se la cattura della staffetta rispondesse al vero, ma non ebbi neppure il tempo di spiegarmi, e già l'esercito di Cesare aveva circondato la mia città.

Una resistenza armata non mi parve neppur pensabile poiché di certo avrebbe causato un'orrenda carneficina.

Decisi pertanto di tentare la fuga in incognito e, vestito da contadino, riuscii a eludere la vigilanza borgiana e mi diressi a Mantova, dove stava mia moglie, Elisabetta Gonzaga.

Contavo di ottenere ausilio da altri Signori italici e dal re di Francia, ma questa si rivelò un'inutile speranza.
Nel frattempo il Duca Valentino entrò trionfale in Urbino accolto dal vergognoso clamore di un popolo che ritenevo fedele.
Traditore fu lui, dunque, ma la fama della fulminea conquista, se tale può definirsi, circolò minacciosa in tutta Italia centrale nel senso che il predone poteva colpire ovunque, amici o nemici che fossero.

Plutarco – Sentiremo la versione dell'imputato al riguardo, anche se appare poco attendibile il motivo accampato per assalire Urbino.
Cesare infatti dovette sentirsi in colpa se ti offrì la porpora in cambio della rinuncia al Ducato: indegna proposta da te respinta.
Ma ascoltiamo ora il Signore di Camerino, il quale potrà anche dirci qualcosa di decisivo sulla buona fede, o meno, dell'imputato.

L'anziano principesco personaggio di grifagni lineamenti e sguardo superbo si presenta alla sbarra senza alcuna soggezione.

Plutarco – Affrontasti con animo valente le schiere borgiane, nobile Signore, ma nessuno ti venne in aiuto. Raccontaci il seguito.

Giulio Cesare Da Varano – Innanzitutto, Plutarco, smentisco nella maniera più assoluta la sia pure minima intenzione da parte del Duca di Urbino di mandare rinforzi a Camerino minacciata da Cesare.
Quella storia sul mio portaordini catturato dai borgiani fu una bufala atta a precostituire un infame pretesto.
Vero è, invece, che innanzi alla spregiudicata audacia di quell'uomo dalla sinistra nomea nessuno avrebbe osato opporsi.
Prevaleva la legge del più forte ed io davo per scontato un assalto del Borgia, nè mi illusi quando seppi della digressione su Urbino.

Se Guidobaldo era amico dei Borgia, e fu trattato in quella maniera, che cosa avrei potuto attendermi io, che non solo non pagavo i tributi al Pontefice ma anche davo ricettacolo agli aristocratici suoi nemici fuorusciti da Roma.
Perciò Alessandro VI mi aveva addirittura scomunicato.
Ed infatti eccolo l'esercito alle porte ma il Duca Valentino non c'era: stava ad Urbino, mi dissero, in tutt'altre faccende affaccendato.
Orbene, mi attestai in difesa, con i miei figli Gianni Maria, Annibale, Venanzio, Pirro, non rinunciando a occasionali sortite.
Riportai pure qualche effimero successo, ma la cittadinanza mi tradì esigendo che chiedessi la resa per evitare spargimenti di sangue.
Annibale tentò di trattare con il Generale Francesco Orsini ma questi rimase ligio alle istruzioni di Cesare e non ammise condizioni.
L'aristocrazia ed il popolo mi costrinsero a capitolare e senza alcun rimpianto consegnarono noi cinque Da Varano al nemico.
Fummo tutti strangolati con un laccio al collo dal bieco Michelotto.

Plutarco – Nessuno se ne adontò più di tanto, a Camerino, meno che mai in Italia, Giulio Cesare. Comunque, eri un tiranno, e così pagasti il fio dell'odio del popolo.
Me ne dispiaccio per umana pietà.
Ma passiamo oltre e ritroviamo il Duca Valentino a colloquio con te, Messere Niccolò, l'ambasciatore fiorentino in Urbino al seguito del vescovo Francesco Soderini, fratello del Gonfaloniere Piero.
Assumi la veste del testimone e parlaci di quell'incontro.

Machiavelli – Soltanto su una parte invero posso parlarne per presa diretta, giacchè dei due delegati io fui il meno importante, e peraltro assistetti ai primi due colloqui, ma non agli altri successivi.

Subito, infatti, ricevetti l'ordine di galoppare a Firenze, per riferire ai Priori l'esito del primo impatto con il Duca Valentino.
Hai rammentato, Plutarco, come la mia città fosse stata null'altro che una "pia illusione" per lui, voglioso di ghermirla ma impedito a farlo per le pressioni del re di Francia.
Da Urbino, dunque, il Duca trasmise a Firenze nuovi messaggi ostili. Obiettivo della nostra urgente missione diplomatica era quindi capire sino a quale punto quell'uomo all'apice del potere stesse *bluffando* o se davvero si predisponesse ad aggredire la mia città.
Il primo colloquio avvenne di notte, nel palazzo ducale di Urbino, ed il Valentino tenne un atteggiamento improntato a estrema arroganza, sottile ironia, collera glaciale.
Accusò Firenze d'aver violato gli accordi siglati nella precedente sua campagna toscana, ed addirittura accampò incredibili pretese a che il nostro governo fosse sostituito da un altro di suo gradimento.
E infine chiuse l'incontro con un perentorio *aut aut* (con me o contro di me). Non concesse alcuna replica e ci congedò negando l'assenso all'unica nostra richiesta, cioè a che il Duca ingiungesse al capitano Vitellozzo Vitelli di evacuare Arezzo, dove ancora si trovava.
Nella mattinata successiva la situazione non mutò di un pollice, anzi, confermando tutte le istanze, e non ammettendo alcunchè, l'imputato impose un termine di quattro giorni per la risposta della Signoria che io stesso avrei dovuto andare a ricevere di persona e poi riferire.

Plutarco – Grazie Messere Niccolò. Ti sciolgo subito dalla veste del testimone rinviando all'arringa difensiva le valutazioni sull'imputato che non è il caso di anticipare ora.
Si presenti quindi alla corte il Vescovo, capo dell'esigua delegazione per narrare sul seguito dei colloqui.

Il maturo uomo di Chiesa dalla variegata esperienza nella Signoria e presso la Santa Sede, dignitoso e rispettabile, scruta con sguardo acuto il pubblico ed il giudice.

Plutarco – Procedi come ho domandato, ti prego, Eccellenza.

Francesco Soderini – Non vale la pena, Plutarco, di sfrucugliare nel sottile gioco del gatto col topo che dovetti sostenere in quei giorni di attesa del ritorno di Messer Niccolò. Il Duca non posò l'osso mentre io mi barcamenavo, sinchè giunse la risposta della Signoria.
Essa si rivelò un capolavoro del dire e non dire, entro lo scenario in cui spirava l'ombra di Luigi XII, ma il tempo giocava per noi.
Sapevamo tutti infatti, che Luigi stava per tornare in Italia, laddove ferveva la discordia con la Spagna per gli eventi di Napoli, perciò il Duca sentiva l'urgenza di ottenere da noi il massimo risultato.
Luigi XII gli avrebbe per certo bloccato ogni iniziativa su Firenze e così Cesare voleva prevenirlo ponendolo davanti al fatto compiuto.
La spuntammo noi, invece: il Duca diede nulla osta alla ritirata del Vitelli da Arezzo e ne ebbe in cambio un importo in garanzia minore di quello in realtà richiesto.
Comunque abbozzò, sapendo che altrimenti avrebbe dovuto adottare la stessa condotta per ordine di Luigi XII, e senza compenso alcuno.
Firenze quindi ancora rimase per lui una "pia illusione".

Plutarco – Grazie Eccellenza, ecco un'altra battuta d'arresto per il Duca Valentino, ma non decisiva, considerata l'amicizia con cui il re francese, giunto a Milano, lo gratificò come se nulla fosse accaduto. Ascoltiamo dunque la sua augusta parola.

Luigi XII – Trovai a Milano una pletora di questuanti personaggi di ogni risma, che dovetti comunque ricevere per ascoltare le lamentele sulle angherie subite, o in procinto di subire, dal Duca Valentino. Mi si voleva indurre al ruolo di giustiziere e gendarme d'Italia.

Incontrai Giovanni Sforza, Guidobaldo da Montefeltro, un nipote del da Varano, ambasciatori di Bologna, di Venezia, di Firenze, persino il Duca Francesco Gonzaga, il valente comandante pronto a offrire la sua spada per una lega anti Borgia.

Accettai sorridente i munifici doni che portarono ma infine li mandai tutti a farsi benedire: l'armonia con il Vaticano era ancora preziosa.

Quanto al Duca Valentino, gli informatori occulti riferivano che non pareva affatto preoccupato di quelle chiacchiere, e che passava il suo tempo redigendo le piante delle fortificazioni nelle città conquistate con il suo corteggiatissimo Ingegnere Generale.

Rammento bene quell'affascinante personaggio, Leonardo da Vinci, che Cesare e io incontrammo alcuni anni prima a Milano, quand'era in auge presso la corte di Ludovico il Moro.

Il mio successore, Francesco I d'Orleans, l'avrebbe accolto a Parigi in seguito scoprendo il suo straordinario talento di poliedrico artista. Qualche dubbio però dovrebbe avere angustiato Cesare giacchè poco tempo dopo si presentò a Milano ove lo ricevetti con sincero affetto, deliberatamente ostentato davanti ai questuanti che, delusi, tornarono ciascuno per la propria strada.

Parlammo anche di sua moglie Carlotta e della loro piccola, Luisa, di due anni, che stavano ancora in Francia, progettando un matrimonio dinastico tra l'infante e l'erede di Gonzaga, figlio di Francesco.

Non se ne fece nulla, tuttavia.

Piuttosto scaturì dal nostro nuovo incontro una revisione dei patti già stipulati alcuni anni prima: Il Duca si impegnò a intervenire in prima persona entro il conflitto tra Francia e Spagna nel regno

di Napoli ed io gli concessi altre schiere di armati e mano libera su Bologna.
Ci salutammo ad Asti in sintonia più che mai, quindi tornai in Patria, mentre Cesare si avviò ad altre imprese, con il mio benestare.

Plutarco – Bologna dunque si presentava come la prossima vittima del Duca Valentino stabilitosi ad Imola, appresso alla sua preda.
Ascoltiamo al riguardo il Signore della città.

Un anziano nobiluomo, dallo sguardo benevolo, ma non troppo, si accosta alla sbarra.

Plutarco – Poco propizie nubi si addensavano su Bologna e su di te, primo cittadino, o che cos'altro? Narraci dunque i tuoi timori.

Giovanni Bentivoglio – Sottolinei, Plutarco, la mia anomala postura nel panorama politico d'Italia. Bologna infatti era sì parte dello Stato Pontificio ma godeva di una particolare autonomia e la mia famiglia ne deteneva il governo, seppure non dotato di riconoscimento papale o imperiale di vera e propria indipendenza. Su tale ambiguità si fondava la parola del re di Francia il quale, pure amico di Bologna, non intendeva che la sua protezione travalicasse il limite della soggezione a Santa Romana Chiesa.
Ecco perché quel mascalzone potè permettersi di cedere la mia città al Valentino senza infrangere la lettera di patti già intercorsi.
Quest'ultimo poi ambiva a far di Bologna la capitale del suo Ducato mentre il Papa rincarava la dose contro la stessa con accuse di gravi inadempienze fiscali.
Avrei per tutto ciò subìto la sorte di altri governanti pontifici se non fossero intervenuti fatti nuovi che sviarono l'attenzione di Cesare.

Plutarco – Guidobaldo da Montefeltro, e l'inganno tramato nei suoi confronti, rappresentò un precedente da non trascurare: nessuno tra i signorotti dello Stato Pontificio poteva permettersi di stare tranquillo sotto l'inquietante minaccia del Duca Valentino.
I suoi generali, tutti appartenenti a quella categoria, a un certo punto scorsero il pericolo e decisero di prevenirlo.
A te la parola, Vitellozzo Vitelli, *primus inter pares*. Parla per tutti.

Vitellozzo Vitelli – Parlo per me, innanzitutto, Plutarco, giacchè non mi importava allora degli altri occasionali compagni di avventura.
Tra i più riveriti del gruppo (Gian Paolo Baglioni, Paolo e Francesco Orsini, Oliverotto Uffreducci) sussisteva sì un movente comune, ma ero io il *leader* da cui insorse la congiura ordita per neutralizzare il Generale Supremo Cesare Borgia.
Temevo per il destino della mia Signoria di Città di Castello, come pure paventavano Gian Paolo, per Perugia, Oliverotto per Fermo, gli Orsini per le rispettive contee di Palombara e Gravina.
E in particolare su me solo, un esasperato confronto avvelenava ogni rapporto con il Duca a cui, confesso, non avrei potuto disconoscere superiorità nei miei confronti, fonte di perenne frustrazione.
La sua indiscutibile eleganza esteriore e l'interiore fredda razionalità pensante, surclassavano sotto ogni aspetto il sanguigno soldataccio di ventura quale io ero.
La recente umiliazione poi dell'essere costretto a ritirarmi da Arezzo costituì la classica goccia che fa traboccare il vaso.
Meditammo tutti insieme dunque la rovina del Duca Valentino.

Plutarco – Grazie per la sincerità del tuo dire, Vitellozzo, ma ti devo esimere dal proseguire il racconto per attribuirlo ad altro testimone.
Messere Niccolò, rinnovo a te l'incarico.

Machiavelli – Non so quanto mi si può ritenere attendibile, Plutarco, come testimone, considerata la profonda ammirazione che nutrii per il Duca Valentino già dal nostro primo breve incontro.

Fatto sta che il Gonfaloniere di Firenze in persona, Pier Soderini, mi affidò una seconda missione diplomatica presso di lui a Imola, che si protrasse per alcuni mesi, proprio durante la famigerata congiura dei Generali guidata di Vitellozzo Vitelli.

Ne scrissi la cronaca, nel suo divenire quotidiano, mentre mi trovavo a Imola, a fianco del Valentino, e ne riepilogai *a posteriori* gli eventi essendo a conoscenza del tragico epilogo.

Al di là pertanto della valutazione etica sul Valentino e gli avversari, che appartiene ad altra sede, mi limito qui a narrare i fatti.

In prima istanza i cinque Generali già menzionati negarono al Duca Valentino la partecipazione alla presa di Bologna e dichiararono così l'ammutinamento al suo potere incondizionato.

Si riunirono poi alla Magione, il castello in riva al lago Trasimeno di proprietà dell'anziano cardinale Battista Orsini, e furono raggiunti da altri personaggi determinati a partecipare: Ermete Bentivoglio, figlio di Giovanni, Ottaviano Fregoso, un nipote di Guidobaldo d'Urbino, Guido Pecci, rappresentante di Pandolfo Petrucci, Signore di Siena.

Vitellozzo Vitelli assunse la presidenza del gruppo, sotto il patronato del cardinale Orsini, ma fu subito evidente che non sussisteva alcuna identità di intenti, nonostante le asperrime parole pronunciate contro il Valentino: alla linea estrema di Vitelli e Baglioni faceva riscontro il consiglio moderato di altri a cercare la trattativa.

Cesare, ben informato dalle spie, accolse la notizia del tradimento in energica volontà di reazione però non sottovalutò il pericolo ed inviò emissari ai ribelli tentando di ammansirli con lusinghiere promesse, presagendo tuttavia il fallimento. Come in effetti avvenne.

I congiurati espugnarono la rocca di San Leo, nei pressi di Urbino, e predisposero un piano di marcia su un doppio percorso, dall'interno e dall'Adriatico per ricongiungersi e investire Imola. Il Duca non reagì, solo si dannò nell'arruolare nuove truppe, da unire a quelle che fece rientrare in Romagna sotto la guida del fedelissimo Michelotto.

Quasi per miracolo, l'apparente inerzia del Duca instillò il dubbio tra i congiurati talchè insorse un accordo tra le parti per affidare a Paolo Orsini l'onere di equa mediazione. Saggia iniziativa, che però diede seguito alla stesura di bozze d'accordo, scritte e riscritte, buone solo a prendere tempo per entrambe le parti.

I ribelli infatti, nelle more della trattativa, riconquistarono sia Urbino sia Camerino, mentre Cesare si trasferì da Imola a Cesena alla guida di un esercito sempre più cospicuo.

Tra l'altro, proprio in quel periodo, essendo la Romagna ridotta alla fame per carenza di risorse agricole, Cesare accusò Ramiro de Lorca, governatore del Ducato, di corruzione a danno del popolo, e ne sancì la condanna, subito eseguita sulla piazza di Cesena.

Ma torniamo alla congiura la cui fase più drammatica si dipanò sulla costa adriatica, a Senigallia, un feudo dei della Rovere governato dal piccolo Francesco Maria, sotto la reggenza della madre Giovanna.

Cesare puntava a conquistare la città ma i Generali lo prevenirono di fatto. Omisero, però, d'assalire la rocca e invitarono il Duca, che era giunto a Pesaro, a cogliere il privilegio di infliggere il colpo finale.

Atto di omaggio, per il seguito delle trattative, o imboscata letale, in ambiente più facile rispetto al campo aperto?

Lo valuterai alla fine, Plutarco, fatto sta che il Duca accettò l'invito e mosse verso Senigallia laddove erano i congiurati, tranne il Baglioni, indisposto nella sua Perugia.

Il resto è Storia: l'incontro tra il Duca e i ribelli avvenne alla porta di Senigallia, fra sorrisi ed abbracci, ma una volta all'interno Cesare ne ordinò l'arresto e in alcune ore catturò le rispettive truppe accampate nelle campagne al di fuori delle mura.

Il sommario processo contro Vitellozzo e Oliverotto, con esecuzione immediata per il consueto tratto di corda, chiuse la vicenda. Subito dopo la rocca cedette con la resa spontanea.

Plutarco – A parte l'interrogativo di cui hai lasciato a me la risposta, Messer Niccolò, nulla d'opinabile scaturisce dalla chiara esposizione dei fatti. La stella del Valentino toccò allora lo zenith, ed ora occorre soltanto spendere qualche parola sulla sorte degli altri congiurati.

Me ne assumo pertanto l'onere.

Ci pensò dapprima Papa Alessandro VI facendo arrestare il vecchio cardinale Battista Orsini, patrocinatore della congiura, che morì poi in oscure circostanze a Castel Sant'Angelo.

Nel frattempo il Duca Valentino inseguiva i fuggiaschi, tenendo con sè ammanettati Paolo e Francesco Orsini. Questi ad un certo punto, per la noiosa custodia, videro il laccio di Michelotto.

Gian Paolo Baglioni, assente a Senigallia, e primo della lista infame, aveva accolto a Perugia gli altri adepti dei Montefeltro e Da Varano ma, tutti insieme, per rivolta di popolo che inneggiava al Valentino, dovettero fuggire e ripiegare su Siena, ospiti di Pandolfo Petrucci.

La città resistette un poco, tessendo trame diplomatiche con il Papa e re Luigi di Francia, ma infine Baglioni, Petrucci, ed altri della banda, preferirono cercare rifugio a Lucca.

A quel tratto il Duca fu costretto a interrompere l'inseguimento dagli ordini di re Luigi e di nuovo accantonò l'ambizione sulla Toscana.

Dovette così riprendere di malavoglia la strada di Roma, inventando nel percorso una sequela di pretestuosi impedimenti, sinchè, pressato dall'insistenza del Papa, vi giunse due mesi dopo i fatti di Senigallia. Ascoltiamo dunque per l'ultima volta la tua parola, Rodrigo.

Che cosa stava avvenendo di tanto urgente a Roma?

Alessandro VI – Oh! Nulla di eccezionale, Plutarco: i soliti Orsini, inferociti per l'arresto del loro patriarca, il cardinale Battista, s'erano posti a capo di una coalizione con le altre aristocratiche case romane in lotta perenne contro noi Borgia.

Mio figlio, Goffredo, comandava le nostre schiere, non senza onore, ma occorreva al più presto l'opera di Cesare, e lui, nonostante i miei furiosi messaggi di richiamo in Roma, per adempiere ai suoi doveri di Comandante Pontificio, menava il can per l'aia, sentendosi ormai non Gonfaloniere della Chiesa bensì condottiero d'Italia, e impiegò un'eternità a presentarsi al mio cospetto.

Ma arrivò, alla buon'ora, e finalmente ritrovammo la nostra intesa.

Eh già! Plutarco: la Storia registra che fra di noi insorse allora il più drammatico dei dissidi, poichè Cesare non voleva stanare Giovanni Giordano Orsini dalla sua rocca sul lago di Bracciano. Quell'Orsini - diceva - era, al pari di lui, cugino del re di Francia. Io invece insistevo sino all'isteria a che Cesare compisse il dovere di Generale e mi portasse sul piatto d'argento la testa del nemico. Giunsi al punto di ordinarglielo per iscritto, con Breve papale e sotto minaccia di scomunica.

Questa commedia permise a Cesare di chiudere una volta per tutte la faida familiare con gli Orsini, senza eccessivo spargimento di sangue peraltro, ed al tempo stesso di scagionarsi con re Luigi, nel senso che egli doveva per forza obbedire a suo padre, il Papa. Uscimmo quindi entrambi puliti, agli occhi dell'ingombrante alleato, ma in realtà ben più sottili erano le trame del condiviso disegno.

Avevamo cominciato l'avventura sostenendo il re di Napoli contro la Francia. Poi ci eravamo schierati con la Francia contro Napoli.

Re Luigi, invero, s'era rivelato un alleato generoso, quanto ad armi e soldati, per la gloria di Cesare, e tuttavia troppo invadente nei divieti imposti a imprese espansionistiche, come ad esempio in Toscana.

Ebbene, nell'epoca di cui stiamo parlando, la Spagna era subentrata ai cugini sovrani di Napoli, in gestione divisa con la Francia, mentre l'intero dominio pareva consolidarsi in favore della Spagna.

Reputammo pertanto che re Luigi, ammaccato dalle sconfitte nell'ex regno di Napoli, dovesse essere scaricato al più presto.

Non pensavamo affatto però di rientrare nell'orbita della Spagna, ma auspicavamo un embrionale regno d'Italia, soggetto al governo della Chiesa, e naturalmente approfittando delle più propizie congiunture internazionali.

Cesare ed io ne avevamo ormai creato tutte le premesse: un territorio ed un esercito di eccellente livello, la neutralizzazione dei nemici più infidi entro la città di Roma, e nello Stato Pontificio, il governo nelle province sostenuto dalla benevolenza del popolo.

In prospettiva di un simile piano facemmo in tempo a formulare una proposta di lega antifrancese, con Spagna e Venezia, ma invero esse assunsero un atteggiamento dubbioso, come risultò da nostri incontri segreti di cui probabilmente re Luigi venne a conoscenza.

Nessuno sviluppo si realizzò: la morte mi ghermì e per Cesare iniziò la china discendente.

Scena 5: morte gloriosa (1507)

Plutarco – Non è dato né più di tanto rileva sapere quale fu la causa della morte di Alessandro: febbre terzana, si disse, associata al clima malsano di un'eccezionale e perniciosa canicola in Roma. Anche Cesare rimase colpito, a rischio della vita, ma la gioventù e la tempra d'acciaio gli consentirono di superare quella crisi e di guarire per affrontare i torbidi eventi che s'annunciavano.
E chi meglio del futuro Giulio II potrebbe narrare fatti così consueti in quei tempi ad ogni morte di Papa?

Giuliano della Rovere – Talmente consueti, Plutarco, che non val la pena di raccontarne i dettagli. Disordini e tumulti infatti funestarono l'Urbe, ma l'attenzione di tutti volgeva al conclave, ove le correnti si contorcevano, senza univoca direzione, naturalmente anche sulla mia candidatura. L'ondivago andazzo delle pressioni spagnole, francesi, italiche, impediva che si pervenisse ad una soluzione determinata, e così venne eletto un altro classico Papa di "transizione".
Francesco Piccolomini Todeschini, ovvero Pio III, amico dei Borgia, confermò tale tendenza, e rinnovò le cariche militari a Cesare, ma la debolezza del Duca, derivante dalla malattia non ancora debellata, lo rendeva inerte talchè, con l'aiuto di Venezia, i signorotti sconfitti in Romagna e nelle Marche ripresero i loro possessi. Il dominio conquistato si disgregava e Cesare vi assisteva impotente. Pio III, il Papa alleato, non possedeva certo il carisma necessario per sostenerlo. Era un vecchio, malato, il cui passaggio durò anche meno del previsto: soltanto ventisei giorni.
Dopo la sua morte, pertanto, le ambizioni del Duca dipendevano dal nuovo conclave, in cui egli controllava i cardinali spagnoli.

Dodici voti per la precisione, con cui sicuramente avrei conseguito il Sacro Soglio, Che cosa ritieni mi si prospettasse di fare, Plutarco?
Semplice! Turai il naso e promisi al Duca la riconferma delle cariche militari nonché mano libera a riprendersi il Ducato di Romagna.
Gli antichi rancori, il lacerante anelito di vendetta, il ricordo delle liti furibonde, parvero accantonate, e Cesare, pur sapendo di non potersi fidare, accettò, istruendo di conseguenza i suoi cardinali.
Eccomi quindi, dopo i due tentativi falliti, Sommo Pontefice di Santa Romana Chiesa con il nome di Giulio II.
Plutarco – Premeditato, reciproco inganno! Poteva prevedersi allora chi di voi due ne avrebbe pagato il prezzo e subìto le conseguenze?
Ritorni qui a raccontarcelo l'ineffabile onnipresente Cerimoniere del Vaticano, cronista e storico dei Papi.

Johannes Burckardt – Ligio all'invito, Plutarco. Orbene: Giulio II, dapprima circondò Cesare d'affettuose cure e, addirittura, meditò di riconoscere ufficialmente la propria paternità su di lui, essendo egli a suo tempo stato amante di Vannozza Cattanei.
In realtà, il Papa desiderava legare a sé il Duca Valentino per servirsi della sua perizia militare e riconquistare le perdute città di Romagna e delle Marche, ma non in nome di Cesare come gli aveva promesso, bensì di Santa Romana Chiesa.
Lo autorizzò, quindi, a salpare da Ostia per La Spezia, ad unirsi alle truppe terrestri guidate dal Michelotto, e poi a raggiungere Imola, da dove sarebbe iniziata l'impresa di riconquista.
L'ordine di partenza venne però revocato, poichè il Papa, ripensando in via unilaterale agli accordi intercorsi, inviò a Ostia un messaggero per avere da Cesare l'impegno scritto a consegnare le città riprese.
Cesare, ovviamente, respinse l'istanza.

Per tale motivo il Duca fu tratto in arresto e ricondotto a Roma, nella condizione ambigua di ospite prigioniero.

Vedendosi costretto, in stato di inferiorità, egli cedette allora Cesena, una delle poche rocche rimaste fedeli, ma il delegato del Pontefice a prenderne possesso, una volta arrivato *in loco*, ricevette risposta per cui la città avrebbe obbedito soltanto al Duca Valentino in persona, e venne scaraventato giù dalle mura.

Il Papa allora, se non aveva mai dichiarato palesemente le intenzioni, gettò la maschera rimangiandosi la promessa di ricostituire il Ducato di Romagna in capo a Cesare.

Guerra dichiarata dunque tra il Duca ed il Papa?

Non ancora, poiché per un poco prevalse l'inganno tra il prigioniero, fremente per il desiderio di riscatto, e il carceriere, accecato dall'ira per lo smacco subìto in Romagna.

Parve anzi che nuovi patti si intravedessero tra i due, talchè il Papa ammorbidì la prigionia, ma intervenne un fatto esterno: la battaglia del Garigliano, ove la Spagna prevalse sulla Francia in via definitiva assicurandosi il possesso dell'intero ex Regno di Napoli.

Plutarco – Grazie Johannes, la conclusione è presto detta: il Papa ed il Duca, da anni alleati dei francesi, invertirono la rotta in meno che non si dica a favore della Spagna, ma il Papa possedeva *chances* più lusinghiere in proprio favore.
Si dia dunque la parola al primo viceré di Spagna nominato a Napoli.

Consalvo Fernández de Cordòba – Guadagnai sul campo la carica di vice re, come comandante delle schiere di Spagna, contrapposte ai francesi in Italia meridionale, e mi insediai senza indugio.
Sul piano privato poi, mi levai lo sfizio di Sancha Aragona che, dopo i torbidi romani susseguiti alla morte di Alessandro VI, il suocero, era ritornata a Napoli con il marito, Goffredo Borgia.

Fu proprio attraverso la sua opera di mediazione che Cesare, pronto a schierarsi con la Spagna, credette alla mia garanzia di prelevarlo a Ostia e condurlo a Napoli, al fine di servirmi dell'abile condottiero.

Ma le istruzioni da Medina del Campo, la sede della corte spagnola, erano differenti: i re di Spagna, Ferdinando e Isabella, non amavano Cesare Borgia, anzi, portavano piuttosto per il Pontefice, anch'egli proclamatosi loro amico, dal quale contavano di avere un maggiore beneficio, cioè la benedizione sul vicereame italico meridionale.

Quando poi il Duca approdò a Napoli, lo ricevetti fraternamente con ipocrita magnificenza e per mesi gli lasciai credere che avrei favorito Il suo spirito di rivincita, mentre in realtà attendevo ordini.

Sancha peraltro, la mia amante ufficiale, lo incontrò sì, ma solo per sputargli in faccia l'odio insorto dall'assassinio del fratello Alfonso.

Plutarco – A proposito d'Alfonso, Consalvo, consentimi ora questa breve digressione: il *killer* Michelotto, catturato dai fiorentini mentre in Toscana si accingeva a ricongiungersi con il capo, venne inviato a Roma dove Giulio II lo fece torturare a che confessasse i crimini commessi per mandato del Valentino.
L'uomo, infine, morì di stenti ma non ammise in alcun modo d'avere mai agito per ordine di chicchessia.

Consalvo Fernández de Cordòba – Onorevole farabutto, Plutarco. Io pure ero un uomo d'onore e perciò non perdonerò mai a me stesso d'avere imprigionato il Duca Valentino e quindi spedito in Spagna a disposizione di re Ferdinando.

Plutarco – Parli dunque il re.

Pallido, dall'occhio infido e l'espressione bovina, l'uomo s'avvicina alla sbarra altezzoso e distaccato.

Plutarco – Tra la pletora di nomi e titoli che ti competono, eminente sovrano, non so come rivolgermi a te, e comunque ti invito a narrare in breve il capitolo finale sulla vita spericolata di Cesare Borgia.

Ferdinando il Cattolico – Orbene Plutarco, feci condurre l'illustre prigioniero nel castello di Chincilla, provincia di Albacete, ove restò due anni, mentre io ricevevo da più parti richieste di liberazione.

Ma non diedi ascolto a nessuno, anzi, per maggiore sicurezza disposi il trasferimento del Duca nella capitale, nel castello della Mota, una sinistra costruzione da cui ritenevo impossibile la fuga. In realtà avevo sottovalutato Cesare Borgia.

Egli, con la complicità di un cappellano e di fedeli servitori riuscì a procurarsi la corda per calarsi dalla torre più alta, nè esitò a lanciarsi nel vuoto quando s'accorse che il canapo non era abbastanza lungo.

Sopravvisse però, miracolosamente, e sia pure in gravi condizioni, si lanciò a cavallo, già sellato per lui, verso Pamplona, ove risiedeva il cognato Giovanni, re di Navarra, il fratello della moglie Carlotta.

Vi giunse infine, nonostante la serrata vigilanza, vestito da mercante e con incredibili peregrinazioni.

La Navarra! terra di confine tra Castiglia e Francia, costituiva per me da tempo un obiettivo di conquista ed al riguardo potevo contare sul coraggio di Luigi Beaumont, un signorotto ribelle a re Giovanni, che risiedeva nel castello di Viana.

L'ultima impresa di Cesare Borgia, che in tal senso aveva persuaso il cognato, fu proprio l'assedio del castello di Viana.

Detto e fatto, ma la natura si mise di traverso: un uragano costrinse il Duca ad allentare la morsa sulle mura e così un drappello di assediati tentò una sortita per procurarsi del cibo. Al primo segnale d'allarme Cesare si buttò galoppando da solo come una furia e trafisse molti nemici, ma la lotta era ìmpari. Soccombette infine e morì sul campo per ventidue ferite di spada.

Plutarco – Parli finalmente Cesare Borgia.

Scena 6: dichiarazione spontanea dell'imputato

Cesare Borgia – Dicono che quando ricevetti nel palazzo ducale di Urbino i delegati fiorentini Messeri Pier Soderini e Niccolò mi sarei dilettato con truce noncuranza in una terrificante messinscena al fine di intimidirli e piegarli al mio volere. Passeggiando nel salone e subissandoli in estrema libertà con tutte le accuse possibili ed immaginabili contro la Repubblica di Toscana, di tanto in tanto avrei tolto di mano la balestra alle mie guardie presenti e, dalle varie finestre, avrei colpito alla gola sei prigionieri schierati dal mio fido Michelotto nel cortile sottostante.

Ebbene, Plutarco, sarà pur verosimile il racconto poiché in effetti ero tanto esperto nell'uso delle armi al punto da cogliere il bersaglio nel mentre mi trovavo concentrato in una focosa filippica, uccidendo *en passant* innocenti sconosciuti come per un innocuo giocherellare.

Non abile al punto, però, da poterlo fare in piena notte, come Messer Niccolò ha attestato essere avvenuto quel colloquio, e come io stesso confermo, poiché bene lo ricordo.

E che dire poi di un tale Gerolamo Mancioni? Un cronista meno che mediocre, così poco rispettoso nei miei confronti in discorsi e scritti, talchè gli impartii una severa lezione di buona creanza. Qualche giorno di galera, di ritorno dalla prima spedizione in terra di Romagna, nulla di più, e invece la voce di popolo affermò che avevo ordinato di appendere al muro esterno della prigione la mano destra del cronista con la lingua pendente dal mignolo. Ma quando mai? Girolamo si ripresentò in circolazione imperterrito e continuò a scrivere ed a blaterare.

Come vedi, Plutarco, le bufale più inconcepibili, quanto a malvagità, imperversarono per secoli su noi Borgia, sino alla più estrema in cui, dopo la fine di mio padre, Rodrigo/Alessandro VI, si diede credito a un'isterica popolana che affermava d'avere veduto con i propri occhi Satana in persona mentre trascinava all'inferno il cadavere del Papa.

La perversa reputazione che ci perseguita, tuttavia, non è certo priva di fondamento per metodi di crudeltà, intrigo, menzogna e malafede, avidità, ma tutto questo avvenne nei confronti di sovrani, governanti, signorotti, famiglie aristocratiche, soggetti ad armi pari, insomma.

Fummo invece sempre corretti verso quei popoli che soggiacquero al nostro governo, dopo le tante conquiste, e nessuno tra i tiranni da noi spodestati applicò mai, prima, la nostra equa amministrazione.

La scenografica decapitazione dell'amico fraterno Ramiro de Lorca, per l'aver violato siffatte direttive come governatore della Romagna, rappresenta un esempio che non mi fu dettato da malevolenza.

Si trattò piuttosto di ponderata imparzialità.

E, peraltro, tutti gli incarichi d'assassinio conferiti al Michelotto non avvennero mai per motivi ispirati a vendetta ma solo per sacrosante ritorsioni, spesso di carattere preventivo.

Magari un dubbio mi turba per quanto riguarda il giovane Alfonso di Aragona, mio cognato, se mai avessi ceduto alla tentazione di farlo fuori per l'amore infinito che mia sorella dedicava a lui, però, su mio fratello Giovanni, esigo che questa corte mi dia ascolto.

Non credevo in Dio, ma solo nella famiglia, perciò mai avrei osato levare la mano omicida contro un suo componente.

Detto questo, che particolarmente mi preme, non desidero immettere altro sulla mia condotta di vita, e pertanto lascio ad accusa e difesa la parola, immaginando che avranno non poco da dibattere.

Sulle ambizioni recondite in guerra e politica invece, rimane da fare cenno ancora a qualcosa che, come rilevato, Plutarco, compete a me soltanto, in quanto trova origine nel mio pensiero.

Ebbene: quando morì papà Rodrigo contavo ventott'anni appena ma, alle spalle, potevo già vantare una serie di successi militari che allora ritenevo essere la premessa di una gloria assai più vasta.

Avevamo concepito insieme un piano ambizioso che egli sapeva non avrebbe potuto vedere attuato, essendo ormai ultrasettantenne, ma io mi sentivo davvero immortale.

E d'altronde: il nome Cesare non preludeva forse ai fasti dell'impero che aveva eletto Roma al centro del mondo conosciuto? E Santa Romana Chiesa poi non ne era forse l'erede universale? Perché non avrei dovuto coltivare il sogno di rinascita partendo dalla medesima collocazione geografica?

Ecco, Plutarco, invero le mie aspirazioni travalicavano il concetto di condottiero d'Italia, un'Italia unificata che esisteva solo nella mente di pochi studiosi.

Io andavo oltre: *aut Caesar aut nihil* era il mio motto.
Ma morii a soli trent'anni, purtroppo.

Scena 7: requisitoria

Francesco Guicciardini – Purtroppo o per fortuna, che dir si voglia, poiché il giudizio della Storia su Cesare Borgia non è univoco. L'imputato infatti fu un personaggio decisamente ambiguo, valoroso e malvagio, astuto e menzognero, brillante e tenebroso. E chi più ne ha più ne metta. Comunque sia, l'abile condotta politica perseguita da cardinale all'ombra di papà Rodrigo, Papa Alessandro, e l'eccezionale prestigio di un gigante condottiero, circonfuso da una luminosa leggenda di invincibile guerriero, franarono infine attorno a lui nel volgere di pochi anni.

Egli, asceso all'apogeo della gloria militare, si ritrovò a perseguire la morte prematura sul campo di battaglia quando a babbo morto, privo perciò della possente personalità che gli aveva garantito le premesse per raccogliere i più scintillanti allori di vittoria, morì a trent'anni.

Con ciò non intendo sostenere, in termini generali, che i figli devono essere valutati solo in riferimento alla presenza sia pure determinante dei genitori, poiché sarebbe un metodo antistorico e scorretto.

Ma, per le vicende che stiamo esaminando in questo processo, l'idea della correità tra padre e figlio non può essere elusa, come d'altronde tu stesso hai adombrato in esordio, Plutarco.

Alessandro e Cesare quindi, rievocazione delle tue Vite Parallele con uguali nomi eccellenti, agirono sempre in perfetta sintonia sul piano d'ampliamento dei possedimenti temporali pontifici e vi apportarono contributi equivalenti, seppure di ben diversa natura.

Permane comunque al riguardo un dubbio fondamentale.

Alessandro, entro tale scenario, fu la mente ideatrice del nuovo ciclo borgiano? Mentre Cesare assunse il ruolo del mero esecu-

tore armato: tenace, scaltro, coraggioso, ma sempre soggetto alla regìa di papà?
Oppure Cesare a un certo punto si emancipò trasformandosi nel vero burattinaio, talchè anche Alessandro divenne un suo strumento?
La risposta non è affatto scontata.
Indubbiamente Alessandro rappresentò dal principio il maestro, però l'allievo Cesare, come spesso avviene nella Storia, superò il maestro, quanto meno in scelleratezza e crudeltà.
Ciò che desidero dimostrare pertanto è questo: se nella dinamica dei rapporti tra padre e figlio si configurò la presunta inversione di parti, a entrambi deve essere comunque attribuita la responsabilità di tutto quello che si rivelò riprovevole nel condiviso progetto di imporre il primato pontificio temporale sull'intera penisola italica.
Degno palcoscenico dell'epopea borgiana costituì, del resto, l'epoca splendida di uno straordinario rinascimento, culturale e artistico, ma, al tempo stesso, tutt'altro che alieno da ferocia omicida e tradimento nella gestione del potere.
Vediamone un esempio assai significativo. Ferrante d'Aragona, re di Napoli, la cui morte agevolò la calata di Carlo VIII di Francia nella penisola italica, rese stabile la monarchia partenopea, sconfiggendo i predecessori Angioini e gli alleati baroni locali, però non li sottopose a processo per neutralizzarli definitivamente.
No! finse invece di perdonarli e li invitò alle nozze di una sua nipote, durante le quali, tra canti e abbondanti libagioni, li fece strangolare a tradimento e poi imbalsamare.
Conservò quindi le mummie in una recondita sala del suo castello, al fine di esibirle a monito per dissuadere eventuali nemici da congiure, ma anche per contemplarle in solitudine compiacendosi con se stesso della propria perfidia.
Ecco dunque, Plutarco e onorevole pubblico, la sostanza dell'accusa che mi accingo a esporre: la propensione endemica alla

soppressione di vite umane, alimentata da un'avidità mirata sia all'arricchimento personale, sia alla crescita dei domini pontifici.

I Borgia infatti non furono da meno rispetto a re Ferrante d'Aragona, con assassinii, avvelenamenti, altre mostruosità del genere, compiute contro personaggi di nobiltà papalina titolari di opulenti patrimoni ai quali essi ambivano.

Alessandro VI nominava i cardinali ricavandone compensi enormi e poi incamerava le loro ricchezze facendoli ammazzare, spesso con la collaborazione complice di Cesare.

Menziono al riguardo, tra le altre, la vicenda del cardinale Michiel.

Era costui un nobile veneziano assurto alla porpora che, nel conclave da cui uscì vincente Alessandro, si presentò come un candidato non marginale, ma cedette infine a Rodrigo il suffragio dei suoi adepti in cambio di pingui prebende.

Già ricco sfondato di suo, Michiel cominciò poi a non sentirsi affatto tranquillo in una Roma ove imperversava ormai la banda dei Borgia, specialmente dopo la fine sospetta di altri facoltosi prelati (Giovanni Ferrari, Angelo Lorenzi, Giambattista Orsini, Giovanni Lopez).

Ciononostante gli toccò la stessa sorte e, nel processo che seguì dopo la fine di Alessandro, restò assodato che l'avvelenamento di Michiel era stato perpetrato da un certo Asquino di Colloredo, un galoppino dei Borgia, il quale confessò d'avere agito su loro mandato.

In questa e altre vicende è doveroso distinguere tra verità e calunnia, ma almeno un indizio dei crimini borgiani emerge se consideriamo il modo in cui morì Alessandro: evento da te citato soltanto di sfuggita, Plutarco, perché ritenuto poco importante.

Non fu la febbre terzana infatti che uccise Alessandro bensì casualità accidentale: uno sgambetto del destino trasformato in Nemesi storica che per poco non eliminò anche il malefico erede.

Come avvenne dunque? Ecco qua, onorevole pubblico: padre e figlio Borgia furono invitati a cena dal cardinal Adriano Castellesi

Corneto nella sua splendida villa sul Gianicolo in un'afosa serata d'agosto.

I Borgia allora premeditarono l'omicidio dell'anfitrione con del vino avvelenato, che Cesare avrebbe fatto inviare, raccomandando però di non servirlo prima del convito.

Il caso, invece, stabilì che Papa Alessandro, presentatosi in anticipo, chiedesse del vino per dissetarsi e quindi, non essendo ancora giunte le forniture dalla città, gli fu somministrato proprio quello spedito da Cesare. E poi anche quest'ultimo, ignaro, ne bevve.

Il cadavere del Papa, conseguenza inconfutabile del veleno, si gonfiò ed annerì in modo spaventoso, mentre Cesare cadde malato, ma se la cavò infine grazie alla fibra più giovane e forte.

Fu un tentato omicidio che si ritorse contro gli autori, ed invero solo l'ultimo crimine di un'agghiacciante serie consumata nell'inganno di cui entrambi i Borgia per certo furono colpevoli.

Un'aggravante poi deve rintracciarsi, per Alessandro, proprio per la carica di Sommo Pontefice, ufficio a cui certo non si addicono simili aberrazioni, mentre, per quanto concerne Cesare in particolare, rileva la componente di orrenda crudeltà.

Per l'uno e l'altro tuttavia l'inquietante metafora di *patto col diavolo* si concretizza nitida entro la pletora degli omicidi.

Procedo, quindi, nell'enumerazione cominciando dai due episodi più rappresentativi: la fine cruenta dei giovanissimi fratello e cognato di Cesare: Giovanni Borgia ed Alfonso d'Aragona.

La Storia non concede di conoscere gli autori, mandante o esecutore che siano, ma solo di formulare congetture, più o meno verosimili.

Ebbene, signori della corte, e commendevole pubblico, l'imputato ha rivolto a noi l'accorata invocazione intesa a carpire credito sulla sua innocenza per la fine del fratello Giovanni, proponendo in cambio la conferma di colpevolezza sulla morte di Alfonso.

Che cosa si dovrebbe rispondere al riguardo?

Il mistero permarrà tale per sempre su Giovanni, ma non pensate voi che almeno dovremmo provare un velato senso di disagio a fronte di un mercanteggiare così sfacciato? Ed in più formulato da un uomo la cui indole mendace è proverbiale nella Storia.

Può andare bene, tuttavia: in assenza di chiare evidenze sia concessa pure l'assoluzione a Cesare sul capitolo relativo a Giovanni, ma solo in formula dubitativa, ovvero per insufficienza di prove, e sia sancita invece la colpevolezza sul capo relativo ad Alfonso. Sul primo infatti sussistono numerosi altri soggetti sospetti.

Sul secondo invece rammentate che l'omicidio si articolò in due fasi: che ignoti sicari lo colpirono sul sagrato della basilica di San Pietro e che in seguito, dopo alcuni mesi, Michele Corella chiuse la partita.

Cesare quindi non agì in prima persona, ma più testimoni affermano che con queste parole si espresse dopo il primo fallito attentato: "ciò che non si è fatto a pranzo si concluderà a cena".

Michele Corella, o Michelotto: noi tutti abbiamo ascoltato quel truce *killer* che amava uccidere le vittime a due a due con un solo laccio.

Così finirono Astorre e Giovanni Manfredi, i giovani eroici difensori di Faenza, dopo che Cesare aveva promesso a loro salva la vita.

Così finirono i da Varano (il papà Giulio con i figli Pietro, Venanzio, Annibale) signori di Camerino.

E così ancora finirono i *leaders* congiurati della Magione (Vitellozzo Vitelli, Oliverotto Euffreducci, Paolo e Francesco Orsini) in quel di Senigallia: "capolavoro" di Cesare su cui parlerò in breve.

I delitti di gruppo che ho citato avvennero su ordine dell'imputato, non per esecuzione diretta. Egli tuttavia non era restìo a fare da sé in peculiari occasioni.

Il cerimoniere Vaticano, Johannes Burckardt, e lo storico veneziano, Marin Sanudo, narrano che Cesare trucidò in persona colui che mise incinta la sorella Lucrezia dopo la fine del suo primo matrimonio.

Pedro Calderon, Perotto, un cameriere favorito del Papa Alessandro, fu pugnalato da Cesare, a tale punto offeso dal disonore.

E questo accadde in presenza del Papa, presso il quale Perotto aveva cercato aiuto dall'implacabile ira del carnefice, che comunque non si arrestò e colpì imbrattando di sangue persino la sacra veste papale.

Quanto poi all'aggravante della crudeltà attribuibile a Cesare Borgia ricordiamo che l'imputato stesso ha menzionato l'episodio in cui egli avrebbe fatto strage di prigionieri nel cortile del palazzo colpendoli uno dopo l'altro dal balcone con una balestra.

Ne ha negato la veridicità, però non dimentichiamo che il racconto ci perviene da molti cronisti attendibili, tra cui Paolo Capello oratore veneziano presso la Santa Sede.

E consideriamo ancora la condanna a morte di Ramiro de Lorca, già complice e sodale di Cesare, alla pari del Michelotto. Nominatolo da tempo governatore della Romagna, l'imputato, ad un certo punto, gli contestò per furti e corruzione le cause della carestia che affliggeva il popolo e lo fece decapitare in piazza a Cesena dopo un pubblico proclama.

Lasciò quindi accanto alle misere spoglie un coltello ed un bastone a che chiunque della folla potesse infierire a piacimento.

E come dimenticare l'orribile saccheggio di Capua perpetrato con un abominevole inganno?

Cesare, allora al servizio dei francesi, convenne un riscatto della resa ma, superate le mura, e ricevuto il denaro pattuito, ordinò una strage che contò quattromila vittime, e scelse per sé stesso quaranta donne, tra le più avvenenti, da destinare al suo *harem*.

E veniamo, infine, al già definito *capolavoro* di Senigallia del quale ho preannunciato una breve narrazione.

Mi permetto al riguardo di rettificare il racconto di Messere Niccolò: non al primo ingresso in Senigallia Cesare gettò la maschera contro i congiurati, ma si presentò prodigo di manifestazioni d'amicizia.

Fu durante la cena che irruppero in sala le sue guardie ad arrestare i commensali: un film già visto a Napoli con re Ferrante d'Aragona.

Vitellozzo Vitelli e Oliverotto Euffredducci vennero uccisi già nella notte. Pochi giorni dopo fecero seguito Paolo e Francesco Orsini.

Alessandro VI, nel contempo, provvide ad eliminare il "presidente" della congiura: cardinale Battista Orsini.

Altri non presenti a Senigallia sfuggirono alle grinfie dell'imputato e se la sfangarono per il rotto della cuffia, seppure braccati come lepri: Gianpaolo Baglioni di Perugia, Pandolfo Petrucci di Siena, il figliolo di Giovanni Bentivoglio di Bologna.

Se poi volessimo arricchire la lista con precedenti idee non attuate si possono unire i cardinali Giuliano della Rovere e Ascanio Sforza che il nostro avrebbe volentieri scannato, se papà non gli avesse negato il piacere, e non per scrupolo virtuoso ma per mero calcolo.

Concludo, onorevole pubblico e Signori della corte: nessuna remora morale afflisse mai l'imputato nel procurare la morte ad un cristiano, e furono molti, tra accertati e presunti. Nè rilevo alcuna scriminante, al riguardo, neppure la Ragione di Stato più nobile, o conveniente.

Privare della vita il proprio simile costituisce un irreparabile crimine ed in assoluto il peggiore che si possa compiere o immaginare.

Invoco dunque la condanna esemplare dell'imputato per i numerosi omicidi compiuti o commissionati in indifferenza totale nei confronti delle vittime, talvolta con selvaggia crudeltà e spregevole inganno, e sempre per motivi sproporzionati all'offesa.

Scena 8: arringa

Niccolò Machiavelli – Non ho mai pronunciato l'aforisma attribuito con tanta superficialità in sintesi del mio pensiero – *il fine giustifica i mezzi* – ma neppure reputo che l'analisi delle responsabilità riferibili a Cesare Borgia debba limitarsi ai delitti compiuti senza tenere conto delle dimensioni di più ampio respiro entro le quali tutto avvenne, se avvenne davvero, ed eventualmente con quali scriminanti.

Sono infatti persuaso che l'obiettivo di acquistare il potere politico e poi mantenerlo stabile, per la realizzazione di uno Stato durevole nel tempo, non possa prescindere da un male necessario.

Ecco perché ora propongo, onorevole pubblico e Signori della Corte, un'indagine sulla condotta dell'imputato in uno spettro di analisi più esteso rispetto alla prospettiva svolta dall'eminente collega, Messere Francesco Guicciardini.

Intendo quindi presentare uno scenario globale in cui certo si impose il carisma di Papa Alessandro, per l'impulso che conferì all'ascesa di Cesare, dal principio, ed anche per l'essersi reso, infine, causa della sua rovina morendo all'improvviso.

Non posso tuttavia condividere l'ipotesi di correità tra padre e figlio, ancorchè le vite siano collegate in modo indissolubile, né tanto meno l'infamia per cui a loro soltanto debba essere imputato l'intento della Chiesa, immemore sulla propria missione spirituale, ad accrescere il dominio temporale.

Molti altri Pontefici se ne resero colpevoli, infatti.

Ma se Alessandro, in particolare, coltivò l'ambizione di trasformare il Papato in monarchia dinastica, e Cesare per parte sua interpretò il progetto immaginandone l'estensione territoriale sull'intera penisola italica, oltre a tale identità di pensiero non desidero procedere.

Cesare solo, quindi, sia oggetto della nostra attenzione, peraltro solo nel passo successivo al rigetto della porpora cardinalizia.

Vale a dire dal momento in cui egli, Duca Valentino per grazia del re di Francia, concluse l'apprendistato e partì alla volta di nuovi orizzonti.

Orbene, risale proprio all'epoca del viaggio in Francia di Cesare, ove egli s'era recato per ricevere da Luigi formale investitura del Ducato di Valentinois, la prima accusa di omicidio nei suoi confronti, di cui l'insigne collega Messere Francesco non ha fatto cenno.

E certo che no! Talmente assurda appare con inconfutabile evidenza.

Vittima ne sarebbe stato Francesco d'Almeida, portoghese, Vescovo di Setta, reo dell'avere spifferato a Luigi che Cesare teneva con sé le dispense matrimoniali del Papa così importanti per il re.

L'informazione svelata avrebbe danneggiato la strategia di Cesare ad una trattativa al rialzo, e da ciò sarebbe sorto il proposito di vendetta contro il Vescovo, sino a ordinarne la soppressione.

Ma quando mai? Che le dispense fossero in mano a Cesare costituiva un fatto notorio e recepito nelle cronache del tempo a tutti i livelli.

Che fondamento si sarebbe potuto individuare per un omicidio il cui movente risiedeva nella divulgazione di un segreto di Pulcinella?

L'ombra del sospetto è assurda in questo caso, né diversamente, per i crimini enumerati da Messere Francesco, dovremmo noi considerare sussistente la colpevolezza di Cesare, almeno per alcuni.

Per altri ancora, d'altronde, si rammenti che il Duca Valentino agiva in un quadro di squali famelici, prìncipi tiranni, signori ribelli, alleati infidi e scaltri diplomatici.

Egli, di certo, non sarebbe mai prevalso adottando il comportamento di gentile mammoletta e pertanto, in siffatta più ampia visuale, invito la Corte ed il pubblico a orientarsi nel giudizio finale senza indulgere in speciose elucubrazioni non consone alla realtà dei fatti.

Consideriamo, per esempio, l'episodio che io stesso raccontai come il capolavoro di Cesare Borgia: la resa dei conti a Senigallia.

Posso parlarne come testimone oculare, e così rettifico la rettifica di Messere Francesco: l'arresto dei complottisti (Vitellozzo, Oliverotto, Paolo e Francesco Orsini) non avvenne con inganno, durante la cena di Capodanno, mentre i convitati stavano rilassati e tranquilli.

No! confermo invece che Cesare ordinò nella mattinata la cattura dei ribelli e senza infingimento alcuno.

Addebitare a lui la rottura di un patto, contratto nella presunta buona fede dei nemici giurati, invero incapaci di agire in armonia di intenti, null'altro rappresenta se non un ridicolo tentativo di contrabbandare in immagine candida personaggi di ben diversa indole, nel contempo accentuando la natura demonìaca dell'autore.

I quattro capi della congiura erano traditori e Cesare ne fece giustizia senza menzogna o inutile crudeltà. Conferma ne sia l'applauso che il Duca ricevette unanime nelle cronache di allora per quell'azione.

Tralasciamo dunque la fuorviante ricerca fondata su danni collaterali prodotti nel quadro di uno straordinario progetto politico unificatore, quale fu indubbiamente il sogno grandioso di Alessandro e Cesare.

Seppur di nascita spagnola infatti, i Borgia formularono il disegno di trasformare la penisola italica in nazione unica, autonoma, governata dal Sommo Pontefice in veste di sovrano territoriale.

Nessuno mai, prima di loro, immaginò una siffatta titanica impresa e tale deve intendersi il pregio dominante su qualunque altra vergogna, vera o presunta, che la tradizione addebita alla famiglia.

La penisola italica, ancor prima della fondazione di Roma, altro non fu che mera *espressione geografica*, cioè terra di conquista. Al sud, per i colonizzatori greci, al centro, per il misterioso popolo degli etruschi, al nord, per le oscure comunità celtiche.

Roma repubblica poi realizzò sì la confederazione italica, però non autonoma, ma soggetta alla sua egemonia, dall'estremo sud al limite della pianura padana e dell'arco alpino, a nord, sino all'Impero, alla caduta del quale seguirono invasioni e rapine.

Nell'alto Medio Evo, alcuni popoli barbarici (Ostrogoti, Longobardi, Franchi) costruirono sì forme di governo ma non certo unificatrici.

Nel basso Medio Evo, la penisola divenne una riserva di caccia per i nuovi imperatori d'Occidente, più germanici che romani, ed in urto perenne con la Chiesa.

E così perveniamo all'epoca rinascimentale in cui alla brama tedesca si aggiunse la potenza militare delle monarchie di Francia e Spagna.

Binomio funesto, contro cui papà e figlio Borgia si destreggiarono in abili manovre a che la penisola non cedesse allo straniero.

Non corrisponde forse al vero che Alessandro fu l'unico tra i prìncipi italici ad opporsi alla calata di Carlo VIII di Francia, vigorosamente sostenuto da Cesare?

E non deve ascriversi alla fermezza dei Borgia la tenace lotta contro i re spagnoli, seppur da lui favoriti contro il Portogallo nell'atto della spartizione del Nuovo Mondo, mediante una proficua alleanza con re Luigi XII di Francia, successore di Carlo VIII?

Alessandro allora superò gli scrupoli e cedette sui principi basilari di Santa Romana Chiesa: accordò a Luigi XII le dispense matrimoniali atte a ripudiare la sposa e impalmarne un'altra, parente acquisita.

In cambio ebbe il favore del re per il figlio Cesare che si concretizzò in ricchissime prebende e, soprattutto, in cospicua dotazione di armi e soldati, di cui egli fece buon uso nelle campagne militari in Italia centrale.

Romagna, Marche, Toscana e Napoli: questi furono i primi capisaldi di un piano di unificazione italica già chiaro nella mente dei Borgia e solo la Fortuna venne meno al proposito bloccando la realizzazione.

Fu una meteora, purtroppo, poichè Francia, Spagna, Impero, ancora per quattro secoli martellarono la penisola, sin all'effimera avventura napoleonica ed al primo vero e proprio Regno d'Italia.

Ma ritorniamo ora all'uomo Cesare Borgia, e consideriamo l'essenza della complessa personalità che, per esperienza diretta, ebbi onore e privilegio di sondare nei passaggi più difficili della sua epopea.

Lo incontrai in Urbino, Imola, Senigallia: signore incontrastato nelle Marche e Romagna, proiettato ad estendere il dominio in Toscana.

Colsi in lui la straordinaria espressione di belluina ferocia e indomito coraggio, di acuto giudizio e astuta simulazione, di rapido pensiero e fulminea decisione, di attrazione magnetica ed ombrosa indole.

Intravidi così il coacervo di contraddizioni presente nell'animo e non risparmiai le critiche ma, quanto al mio discernimento, non trovai un altro personaggio, allora storico o attuale, che meglio corrispondesse al prototipo del Principe, governatore dei popoli, sul quale andavo in cerca dell'intima sostanza.

Ne ricavai un libriccino disadorno che scrissi di getto.

E mi sia consentita una citazione: "il Principe deve essere generoso, rapace, crudele, superbo, fedifrago, duro, miscredente".

Uno soltanto tra siffatti aggettivi (il primo) pare rispondere alla virtù, mentre tutti gli altri aderiscono piuttosto al concetto di vizio.

Ebbene Signori, ne siamo proprio certi?

Io no, o almeno, non nell'ambito della realtà propria di quei tempi: tutt'altro che la splendida utopia celebrata in tante opere e trattati di autori antichi e contemporanei.

Certo, sarebbe magnifico che il Principe si servisse soltanto di ottime qualità e ne fornisse esempio in ogni occasione.

Ma, in tale auspicabile dirittura, la prava indole umana per certo non gli consentirebbe di conservare a lungo il potere. Quindi il

Principe è costretto ad agire da bugiardo traditore, violento, se occorre.

Ciò è quanto Cesare dovette apprendere e attuare in via propedeutica nella conquista di città, per ritagliarsi un regno su cui fondare la base di dominio: carpire l'opportunità di contare amici ed alleati anche tra uomini sgraditi, come furono per lui i sovrani di Napoli e di Francia. Neutralizzare l'avversario sito ad ostacolo alla potenzialità e colpire senza pietà il nemico, e stroncarne pure l'ipotesi di un ritorno, come avvenne per i congiurati di Senigallia.

Orbene, ho citato una serie di connotazioni negative, se considerate in sé stesse, eppure irrinunciabili entro una visione onnicomprensiva di grandi aspirazioni politiche.

Per altri aspetti tutt'altro che secondari, d'altronde, deve riconoscersi a Cesare il valore della generosità, esercitata nei confronti dei popoli acquisiti sotto la propria amministrazione, a cui ho già accennato.

Persino Messere Francesco ne sancì l'importanza narrando nella sua Storia d'Italia che: "dopo la morte del Duca la Romagna rimase a lui devota avendo capito quanto fosse preferibile servire un uomo solo e possente piuttosto che tanti tirannelli in lotta tra loro".

Il popolo infatti ricordava che per ferma autorità e saggio governo di Cesare il paese era immune dai precedenti tumulti di prima.

"Prima" degli assalti di Cesare, si capisce, e perciò desidero ribadire che egli si dedicò non soltanto alla conquista delle città, per battaglia o resa, ma pure alla gestione di affari pubblici, imponendo giustizia ed equità ove i signorotti di prima impunemente calpestavano i diritti delle genti.

Il Duca invero ebbe successo grazie alle armate invincibili, donate a lui dal re di Francia, o comprate con denaro elargito a piene mani dal Papa Alessandro, però un ausilio non indifferente gli venne pure dal popolo ribelle che minò la resistenza degli avversari, come a Rimini contro i Malatesta, a Urbino contro i Montefeltro, a Pesaro, contro Giovanni Sforza, a Camerino contro i da Varano.

Le genti di quelle, e altre città, laddove la fama di Cesare *giustiziere* era già ampiamente diffusa al suo arrivo, lo accolsero con clamoroso entusiasmo proclamandolo *liberatore*.

Reputazione meritata, se è vero che nessuna delle accuse delle quali si è accumulata una pletora enorme contro i Borgia giunse mai dalla voce del popolo, ma soltanto da despoti intimoriti per la travolgente furia di quel demonio predatore.

I prìncipi italici lo temevano, i sovrani stranieri guardavano a lui con apprensione, e persino il padre Alessandro VI, seppur avesse lottato per il suo trionfo, probabilmente nutriva qualche diffidenza nei suoi confronti, nel senso che Cesare infine non avrebbe mai ammesso di cedere il prodotto della sua fatica, cioè l'Italia unita, alla sovranità della Chiesa, ma l'avrebbe conservato per sé stesso.

Concludo, onorevole pubblico e Signori della corte: finii il libriccino disadorno di cui ho fatto cenno cinque anni dopo la morte di Cesare, e lo dedicai a Lorenzo Medici, da me detto Magnifico. Ma non quello vero, però, bensì un più modesto nipote che neppur si prese la briga di leggerlo.

Il sogno concepito dalla mitica figura del Duca Valentino, infatti, era svanito definitivamente, ed io non mi illudevo allora d'avere scovato un sostituto capace di liberare l'Italia dall'ingerenza straniera.

Personaggi di siffatta imponenza non nascono ogni piè sospinto né la Storia li può giudicare come fossero comuni malfattori.

Vogliate pertanto, in virtù di questa considerazione, spingere oltre lo sguardo, adottando il parametro adeguato a simile gigante, e quindi a onorarne la memoria assolvendolo con formula piena.

Scena 9: sentenza

Plutarco – Dicevo in esordio che tu, Messere Niccolò, cercasti tra le mie Vite Parallele un personaggio degno d'essere accostato al nostro imputato in questo processo, ma non ne reperisti traccia alcuna.
Certo che no! eminente pubblico, poiché invero non esiste alcunchè di comparabile a Cesare Borgia Duca Valentino nella sia pur copiosa galleria di uomini illustri che ho lasciato ai posteri.
Luce ed ombra emanano insieme da quel contradittorio personaggio e lo sguardo rimane ferito, come da vivido diamante dalle cangianti ed innumerevoli sfaccettature.
Discendente da una progenie ardita e mefistofelica, rappresentata dal papà Rodrigo, Papa Alessandro VI, fratello dell'ambigua Lucrezia, deceduta in odor di santità, non dimentichiamo che nel florilegio dei tanti familiari più o meno celebri il ceppo dei Borgia produsse anche un santo vero e proprio, e cioè Francesco Borgia, nipote di Giovanni, quel fratello di Cesare assassinato chissà da chi.
Non è dato sapere quanti e quali miracoli siano stati attribuiti a Santo Francesco Borgia, tali da assumerlo a così grande onor religioso, ma la sua icona, seppure minoritaria, riabilita in qualche maniera la saga di una stirpe maledetta... o presunta tale.
Sottolineo quest'ultimo dubbio giacchè gli antenati *Borja* di Spagna altro non furono che nobili minori, rissosi ma valorosi in battaglia, il cui nome scaturisce nel XIII secolo tra i capitani di ventura durante la conquista di Valencia da parte di re Giacomo d'Aragona.
Essi vennero da lui insigniti con la nomina di Signori a Jativa, umile e ridente villaggio dell'entroterra valenciano dove essi prosperarono, senza infamia e senza lode come ricchi proprietari terrieri, sino a chè Alonso spiccò il gran balzo a Roma e divenne Papa, Callisto III.

Un Papa di transizione invero già piuttosto anziano ed eletto in attesa di chiari esiti delle vertenze in corso tra le possenti famiglie Colonna e Orsini. Ciononostante egli nutrì l'ambizione di rinnovare il mistico spirito di Crociata contro l'infedele che due anni prima della salita al Soglio aveva espugnato Costantinopoli, ponendo così fine all'impero romano d'Oriente.

Non ebbe successo su quel fronte per l'ignavia dei re occidentali non propensi alla rischiosa impresa, ma in compenso spalancò Roma agli spagnoli e spianò la strada all'ascesa di Rodrigo e Cesare.

Indubbiamente l'uno non potrebbe essere giudicato senza l'altro, e di questo abbiamo trattato a sufficienza. Ma, ora che vado ad affrontare l'onere, desidero rimanere coerente con quanto ho detto dall'inizio e quindi concentro l'attenzione su Cesare trascurando tutto il resto che appare riconducibile ai torbidi intrighi di famiglia, pubblici e privati: simonìa, nepotismo, lussuria sfrenata, abominevoli incesti.

Il tutto narrato con dovizia maniacale di particolari scabrosi ma certo non abbastanza documentato nella pluricentenaria letteratura.

Orbene Messeri, Francesco e Niccolò, voi avete percorso per accusa e difesa ragionamenti espositivi fondati su argomentazioni dal valore inconfutabile, ma confliggenti dal punto di vista morale.

Il rigore dell'uno, infatti, s'oppone alla flessibilità dell'altro, sia pure conservandosi in entrambi la coesione di fondo.

Messere Francesco, hai dipinto in sentore demonìaco Cesare Borgia come assassino, volgare brigante di strada, enumerando gli omicidi a lui addossati da una tradizione fondata su prove tutt'altro che certe.

Messere Niccolò, hai palesato un'ammirazione sconfinata per Cesare Borgia, trasformando in lodevole virtù l'idea ricorrente sulla carenza etica nei suoi metodi di conquistatore.

Ora io reputo che, allo scopo di formulare un sereno giudizio, siffatte diverse tendenze in attrito debbano essere opportunamente conciliate attribuendovi sì il sacrosanto rispetto per la vita umana ma, al tempo stesso, non trascurando l'influenza peculiare di un'epoca innovativa entro la quale agì il nostro principe guerriero.

Alludo al Rinascimento, naturalmente, ovvero al periodo storico così classificato dagli studiosi come limite tra Età Moderna e Medio Evo: un ciclo di sconvolgimenti rivoluzionari non solo in arte, letteratura, filosofia, religione, cultura, in genere, ma soprattutto, per quel che ci riguarda, in politica, e segnatamente italica.

Cesare Borgia infatti, più o meno consapevole, visse il tratto maturo di quei tempi, splendidi e calamitosi, assorbendone l'essenza ma non per sensibilità verso l'arte e la cultura, quanto per frenesia di gloria e conquista instillatagli dalla prorompente energia individuale che già dall'inizio del secolo alimentava l'animo di tanti protagonisti.

L'emergere di siffatti audaci personaggi, collegato all'avversione per il trascendentalismo medioevale, ed al culto rigenerato per l'antichità e per il classico eroe, produsse il fenomeno di transizione dal libero comune, ente governato dagli istituti democratici di tipo mercantile, alla signoria dinastica con latente aspirazione tirannica, e si trattò di una metamorfosi assai complessa, realizzata per variegate dinamiche di carattere politico e sociale, ma che, nell'insieme, diede origine ai principati dell'Italia settentrionale, quali ad esempio Milano, Ferrara, Mantova, ed altri minori.

Anche Firenze rientrò nella categoria, nonostante il mantenimento di un governo repubblicano, affine a quello del Leone per l'egemonia aristocratica, e si trasformò poi in possesso esclusivo dei Medici.

Altresì in Italia centrale, laddove imperversò il mito del Valentino, la situazione presentava omologhe particolarità, ancorchè fondata su un diverso presupposto. Le signorie infatti vi erano proliferate non per il contrasto tra classi sociali, o altro genere d'espressione interna, bensì per ribellione all'esterna supremazia vaticana.

I Borgia, titolari di potere sovrano temporale, perseguirono l'intento di ripristinare un'antica disciplina da tempo edulcorata nel lassismo imbelle dovuto alla perdita di autorità della Chiesa, ed inventarono per sé stessi il Ducato di Romagna nella prospettiva di unificare lo Stato Pontificio, e magari un ipotetico Stato più vasto.

Appare plausibile forse immaginare che simili tendenze, così diffuse nella penisola italica, mirate a sradicare le consolidate tradizioni e gli affermati privilegi nelle varie città, potessero esplicarsi senza ricorso a spregevole inganno e smisurata violenza da parte dei principi? Certo che no! I signori rinascimentali erano impegnati in un perenne scontro per la sopravvivenza e le corti rigurgitavano di uomini dediti al complotto, al tradimento, peraltro spesso scoperti e puniti in modi di estrema malvagità.

Esempi di sanguinose vendette e strazianti supplizi si moltiplicarono mentre la civiltà italica assisteva al rifiorire dell'arte e sapienza come mai era avvenuto prima.

Neppure il celebratissimo Lorenzo, il Magnifico, squisito mecenate e poeta dall'ispirazione eccelsa, fu immune dai metodi barbari dei suoi tempi, se è vero che egli reagì alla congiura dei Pazzi, ordita a livello internazionale per eliminare i Medici, facendo impiccare i promotori alle finestre del Palazzo della Signoria con esplicito ordine di tenere i cadaveri appesi per alcuni giorni come monito perenne ai nemici.

Il Rinascimento italico, quindi, non fu soltanto scintillante splendore architettonico, artistico, letterario, di uomini d'ingegno straordinario, ma anche fetido miasma di anime perdute per avidità di potere.

E d'altronde esso non procurò solo leale valore guerresco dei grandi capitani ma anche cruento furore e saccheggio da parte dei caporioni mercenari privi di scrupoli e pronti a vendersi al migliore offerente.

Convengo dunque con te, Messere Niccolò.

In tale scenario deve essere introdotto il giudizio su Cesare Borgia: nei sotterfugi della corrotta corte romana come sui campi di battaglia ove la cosiddetta arte della guerra andava evolvendo in modi sempre più letali per l'irrompere delle artiglierie e delle armi da fuoco.

Da allora il conflitto armato assunse tutt'altre proporzioni, ed il Duca Valentino ne colse tutta la potenzialità distruttrice avvalendosi di un ingegnere bellico di prim'ordine: Leonardo da Vinci.

Orbene illustri colleghi, sono propenso a considerare tutto ciò come attenuante, se non addirittura scriminante, poiché l'imputato invero era figlio dei tempi, non peggiore o migliore tra altri prìncipi del suo presente, o del recente passato.

Condivido d'altronde quanto hai evidenziato, Messere Niccolò, sulla predisposizione di Cesare al buon governo dei popoli, in giustizia ed equità, virtù in eccezione rispetto alle tendenze dell'epoca.

Dissento tuttavia sulla pregnanza dell'ideale di unità italica al quale, secondo te, Messer Niccolò, si sarebbe votato il Valentino come a un impulso formidabile della sua cavalcata verso il potere.

Disconosco infatti il patriottismo che intendi conferire a lui poichè lo reputo alieno ad un uomo neppure italiano d'origine.

Tale progetto comunque era estraneo entro qualunque speculazione storica intellettuale nell'ambiente politico di quei tempi, se non nella tua geniale immaginazione, peraltro del tutto isolata.

Ma passiamo ora al tuo irto castello d'accusa, Messere Francesco, ed archiviamo definitivamente l'abusato discorso sulla correità del Papa Alessandro con il figlio Cesare: un *mantra* che tu hai accentuato allo scopo di elevare a potenza i presunti crimini dell'imputato.

Mi soffermo, quindi, a meditare sulla sequela delle vite stroncate che spicca nella tua narrazione, di cui indubbiamente la carriera del Duca Valentino è costellata, ed osservo in merito che alcuni crimini furono perpetrati in forma clandestina all'ombra delle mura vaticane ed altri nel quadro delle manifeste campagne militari.

Vediamo pertanto quanti, tra i primi, debbano con certezza attribuirsi a Cesare e se sussista, tra i secondi, l'esimente di necessità bellica in riferimento al quadro storico che ho tentato di riassumere.

Premetto comunque che, anche al di là della carità cristiana, estranea alla mia formazione, non posso non adeguarmi al principio per cui in ogni caso l'omicidio rappresenta il peggiore dei delitti.

Orbene, colleghi ed eminente pubblico, escludo la responsabilità del Duca Valentino innanzitutto per la fine del fratello Giovanni.

Se egli, infatti, ne ricavò indubbio beneficio per la successione nelle prestigiose cariche di Gonfaloniere Comandante generale, non posso tuttavia immaginare un'empietà di tali abnormi proporzioni, neppure per un personaggio dall'indole così spietata e canagliesca.

Sono incline piuttosto a credere alla sua dichiarazione di innocenza, poichè in realtà lo ritengo dotato di un codice di solidarietà familiare tale da impedirgli di levare la mano assassina su un altro Borgia.

Troppi altri potenziali colpevoli saturi di spirito d'invidia e vendetta, d'altronde, infarciscono il quadro di quell'evento, sia pure sempre in assenza di prove, per cristallizzare l'accusa esclusiva contro Cesare.

Tutt'altro discorso, invece, deve essere fatto sulla morte del cognato di Cesare, Alfonso d'Aragona, ma attenzione! Messere Francesco.

Io sono convinto che tu, spero in buona fede, abbia forzato le parole dell'imputato nel sostenere l'esistenza di una sua confessione.

Non è vero! L'imputato ha detto che volentieri avrebbe strangolato il cognato, per gelosia nei confronti della sorella Lucrezia, però tanto non basta a formulare la condanna, altrimenti dovremmo imputare a Cesare anche la mera intenzione di fare fuori gli avversari cardinali Ascanio Sforza e Giuliano Della Rovere.

Ammettiamo, allora, l'insufficienza di prove su Alfonso e altrettanto disponiamo su Perotto, quel fedifrago valletto del Papa del quale si dice che avrebbe sedotto Lucrezia.

Non solo infatti il delitto sarebbe fondato su uguale movente rispetto al caso di Alfonso, cioè l'incestuosa gelosia di Cesare per sua sorella (assolutamente assurdo, secondo me) ma parimenti è supportato da testi inattendibili.

Detto questo sul gruppo degli omicidi *clandestini*, frutto di una fosca congiura di palazzo, vediamo ora gli altri "crimini di guerra", entro i quali si ascrivano l'esecuzione di Astorre Manfredi da Faenza, dei da Varano da Camerino, dei traditori di Senigallia e infine di Ramiro de Lorca, il governatore del Ducato di Romagna.

"Esecuzione" dunque, non omicidio, né vale, a rendere più odiosa la memoria, il tratto efebico e gentile dell'eroico difensore di Faenza, a cui si potrebbe opporre la funesta fama tirannica dei da Varano.

Su Vitellozzo Vitelli, e la scassata congrega dei ribelli da lui guidata, non occorre spendere altre parole se non per appurare come essi tutti semplicemente rischiarano e persero per inettitudine la letale sfida.

A la guerre comme à la guerre.

Su Ramiro de Lorca nemmeno di guerra si può parlare bensì soltanto di giustizia più o meno sommaria.

P.Q.M.

Sia assolto Cesare Borgia Duca Valentino con formula piena da ogni addebito, al cospetto della Storia.

Nessun assassinio, tra quelli che la Storia conferisce alla presunta malvagità, risulta provato, né, tra gli altri compiuti in guerra, è dato in realtà considerarli tali.

Nel maestoso affresco del Rinascimento italico non si consideri una colpa l'ambizione estrema, citata in sintesi nel motto *aut Caesar aut nihil*. Semplicemente, anche il Valentino giocò e perse la sua partita.

Atto terzo

Catilina

Plutarco – La coppia assegnataria dell'accusa e della difesa inverte qui i ruoli rispetto alla Storia poichè Cicerone svolgerà patrocinio in favore di Catilina mentre Ortensio sosterrà l'opposto pensiero.
Per la sua fama universale non è necessaria presentazione su Marco Tullio Cicerone, protagonista nelle mie Vite Parallele unito al greco Demostene.
Su Quinto Ortensio Ortalo, invece, basti ricordare che, già avvocato di successo e maestro di Cicerone, sostenne la parte avversa al suo esordiente allievo nel processo intentato contro Gaio Licinio Verre, il bieco governatore romano in Sicilia.
In difesa di quest'ultimo Ortensio rimase infine sconfitto e Cicerone nel ruolo dell'accusa decollò al vertice del Foro.
Lucio Sergio Catilina, l'odierno imputato, fu personaggio di rilievo nella Repubblica romana, giunta ormai al principio della fine.
Quant'altri mai rinnegato, e vituperato, dagli autori contemporanei (Cicerone, Sallustio - ed io, alcuni secoli dopo), egli appare peraltro suscettibile di un'interessante indagine revisionista.

Contesto storico (I secolo a.C.)
Scena 1: esperienze iniziali (108 – 67)

Scena 2: la prima congiura (66 – 65)
Scena 3: la seconda congiura (64 – 63)
Scena 4: la sconfitta (63)
Scena 5: morte gloriosa (62)
Scena 6: dichiarazione spontanea dell'imputato
Scena 7: requisitoria
Scena 8: arringa
Scena 9: sentenza

Contesto storico (I secolo a.C.)

Catilina visse quarantasei anni (108 – 62 a.c.) ed impose la propria importante presenza nel decennio 60 del primo secolo avanti Cristo, il periodo in cui emersero le più eminenti figure della romanità che, nell'insieme, condussero al tramonto della Repubblica.
La gestazione di tale crisi era cominciata nel secolo pregresso, con le ardite riforme dei fratelli Gracchi, un evento per cui l'aristocrazia senatoria, che sino ad allora si era imposta come la classe egemone, aveva subìto una considerevole erosione del potere.
Lucio Cornelio Silla, in seguito, ne avrebbe riesumato le più antiche prerogative, ma altri personaggi ancora le avrebbero abbattute.
Nel nuovo secolo, infatti, lo scontro tra *optimates*, partigiani della tradizionale nobiltà, e *populares*, emergenti ricchi plebei, trasformò il dualismo politico in un palcoscenico permanente di lotte intestine e di guerre d'espansione, da cui maturò il principato di Cesare che prevaricò su entrambe le fazioni e condusse all'impero.
Il *populus*, plebe minuta, ovvero proletariato urbano ed agreste, non si sollevò mai come protagonista di un sommovimento collettivo di autentica democrazia, ma, pur non essendo un blocco inerte, venne sfruttato come massa di manovra dagli spregiudicati soggetti dediti alla politica, generalmente per mera ambizione.
Tuttavia la tendenza partigiana di personaggi allora più in vista non corrispose all'estrazione sociale di ognuno.
Caio Giulio Cesare e Marco Licinio Crasso, per esempio, esponenti dell'antica nobiltà, erano schierati con i *populares*, mentre Marco Tullio Cicerone e Gneo Pompeo, *homines novi e* neppur romani per nascita, stavano con gli *optimates*, salvo diverse sottili distinzioni.

Cesare e Crasso infatti sostennero Catilina, quando iniziò a spiegare le risorse per acquisizione del potere, utilizzando mezzi più o meno legali, però lo abbandonarono al momento cruciale. Cicerone invece fu il suo acerrimo nemico.

Appare difficile infine comprendere la tendenza di Pompeo giacchè, negli anni in cui Catilina tramò il suo piano sovversivo a Roma, egli stava in Oriente alla guida di una colossale impresa militare.

Ambiguità, ipocrisia, sospetto, dominavano la situazione nei siti del comando, ma forse fu proprio Catilina, tra tanti, l'uomo più sincero, votato alla causa del popolo: un aspetto invero assai controverso.

Scena 1: esperienze iniziali (108 – 67)

Dalla nascita al governatorato in Africa.

Plutarco – Innanzitutto parli l'imputato ed esponga il riepilogo di sé e delle proprie origini.

Dalla ricciuta ispida capigliatura nera e barba cesellata secondo il taglio alla moda, avvolto in impeccabile toga candida senatoria che lascia intuire i tratti nerboruti di un fisico atletico e prestante, d'alta statura, l'imputato mostra un volto di rude bellezza, e saetta intorno lo sguardo magnetico.

Catilina – Potrei competere con Giulio Cesare quanto a pura genesi patrizia: se infatti egli appartenne alla *gens Iulia*, discendente diretta da Enea, io nacqui entro la *gens Sergia*, epigona di Sergesto, uno dei luogotenenti dell'eroe troiano, approdato in Lazio per rinnovarvi la progenie e fondare una nuova possente città. Come Giulio, peraltro, pure io non potevo vantare recenti antenati di carriera illustre, né risorse di famiglia cònsone ai fasti più antichi, e così dovetti percorrere la mia strada contando solo su me stesso.

Plutarco – Grazie Catilina, non ti si richiede altro, per il momento. Ora pertanto, al fine di definire le fasi ulteriori del processo, mi pare indispensabile in premessa un colloquio riservato con voi titolari dei ruoli d'accusa e difesa.

Nella consueta cornice della saletta adiacente all'aula, il giudice si intrattiene con Ortensio e Cicerone.

Plutarco – Sarà posta a dura prova, Cicerone, la tua grande abilità oratoria nell'ambito di un processo in cui ti si richiede di per-

suadere me ed il pubblico sull'innocenza di un uomo che ti impegnasti a fare condannare come tenebroso nemico pubblico e detestabile individuo nella vita privata.
In un certo senso, tu stesso potresti essere travolto dall'accusa d'aver agito in malafede se, in questa sede, porterai a buon fine il compito a te affidato: contribuisti infatti, in modo preponderante, non soltanto a tessere le fila dell'accusa contro Catilina, ma pure a documentarne la storia con quattro veementi orazioni. Come pensi di ottenere vittoria in questa sede, ed al contempo salvaguardare la coerenza di pensiero e la dignità professionale?

Cicerone – Pochi rammentano, Plutarco, che io sarei stato disposto a difendere Catilina in un processo intentato per malversazione dopo il suo governatorato in Africa e prima della scalata al consolato.
Questo dimostra che da parte mia non vi fu mai alcuna pregiudiziale nei suoi confronti.
Allo stesso modo, quindi, mi accingo a rivedere le posizioni entro un ambiente sereno e, soprattutto, esente dalla formidabile e minacciosa spinta rivoluzionaria che, nell'epoca, esacebava l'animo dei romani, oltre a qualsivoglia razionale misura.

Plutarco – Voglio darti credito Cicerone, naturalmente essendo pure io disposto a riconsiderare quanto scrissi in proposito nelle Vite.
Quanto a te, Ortensio, sono certo che saprai opporre i tuoi argomenti a confutazione in tutta correttezza ed onestà intellettuale.

Ortensio – Grazie, Plutarco, mi atterrò senz'altro alle tue istruzioni, felice peraltro di incontrarti di nuovo, Marco Tullio Cicerone, allievo che presto superò il maestro.

Il gruppo rientra in aula ed il giudice convoca il primo teste.

Dal viso largo, serioso, atteggiato in scettica propensione, l'uomo si presenta, consapevole dell'influenza del proprio apporto.

Plutarco – Benvenuto, Gaio Sallustio Crispo, insigne storico ma pur anche attivo uomo politico.
Desideriamo ascoltarti con attenzione profonda, giacchè fosti autore dell'unica monografia antica sulla congiura di Catilina.
Prima, però, ritengo necessario un preambolo sulla letteratura storica in tema, che appare nel complesso poco equilibrata e attendibile.
Il tuo contributo, ad esempio, ammirevole per articolazione completa sugli eventi, presta il fianco a una critica di non scarso rilievo poiché esso fu pubblicato appena vent'anni dopo la morte di Catilina, vale a dire due anni dopo il letale attentato alle Idi di marzo contro Cesare.
Ora è notorio che per costui tu fosti tra i più fervidi seguaci nell'arco della sua epopea, e che ne maturasti notevoli motivi di gratitudine.
Addirittura egli ti insignì governatore della provincia *Africa nova*, da lui istituita con l'annessione del regno di Numidia, dopo la vittoria di Tapso, quasi definitiva contro i pompeiani.
E del resto si trattò solo dell'ultimo tra altri favori nei tuoi confronti.
Appare lecito pertanto domandarsi se la tua acredine contro Catilina non sia stata invero dettata dall'intento di celebrare Cesare, sul quale mai cessò di pesare il sospetto di sintonia occulta nella congiura.
Demolire Catilina, torvo scellerato sovversivo, e decantare Cesare di conseguenza, un dittatore sì, però orientato a principi di generosa e saggia politica. Fu questo il tuo obiettivo?
Sulle quattro citate orazioni di Cicerone poi, documenti dell'accusa e cronaca degli eventi, non utilizzabili quindi come fonte del vero, non mi trattengo, se non per puntualizzare che il testo in cui

esse vennero divulgate non è conforme all'originale bensì a una revisione fatta per maggiore gloria dell'autore.
Su me stesso infine stendiamo un pietoso velo! Tuttavia è anche vero che ebbi a disposizione ben poco materiale rispetto al vostro. Vedremo se in questa sede sarà consentito un diverso giudizio. Ma tant'è, Sallustio, e questo è quanto.
Parlaci dunque di Catilina a ruota libera, e delle vicende preparatorie ai suoi sogni di gloria.

Sallustio – Innanzitutto, Plutarco, sono disposto ad ammettere che il mio lavoro è pregno di drammatici spunti teatrali, sull'uomo Catilina come sul contesto politico sociale allora attuale. Così lo disposi infatti in preparazione e lo condussi a termine.
Né d'altronde desidero negare la mia fedeltà a Cesare per la quale fui infine estromesso da ogni carica pubblica dopo la sua morte.
Epperò anche tu devi riconoscere, Plutarco, che nella mia narrazione il nome *Caesar* compare ben poco, se non per quanto necessario.
Ecco perché la critica da te riferita mi pare inconsistente.
Sul valore dell'opera storica, comunque, non mi àrrogo giudizio.
Ma veniamo ora alla tua richiesta e *in primis* ai fatti antecedenti alla congiura: passaggi di cui nel sintetico esordio hai colto l'essenza con la tua consueta maestria. Gli eventi peraltro si svolsero per passi più articolati, ed io ne scrissi con l'impegno necessario.
Cominciai dalla morte di Lucio Cornelio Silla, l'illustre generale, poi politico, che restituì la perduta dignità al Senato.
Dopo avere sconfitto in battaglia Mitridate, re del Ponto, uno dei più micidiali avversari di Roma nella Storia, egli ritornò nella penisola e non congedò le legioni come, secondo tradizione, avrebbe dovuto.
No! Le spiegò invece in guerra civile contro i seguaci di Gaio Mario, altro valoroso generale e poi console di parte popolare.
Costui, superiore gerarchico di Silla, nella precedente guerra contro Giugurta, s'era visto gradualmente soverchiare per popolarità

dall'ex subalterno e ne aveva maturato un asperrimo odio contro di lui.

Tentò anche di far sì che gli venisse revocato il comando in Oriente per assumerlo egli stesso, nonostante l'età avanzata, ma dovette poi fuggire di fronte alla reazione del rivale, salvo tornare a Roma in sua assenza, prendere il potere e perseguitare i suoi amici.

Il rancore di vendetta indusse quindi Silla, vincente su Mitridate, ma non in maniera definitiva, a calpestare ogni regola.

La prassi imponeva, da tempi immemorabili, che le legioni armate di ritorno dalle campagne vincenti si arrestassero fuori dalle mura della città e che il generale, da solo, si presentasse in Senato, con cappello in mano, per riferire sull'impresa ed impetrare il trionfo.

Silla, invece, non solo aggredì Roma in armi e distrusse i mariani, in battaglia a Porta Collina, ma arraffò il potere proclamandosi dittatore a vita e, con poche manovre, distrusse le riforme popolari di Mario, prescrivendo una costituzione di egemonia aristocratica.

Perpetrò quindi orride stragi di nemici e ne incamerò i patrimoni. D'anticipo su Cesare egli avrebbe potuto allora farsi principe unico, e invece, dopo alcuni anni di lacrime e sangue, rinunciò alla carica di spontanea volontà e si ritirò in campagna, ove morì in pace.

Santa Pace per lui, ma non per la Repubblica, la quale da allora entrò in una fase reattiva mai sopìta, sino al principio dell'impero.

Ora, tra i tanti epigoni di Silla, e residui disperati amici di Mario, un cenno particolare è dovuto a Marco Licinio Crasso e Gneo Pompeo.

Il primo, un nobile romano che tutelò Silla dalla disfatta in battaglia a Porta Collina, accesso a Roma, fu artefice della squillante vittoria, mentre l'ala comandata da Silla era stata sbaragliata. Si diede quindi agli affari e divenne ricco sfondato con la gestione di patrimoni confiscati nell'ambito delle proscrizioni sillane.

Il secondo, nativo del Piceno e figlio del comandante Gneo Pompeo Strabone, arruolò in patria un contingente d'armati e lo donò a Silla, il quale allora era appena sceso a Brindisi di ritorno dalla campagna contro Mitridate. L'innata sapienza militare, ma anche la Fortuna, lo avrebbero poi collocato tra i più grandi comandanti romani.
Due amici di Silla dunque? Macchè!
I galli nel pollaio, otto anni dopo la fine di Silla, sarebbero stati eletti insieme consoli, però non ad onore al tutore, anzi, insieme avrebbero smantellato quel che restava della sua costituzione.
Nel frattempo, il mio anfitrione, Cesare, tra l'altro nipote acquisito di Mario, era allora troppo giovane per farsi notare dal pubblico, e solo dopo la congiura di Catilina sarebbe insorto il primo triumvirato di Cesare, Crasso, Pompeo.
Ma questa è tutt'altra storia, veniamo pertanto all'imputato.
Nulla è rimasto in memoria della sua infanzia ed adolescenza, se non che il padre, Lucio Sergio Silo, senatore, e la madre Belliena, ebbero altri due figli, un maschio e una femmina.
Un antenato, Marco Sergio Silo, si distinse in seconda guerra punica per avere combattuto contro i cartaginesi, preso prigioniero e fuggito in due distinte occasioni.
Catilina, curioso soprannome unico nella Storia di Roma, s'arruolò a diciannove anni e combattè nella guerra màrsica, fase circoscritta del più vasto conflitto intrapreso dagli alleati italici contro Roma, al fine di ottenerne la cittadinanza a pieno titolo.
Là egli militò al comando di Pompeo Strabone, padre di Pompeo, ed incontrò Pompeo stesso, e te, Marco Tullio Cicerone. Seguì poi Silla in Oriente nella spedizione contro Mitridate.
In tutte le sue azioni militari Catilina diede prova di una straordinaria forza e resistenza fisica distinguendosi tra gli ufficiali, ma si trattò di un breve transito poichè, a ventitre anni, tornò a Roma ove contribuì alla vittoria del generale a Porta Collina e, trasfor-

mato in politico, si arricchì sui patrimoni dei sillani proscritti, perseguendo l'esempio di Crasso, ma superandolo in malvagità. Intraprese quindi il *cursus honorum* e fu questore a trent'anni.
Inviato proquestore in Macedonia, divenne poi edile a trentotto anni, pretore a quaranta, e infine governatore nella provincia d'Africa.

Plutarco – Scusa l'interruzione, Sallustio, ma a questo punto si pone un dubbio su Catilina, giunto alla soglia della carica consolare, cioè se già allora egli avesse concepito i progetti sovversivi per abbattere l'istituto repubblicano, e con quali mezzi.
Dimmi che ne pensi in merito ma, poiché io conosco la tua attitudine negativa nel valutare l'uomo, ti invito a parlarne con obiettività, e mi permetto di richiamare quel dovere di ogni testimone perchè in tutta la letteratura antica non esiste una parola che non sia di condanna su Catilina. Il che induce, quanto meno, a leciti sospetti di faziosità.

Sallustio – Non c'è dubbio per me, Plutarco. Il losco individuo vide intorno a sé la città corrotta e stabilì di impadronirsene, in qualunque maniera e senza vincoli di fedeltà a questo o quel partito.
Nella prospettiva ideologica, piuttosto, è arduo comprendere quando Catilina reputò opportuno abbracciare la causa del popolo e staccarsi dalla parte aristocratica, in cui si era crogiolato all'ombra di Silla.
Comunque sia, non desidero cimentarmi in tale prematuro quesito e perciò se permetti, Plutarco, procedo sugli anni di gioventù e prima maturità dell'imputato, preparatori dei fatti per cui, bene o male, egli conquistò il suo posto nella Storia.

Plutarco – Procedi pure, Gaio Crispo.

Sallustio – Grazie, Plutarco. Ecco dunque il mio arcinoto ritratto sul personaggio, tanto per cominciare:

Catilina, nato da nobile famiglia, fu di grande forza sia dell'animo sia del corpo, ma di indole malvagia e depravata. A questo fin dalla giovinezza furono gradite guerre, massacri, rapine, discordia civile. Il corpo era tollerante alla fame, al freddo, alla veglia, più di quanto possa essere a chiunque. L'animo era temerario, subdolo, simulatore e dissimulatore, desideroso dell'altrui e prodigo del proprio, focoso nei desideri, aveva eloquenza, ma poca saggezza.

Orbene, Plutarco: circa un'esposizione "obiettiva", da parte mia, non posso esimermi dal menzionare in sintesi la configurazione in senso lato negativa che costruii nei confronti di Catilina, prima di volgermi ai crimini a lui in persona attribuiti, anche per via giudiziale.

Resosi straricco a spese dei proscritti sillani, l'imputato scialacquava enormi mezzi per unire a sé bande di gente turpe e scellerata.

Disonesti, adulteri, crapuloni, lussuriosi, viziosi, assassini, mentitori, sacrileghi, spergiuri, e chi più ne ha più ne metta.

E se tali non si fossero già manifestati, Catilina andava cercando tra i giovani, d'animo malleabile, i seguaci da corrompere ed avviare alle azioni più infami. Li esortava al misfatto, alla falsità, li ammaestrava al disprezzo della lealtà e dei valori morali più elevati, il tutto senza motivazione, ma solo per abituare le menti all'inganno.

In prima persona poi si rese responsabile di alcuni inenarrabili delitti su quali mi sembra opportuno spendere qualche parola.

Il più clamoroso, da un punto di vista di risonanza "mediatica", fu lo stupro di una Vergine Vestale.

Il motivo di tanto fragore discendeva dall'onore e il rispetto di cui le sacerdotesse della dea Vesta godevano a Roma, in quanto deputate a custodire perennemente acceso il fuoco pubblico.

Tale era l'esigenza ancestrale di mantenere sempre viva la sorgente: gli arcaici abitanti del Lazio conoscevano infatti l'uso del fuoco però non erano in grado di produrlo.

Le Vergini Vestali istituite in collegio composto di sole donne, scelte dal Pontefice Massimo, tra le fanciulle delle famiglie più prestigiose, rimanevano al servizio per trenta anni, ed erano insignite di notevoli privilegi, assolutamente inaudìti per una donna, quali il fatto per cui non erano soggette a *potestas* maschile di papà o marito, o la facoltà di possedere beni e, soprattutto, disporne a piacimento.

Ai privilegi, ovviamente, facevano riscontro rigorosissimi doveri, ed *in primis* verginità e castità talchè, se queste fossero state violate, un castigo terribile sarebbe conseguito per la donna e lo stupratore.

L'una seppellita viva, l'altro appeso ad una croce e fustigato a morte al cospetto del pubblico.

I reati erano detti allora incesto e stupro, dal punto di vista femminile e maschile, come tali destinati a creare il superstizioso ed eclatante allarme sociale se effettivamente perpetrati. E invero, stante il timore reverenziale del popolo, non furono tanti quelli registrati negli annali, prima dell'uno che ora vado a narrare ad opera di Catilina.

Quest'ultimo, circa dieci anni prima dei fatti annessi alla congiura, si appartò con la Vestale Fabia, nella sua stanza dell'*Atrium Vestae*, e i due vennero colti dalla *Virgo Maxima* in inequivocabile stato.

Seguì il processo innanzi al collegio dei Pontefici, ma quei due se la cavarono: l'uno grazie all'avvocato insigne uomo politico nonché fedelissimo a Silla, Quinto Lutazio Catulo, l'altra per intervento tuo, Cicerone, cognato di lei, perchè sorellastra di Terenzia, tua moglie in prime nozze, e mia in terze, dopo il secondo divorzio da te, Ortensio.

Tale aneddoto, fondato su un'avventura dal sapore boccaccesco, non sarebbe da annoverare tra i fatti gravi, se non per il disprezzo verso i supremi valori spirituali della città ostentato da Catilina. L'accenno a Quinto Lutazio Catulo, peraltro, conduce ad altri eventi di ben più inquietanti proporzioni per efferatezza e brutale crudeltà.

Catulo dunque, avvocato di Catilina nel processo per stupro di Fabia, era figlio dell'omonimo Quinto Lutazio Catulo, uomo di eccellente reputazione che, al comando congiunto con Mario, aveva sconfitto i Cimbri invasori nella battaglia dei Campi Raudi. In seguito però egli si trovò in conflitto con Mario e, per tale motivo, fu indotto al suicidio da Marco Gratidiano, un partigiano mariano.

Quest'ultimo, in disgrazia dopo il trionfo di Silla, subì la vendetta da parte di Catulo *junior*, il quale appunto ne incaricò Catilina.

Un invito a nozze per lui, talchè neppur gli parve vera l'occasione di inscenare un omicidio rituale dai raccapriccianti particolari. Sulla tomba di Catulo *senior* Catilina recise le membra di Gratidiano e gli cavò gli occhi, lo decapitò e raccattò la testa. La esibì, fiero alla folla, passando per il Foro e la depose ai piedi di Silla.

Gratidiano, peraltro, era cognato di Catilina, cioè fratello della prima moglie di lui, Gratidia, e quindi il perverso zelo nel colpire la vittima fu alimentato anche da motivi personali insorti poco tempo prima.

Il nostro, infatti, aveva ripudiato Gratidia, con astiose recriminazioni dalla famiglia, per sposare Aurelia Orestilla, di cui s'era innamorato. Aurelia dapprima aveva respinto il pretendente poiché non intendeva portarsi in casa suo figlio, così Catilina non vide altro rimedio se non avvelenare il fastidioso ostacolo alle nozze.

Per tali orribili delitti, di Gratidiano e del figlio adolescente più altri ancora, l'imputato si districò tra le maglie della giustizia che neppure intraprese un processo, per carenza di prove e testimoni, scomparsi come neve al sole.

Catilina restò così impunito e percorse i gradini del *cursus honorum* sino a quando, spirato il governatorato in provincia d'Africa, venne accusato di concussione e subì il giudizio.

Si vedrà in seguito come il processo gli procurò non pochi dispiaceri ma infine ne uscì assolto ancora una volta.

Plutarco – Grazie Sallustio per l'eccellente esposizione, anche se invero non mi pare che tu abbia rispettato il monito sull'obiettività.

Né del resto mi attendevo altro. Ma ci risentiremo ancora.

Lo storico prende congedo con un cenno d'assenso.

Scena 2: la prima congiura (66 – 65)

Dal ritorno *ab Africa* alla seconda congiura.

Plutarco – Catilina, un governatore dalla torbida condotta, aspirava ormai alla suprema carica di console, ma di certo non avrebbe potuto ottenerne la candidatura se non si fosse mondato da ombre e sospetti sulla reputazione di integro cittadino: davvero un arduo impegno.

Sallustio, infatti, ha narrato di esecrabili trascorsi e io ritengo che gli sia dovuto credito, almeno in parte, non fosse altro perchè neppur ha citato altre bufale che circolavano sull'imputato anche più infamanti: avrebbe stuprato una figlia naturale, assassinato un fratello, e, *dulcis in fundo*, praticato l'esercizio di sacrifici umani con banchetti finali a base di sangue e carne delle vittime.
A quali vette assurde può arrivare la calunnia!
Comunque sia, l'eminente storico tornerà tra noi, dicevo.

Ora, piuttosto, pare opportuno ascoltare uno dei protagonisti a Roma nel periodo che stiamo considerando, e ciò al fine di chiarire quale fu la parte dell'imputato nella sequela di controversi eventi denominata, per convenzione storica, "prima congiura di Catilina".

S'avvicina alla sbarra con altezzoso portamento un uomo dalle vesti lussuose e fissa lo sguardo autoritario sulla corte e sul giudice.

Plutarco – Marco Licinio Crasso, la dominante collocazione sociale da te acquisita in Roma per denaro ed influenza politica nel tempo di cui trattiamo ti consente di accedere orgoglioso al nostro cospetto.
Te ne sia dato atto, quindi, né si scordi la tua gloria militare in guerra civile tra Mario e Silla, ed in guerra servile contro Spartaco, schiavo ribelle che tanto esasperò Roma.

Narraci dunque di tale scintillante ascesa ma soprattutto esponi la tua verità sui fatti della "prima congiura", la cui iniziativa fu da Sallustio attribuita a Catilina, probabilmente al fine di distogliere l'attenzione da Cesare, il suo benefattore.

Crasso – Se nel momento di cui parli, Plutarco, ero l'uomo più ricco di Roma lo devo soltanto a me stesso, giacchè ero nato sì in famiglia illustre (mio papà, Publio Licinio Crasso Muciano, era stato console) ma non certo facoltosa al di sopra della media.
Nella letale contesa tra Mario e Silla scommisi sul cavallo vincente e mi distinsi in campo consegnando la vittoria al comandante.
Poi mi occupai di gestione dei patrimoni confiscati ai proscritti e per geniali speculazioni moltiplicai a dismisura la mia fortuna.
L'avidità di Crasso divenne proverbiale in Roma, però non ritengo di meritare siffatta fama poiché invero l'opulenza rappresentava per me soltanto un modestissimo compenso, rispetto alle cocenti frustrazioni che mi procuravano i successi politici e militari di Pompeo.
Delfini di Silla, ebbi sempre la sensazione che fosse lui il preferito.
Sconfissi quindi la valorosa armata di Spartaco e lo piegai alla fuga a nord dove Pompeo, di ritorno dall'Iberia, lo intercettò, e neutralizzò definitivamente le schiere ormai logore, rubandomi tutta la gloria.
Stramaledetto Pompeo! Masticai amaro, però accettai di condividere il consolato con lui e insieme, visto l'atteggiamento ostile del Senato contro noi, ambiziosissimi personaggi di grande prestigio agli occhi dell'oligarchia, tradimmo la memoria di Silla passando ai popolari e facemmo nostre le loro rivendicazioni politiche e sociali.
Quindi Pompeo ottenne prestigiosi comandi militari ed ultimo quello contro Mitridate. Silla infatti lo aveva battuto ma non neutralizzato e neppur Lucio Lucullo, successivo comandante, che per certo avrebbe compiuto l'opera se l'invidia in Patria non l'avesse fermato.

E così Pompeo, di nuovo, raccolse l'alloro della vittoria ampiamente agevolata dalla fatica dei predecessori, Silla e Lucullo.

Orbene, Plutarco, nel periodo di cui parli ero sì riverito e temuto, ma Pompeo stravinceva in Oriente e io temevo che sin troppo presto egli sarebbe tornato carico di gloria a levarmi la sedia da sotto il culo.

Questo era un incubo che ammorbava le mie notti e pertanto meditai adeguate contromisure.

Dovevo prevenire la rovina per mano del mitico condottiero che non avrebbe esitato a rinnovare in Roma le cruente imprese di Silla, e su tali presupposti nacque la cosiddetta "prima congiura".

Ma le cose non andarono come avevo pronosticato.

Pompeo infatti, tornato in Patria dopo entrambe le congiure, e senza avere più incontrato Catilina dai tempi della guerra màrsica, si rivelò più educato di quanto avessi presagito.

Non ripercorse le orme di Silla, non si diede a stragi e proscrizioni, ma si accontentò di governare Roma con Cesare e me in triumvirato.

Non divaghiamo oltre, tuttavia.

Proprio nell'anno in cui Catilina rientrava dall'Africa ed io tenevo la carica di censore, vennero eletti consoli per l'anno successivo Publio Cornelio Silla e Publio Autronio Peto, entrambi di parte popolare, e perciò alleati miei e di Cesare (popolare costui della prima ora, era il più fido tra i miei luogotenenti, nonché edile grazie al mio denaro).

Si presentava in questo modo un quadro assai nefasto agli *optimates*, i quali reagirono avviando un processo per broglio elettorale contro i nuovi consoli. Essi perciò vennero destituiti, per autorità senatoria, e subentrarono i candidati aristocratici già primi tra i non eletti.

Lucio Manlio Torquato e Lucio Aurelio Cotta.

Di fronte a tale autentico e inaccettabile colpo di stato, Cesare e io ci trovammo costretti ad accelerare i tempi per mettere la situazione al punto di partenza, cioè a giocare le nostre carte idonee a

distruggere la presunta minaccia di Pompeo, ed impadronirci di Roma.
Confidando sulla mia gran corte di clienti e debitori, chiamai in casa, di notte, una riunione segreta. Qualche nome, Plutarco?
Eccoli: Cesare, naturalmente primo fra tutti, e i due consoli bocciati. Caio Antonio Ibrida, di cui ancora parleremo, Publio Sizzio, nobile in perenne ricerca di facile guadagno, Gneo Calpurnio Pisone, uomo avventuroso ma stupido, comoda pedina da sacrificare.
Altri ancora, affiliati per le indispensabili aderenze in provincia.
Infine Catilina, con tutta la sua banda di sciagurati gregari tagliagole.
Sì, Plutarco, c'era anche lui.
Lo conoscevo dal tempo di Silla dittatore: superbo ufficiale in guerra e spietato mungitore di ricchezze, in pace, era stato il mio secondo in battaglia a Porta Collina ove Silla davvero rischiò la sconfitta.
Sapevo di potermi fidare.
Catilina infatti aveva allora rinnegato la parte aristocratica, inferocito perché, nel processo per concussione in Africa, si era vista interdetta la candidatura consolare, ove poi prevalsero Silla e Autronio.
Presumo che Catilina, uccisi i consoli Torquato e Cotta, aspirasse in cuor suo a sostituire loro, per nomina dei complottisti vincenti, ma il nostro piano in realtà era diverso.
I consoli sarebbero morti sì, pugnalati nel giorno di insediamento in Campidoglio, insieme con senatori avversari ed altri uomini influenti oppositori, ma, infine, ad essi sarebbero subentrati quelli già a suo tempo rimossi.
Non c'era posto per Catilina.
Silla e Autronio quindi mi avrebbero nominato dittatore ed io, a mia volta, avrei scelto Cesare come vicario *magister militum* conferendo l'incarico di annettere l'Egitto, l'ultimo dei regni alessan-

drini, talchè Pompeo, seppure padrone in Oriente, e certo ingolosito dall'opulenta terra del Nilo, sarebbe rimasto al palo.

A Calpurnio Pisone e Publio Sizzio sarebbero stati dati i comandi in Iberia e Africa per fomentare rivolte propedeutiche al rovesciamento del potere governativo e l'instaurazione dell'ordine nuovo. In tale modo avremmo assicurato al nostro movimento la guida delle province più importanti.

Per quanto riguarda poi la penisola italica, un uguale onere sarebbe toccato a Cesare, in Gallia cisalpina, fonte inesausta di arruolamento per le nostre valorose legioni.

Su Catilina infine, meritevole alleato, avevo in serbo sì il premio del consolato, ma solo per l'anno successivo ancora.

Egli recitò quindi una parte rilevante nella congiura, ma non il ruolo di protagonista che Sallustio gli attribuì.

Questo dunque era il progetto cospiratorio, ma ben diversi seguirono gli eventi effettivi.

La segretezza fu violata, le soffiate più o meno attendibili dilagarono e così, nel giorno di insediamento, Torquato e Cotta furono scortati da un considerevole drappello di littori.

Da parte nostra prevalsero miti consigli, e l'attentato venne rinviato al mese dopo.

Nel frattempo pervenne la notizia per cui Pisone era stato ucciso in Iberia da cavalieri locali fedeli a Roma e che Sizzio, di conseguenza, si era ritirato dal compito corrispettivo in Africa.

Ciò indusse anche Cesare a desistere dal progetto di rivolta in Gallia cisalpina, e d'altronde dubito che fosse inteso a lasciar uccidere uno dei consoli avversari.

Aurelio Cotta infatti era suo zio di parte materna e Cesare gli doveva una grande riconoscenza per averlo salvato dall'ira di Silla in passate vicende giovanili. Orbene, quale fu l'epilogo, Plutarco?

Ecco: in Senato, nel giorno fissato per il *replay*, Cesare "dimenticò" di dare il segnale convenuto. Doveva lasciar scivolare la toga da una spalla, invece la tenne stretta e tutto finì in una bolla di sapone.

Questo e null'altro, Plutarco, fu la "prima congiura".
Non nascondo che anch'io provai un certo senso di sollievo.

Plutarco – Ti comprendo, Crasso: anche per un esponente d'autorità quale eri, l'alea appariva davvero micidiale.
La congiura dunque passò inosservata, senza clamore, indagini varie, o strascichi di alcun genere.
Catilina fu solo un comprimario, e non è vero che, secondo Sallustio, sarebbe toccato a lui, e non a Cesare, il compito di dare il segnale di inizio. Sono convinto però che l'imputato ne trasse insegnamenti per il futuro.

Crasso si allontana tronfio e pettoruto.

Scena 3: la seconda congiura (64 – 63)

Dalle elezioni consolari alla sovversione.

Plutarco – Signori della corte e insigne pubblico, abbiamo ascoltato da Marco Licinio Crasso interessanti considerazioni sul duello che si era instaurato tra lui e Pompeo, in Roma squassata da una situazione politica dirompente e lanciata verso un'inquietante evoluzione.

Pompeo e Crasso, consoli in coppia, ne rappresentarono il punto di riferimento principale, poco prima della comparsa di Catilina, perciò ritengo opportuno ora ascoltare Pompeo, per *par condicio*, ancorchè convitato di pietra perché impegnato altrove, eppure *presentissimo* in spirito nel contesto cittadino.

Dall'espressione affabile, per nulla minacciosa, il testimone sembra quasi sorridere al giudice, grato per l'onore conferito.

Plutarco – Sono lieto di incontrarti, Pompeo, protagonista nelle Vite Parallele, in abbinata al re spartano Agesilao, come del resto Crasso, unito al generale ateniese Nicia.
L'atteggiamento che manifesti qui, al nostro cospetto, non si concilia affatto con la formidabile parvenza di castigo che Roma, in entrambe le fazioni, si aspettava da te, reduce dall'Oriente.
Narraci pertanto le pieghe dell'animo a tale riguardo, i tuoi progetti e le tue attese, poichè comunque è importante l'apporto che potrai dare sulla comprensione dei fatti che ci accingiamo a percorrere.

Pompeo – Grazie Plutarco per l'occasione che mi concedi di rendere un tributo in questo processo, sebbene con Catilina io abbia in realtà poco da spartire, visto che sbarcai a Brindisi proprio mentre in Roma si compiva il fallimento della sua congiura.

Tutta Roma allora presagiva che io mi sarei rivelato il nuovo Silla e che con la forza delle legioni avrei acquisito il potere dittatoriale, ma ciò non stava nelle mie corde, anche se un fugace pensiero mi tentò.

Congedai i militi carichi di denaro invece, come da antica tradizione, e poi mi presentai in Senato chiedendo per me il secondo consolato, oltre naturalmente allo strameritato trionfo.

Preferii negoziare, non imporre, ed il Senato rilanciò, al ribasso, con la facoltà di scelta tra le due aspirazioni. Optai per il trionfo.

Quel che avvenne in seguito è noto: Cesare tessè la tela di una nuova alleanza tra me e Crasso, e inserì se stesso nello scenario con grande abilità mediatoria tra noi due amici/nemici.

Inventammo così il triumvirato, vale a dire una cricca di affari nostri atta a pilotare le elezioni dei magistrati e l'assegnazione dei comandi militari all'estero.

In quella posizione noi prosperammo, ed io più degli altri, per favore del popolo più che del Senato, anche grazie all'assenza di Crasso che partì per l'Oriente, e di Cesare, impegnato in Gallia transalpina.

Crasso invero non possedeva la stoffa del condottiero e lo dimostrò: mentre io, infatti, avevo ampliato i confini di Roma sino all'Eufrate, egli volle varcarli, e ci rimise la pelle con migliaia dei suoi.

Rimasti due antagonisti, Cesare mi battè, a Farsalo, e poi mi inseguì per mezzo Mediterraneo, sino a che ritrovò la mia testa imbalsamata, recisa dai traditori egiziani.

Egli sì, avrebbe saputo condurre a fine i piani di Crasso e vendicarne la morte, ma infidi nemici lo trafissero alle Idi di marzo, pochi giorni prima di partire per la sua campagna in Oriente.

Ordunque, Plutarco, ora mi chiedo: quanto incise in tutte tali vicende la contrapposizione fra *optimates* e *populares*?

La risposta è immediata: zero virgola zero, poichè ormai, alla faccia dei sinceri nostalgici della Repubblica, contava soltanto la smisurata nostra ambizione individuale al principato, Catilina compreso.

Anche Mario e Silla, prima di noi, avevano capito la svolta dei nuovi tempi ed in particolare il peso delle imprese belliche vincenti e della fedeltà degli eserciti come strumento per la conquista del potere.

Essi però dovettero votarsi all'oligarchia o al popolo, nella ricerca di un sostegno alla smania di comando, noi invece non guardammo più in faccia a nessuno e la conservazione della antica *dignitas* romana o la volontà di maggiore giustizia sociale decaddero ad ideali obsoleti, propri degli Scipioni o dei Gracchi, ma di nessun altro oltre a loro.

Meno che mai di Cesare, Crasso, Catilina.

Né io, d'altronde, potrei distinguermi, giacchè per ottenere l'incarico militare che mi portò in Oriente dovetti rivolgermi all'assemblea del popolo, dopo aver sempre osannato Silla e l'aristocrazia, ricevendo in cambio soltanto diffidenza ed invidia.

Altresì Catilina, sillano *doc*, invertì la rotta a un certo punto e si fece latore di programmi arditi di accento ultrapopolare.

Plutarco – La tua acuta osservazione, Pompeo, conferma in qualche maniera l'analisi storica dei grandi mutamenti avvenuti dall'epoca in cui Roma, dopo le guerre puniche e l'annessa espansione territoriale, aveva colto l'insufficienza delle istituzioni nel governare un'entità di fatto imperiale, ma non riusciva a trovare la soluzione adeguata.

All'epoca, di poco successiva, ora in esame, la contesa tra *optimates* e *populares*, evoluzione della più antica lotta tra patrizi e plebei, non prometteva alcunchè di buono e anzi tendeva a caotiche ed asfittiche alternative a causa del mediocre talento di uomini che partecipavano alle vicende politiche entro uno spirito troppo angusto.

Voi triumviri però, più o meno eccellenti uomini d'armi ma per certo d'ampie prospettive, non avreste dovuto sottoporvi ad in-

quadramenti in etichette banali, bensì superare gli ostacoli sfasciando gli schemi.
E questo è quanto ciò che ricavo dal tuo dire, Pompeo.

Gneo Pompeo lascia la sbarra sorridendo per approvazione.

Plutarco – Proseguiamo quindi nell'esame degli eventi e ascoltiamo te, Cicerone, ora in veste di testimone.
Narraci dunque le prime fasi dello scontro letale tra te e Catilina.

Cicerone – Eccomi agli ordini, Plutarco. Orbene, se io non ero certo un uomo d'armi, sguazzavo in politica per tramite dell'avvocatura.
Dopo un ondivago esordio rimasi tuttavia sempre fedele alla visuale conservatrice sulla società romana, avendo la massima cura, peraltro, a non irritare mai i personaggi al vertice, di qualunque parte.
Sopravvissi così ai primi triumviri, ma non a quelli della generazione successiva: Ottaviano, Lepido ed il fatale Marco Antonio.
Comunque sia, veniamo finalmente a Catilina.
Rammenti Plutarco quanto ho detto sulla mia intenzione di assumere la sua difesa nel processo insorto per concussione compiuta durante il governatorato in Africa? Mi dispiacque il mancato esito positivo al riguardo, poichè invero contavo di allearmi con lui in future elezioni, né del resto mi preoccupava la pessima fama che si portava dietro.
Come lui, pur io aspiravo al consolato, ma non avevo raggiunto l'età minima, mentre a lui, un po' più anziano, era precluso l'accesso per via del processo in atto in cui, dicevo, non partecipai come difensore perchè preferii infine non compromettermi.
Ricercai comunque aiuto da Crasso, amico di Catilina, il quale senza alcuna difficoltà corruppe l'accusatore.
Catilina perciò fu assolto (e fosti tu il difensore, Ortensio) non prima però della scadenza perentoria ad avanzare candidatura

al consolato, talchè egli rinviò il progetto di un anno e così ci trovammo alla pari, ed il cimento tra noi avvenne nelle elezioni del 64 per il 63.

In allora risultai eletto con amplissimo margine di consenso in cui gli *optimates* si identificarono, turandosi il naso, giacchè non ero nobile, né romano di nascita, e trovai anche l'appoggio dei ricchi cavalieri.

L'avversa strategia di Catilina, fondata sulla protezione estrema del diritto dei diseredati, ancorchè nobile, non lo premiò, anzi coagulò l'elettorato in mio favore.

Divenni quindi console in coppia con Gaio Antonio Ibrida, membro della prima congiura già citato da Crasso, ma convertito su posizioni più moderate.

Durante la campagna elettorale ogni mia affinità passata con Catilina venne meno, anzi cominciai proprio allora a rovistare tra gli scheletri nell'armadio senza distinguere tra veri o presunti, falsi o diffamatori, bensì al solo scopo propagandistico di screditarlo.

Plutarco – Può bastare per ora, Cicerone, poichè vedo che già ti stai industriando a piantare picchetti per la difesa. Sentiamo piuttosto sul seguito il tuo collega console, altrettanto informato sui fatti.

L'uomo accede alla sbarra con andamento incerto e scruta attorno nell'aula esibendo un'espressione tesa e preoccupata.

Plutarco – Rilassati, Gaio Antonio Ibrida, non sussiste l'intenzione di coinvolgerti nelle vicende che riguardano Catilina. Ne riparleremo in seguito semmai. Adesso voglio solo sapere dalle parole di un'altra persona come si comportò Cicerone nella nuova carica.

Gaio Antonio Ibrida – Mi atteggio qui con circospezione, Plutarco, perchè temo che potrebbe essermi contestata una certa ambiguità con la quale pasticciai da console eletto.

Stante la mia vocazione politica infatti, avrei dovuto contrastare quel rigore antipopolare di Cicerone che dall'inizio egli manifestò in fiera opposizione ad alcune iniziative dei tribuni della plebe.

Accettai invece le sue lusinghe (mi regalò il diritto al futuro governo della ricca Macedonia che sarebbe spettato a lui per sorteggio) e non mi feci più sentire, lasciandolo imperversare come titolare unico.

Vero è che a Cicerone non interessava proprio un governo all'estero, tant'è che poi rinunciò anche all'alternativa della Gallia cisalpina.

Non voleva, insomma, seppellirsi in provincia nel mentre a Roma gli eventi precipitavano verso calamitosi o promettenti sviluppi.

Plutarco – Può bastare anche per te, Gaio Antonio, né d'altronde mi aspettavo alcunchè di utile da parte tua.

Circa i calamitosi o promettenti sviluppi, si consultino l'accusa e la difesa per individuare i prossimi testimoni.

Quatto quatto il teste se ne va e segue un fitto conciliabolo.

Ortensio – Eminente giudice, poiché Cicerone ed io siamo persuasi che le convulse iniziative messe in moto dall'imputato non siano mai state abbastanza chiare nella Storia, e men che mai ovviamente nella cronaca, riteniamo che la scelta dei prossimi testimoni debba cadere sulle persone che, per diversi aspetti, videro con i propri occhi i fatti salienti nell'atto in cui si svolgevano.

In secondo luogo, seppure sia lecito presumere che Catilina covasse i piani eversivi già dall'epoca della prima congiura, noi condividiamo anche un assunto tale per cui la serie degli eventi debba analizzarsi a partire da un momento posteriore ben pre-

ciso, vale a dire dalla prima riunione tra Catilina stesso ed i suoi accoliti.
Questa, clandestina naturalmente, avvenne in giugno 63 a.c., quando Cicerone aveva percorso la metà del suo mandato, e incombevano le assemblee centuriate per le elezioni consolari relative al 62 alle quali Catilina intendeva partecipare dopo la prima sconfitta.
Sia convocato pertanto Publio Cornelio Lentulo Sura, il luogotenente di Catilina, ed *alter ego* nella congiura, tanto per cominciare.

Plutarco – Sono d'accordo con voi, insigni colleghi, quindi presento in breve al pubblico il soggetto menzionato.
Publio Lentulo Sura: già console in passato, e poi espulso dal Senato per condotta immorale, fece di tutto e di più per rientrarvi, ripartendo dalla carica di questore, ed era già pretore al tempo della riunione.
Condivido altresì l'individuazione di quest'ultima a punto iniziale ed anzi raccomando a voi massima attenzione sulla cronologia poiché la congiura si articolò per passi conseguenziali dalla riunione stessa del giugno 63 alla battaglia di Pistoia di gennaio 62, ove morì Catilina.

Un uomo alto, magro e distinto, dallo sguardo in apparenza pacifico di innocuo cerbiatto, raggiunge la sbarra ed attende ossequioso la parola del giudice.

Plutarco – Fosti il primo, e più autorevole, Publio Cornelio Lentulo Sura, tra le anime nere della congiura unite intorno a Catilina e certo pensavi di avere accumulato sacrosanti motivi di risentimento contro uno Stato ingrato, tanto da concepirne la sovversione.
Narra dunque di quella notte in casa dell'imputato, dove per la prima volta la cospirazione assunse concreti e reali contorni.

Publio Cornelio Lentulo Sura – Eravamo in molti quella notte in casa di Catilina, o Plutarco, tutti consapevoli di quello che si andava complottando per opera sua.

Circa venti persone, appartenenti in maggiore parte all'aristocrazia, ma anche alla più abbiente classe dei cavalieri.

Gente compromessa, in realtà, relegata ai margini del circolo eletto, per debiti od altri precedenti tutt'altro che brillanti in politica, quindi desiderosa di riacchiappare il proprio ufficio, per amore o per forza.

A parte il sottoscritto, ovviamente, già espulso dal Senato per invidia altrui e non certo per indegnità.

Catilina, sconfitto alle elezioni consolari dell'anno precedente, in cui erano prevalsi Cicerone e Gaio Antonio Ibrida, voleva ripresentare la propria candidatura rendendosi portatore di un programma ancor più estremista in senso antiaristocratico rispetto al turno passato.

Egli infatti, definitivamente schierato ormai dalla parte di popolo più negletto, puntava su ardite riforme agrarie con ampie distribuzioni di terra ai poveri, sulla cancellazione di debiti e sulla piena confisca dei beni agli sfondati plutocrati.

Ma non si trattava soltanto di una contesa elettorale sul piano lecito istituzionale, seppure straordinariamente aggressiva.

Catilina infatti, conservando aperta la *chance* politica, probabilmente non ci credeva affatto e aveva già intrapreso tutt'altro tipo di azione sovversiva, per non parlare di vera e propria guerra civile: stoccaggio clandestino di armi e salmerie belliche, raccolta di bande mercenarie pronte alla rivolta, depositi di denaro e quant'altro.

Con tale fondamento Catilina parlò a noi.

In merito a quanto venne detto nella riunione, posso affermare che il racconto di Sallustio risponde al vero, seppure egli abbia toppato sui tempi, collocando l'evento a un anno prima rispetto alla realtà.

Tu hai contestato a Sallustio, Plutarco, una critica sulla partigianeria per Cesare? Ebbene, il presunto errore la confermerebbe.

Plutarco – Sì Publio: l'anticipo comporta l'esclusione della sospetta connivenza di Cesare nella seconda congiura poichè in tali frangenti, erroneamente anticipati, egli avrebbe preferito la cautela, considerato il mancato successo della prima: accorto com'era, non avrebbe certo rischiato un altro passo falso.
Ciononostante reputo ancora Sallustio fondamentalmente attendibile.
Ma lasciamo perdere per ora Cesare e Crasso, procedi piuttosto sulla linea che ti ho richiesto.

Publio Lentulo Sura – Ecco Plutarco: Catilina si presentò da ultimo alla riunione e prese la parola rivolgendo a noi un apprezzamento per la lealtà che lo confortava sulla buona riuscita del progetto.
Parlò dei pochi signori oligarchi della città che si spartivano in una cerchia ristretta tutte le cariche, i comandi, le ricchezze, a detrimento di uomini davvero degni quali noi saremmo stati, ai quali invece non rimaneva altro che miseria, debiti ed una triste realtà.
Ci spinse a conquistare onori e gloria dovuti offrendo se stesso come comandante, o semplice soldato, o console per l'anno venturo.
La via della rivolta armata o della competizione istituzionale dunque non era ancora stata imboccata in modo esclusivo.
Catilina passò infatti a illustrare il programma politico, ma aggiunse qualcosa in più: disse che per migliorare la situazione dei poveri non si poteva contare su chi povero non era affatto.
Egli volle, in questa maniera, lasciar intendere che l'alleanza passata con Crasso e Cesare doveva ritenersi ormai caduta e che egli da solo avrebbe corso per la carica, forse già immaginando, in cuor suo, una dittatura di tipo sillano ma orientata alla parte op-

posta, vale a dire ad un potere assoluto sostenuto dalle masse popolari.
Per l'aspetto insurrezionale, invece, alternativo a quello istituzionale, accennò, ma senza approfondire, agli allestimenti in atto da parte di oscuri agenti distribuiti in tutte le regioni italiche.
Ci fu, infine, il giuramento collettivo per impegno alla segretezza ma non la libagione con vino misto a sangue, di cui una bufala circolò in seguito tra tante altre, messa in dubbio persino da Sallustio.

Plutarco – Grazie, Publio, per la chiara esposizione.

Il teste accenna un inchino e lascia l'aula.

Plutarco – Insigne pubblico e signori della corte, inevitabilmente un consesso di venti persone non potrebbe mai garantire alcun impegno di segretezza, infatti è noto che il giuramento menzionato fu violato da almeno uno dei cospiratori. Si presenti dunque costui alla sbarra.

Un giovane di bell'aspetto, e dal fisico atletico, evidentemente assai vanesio, s'avanza in aula.

Plutarco – Incallito perdente giocatore d'azzardo, nessuna traccia di gloria antica si riprodusse in te, ignobile spia. Perché tradisti?

Quinto Curione – Consentimi di citare, Plutarco, un mio antenato, Manlio Curione Dentato, leggendario eroe delle guerre sannitiche.
Alla sua memoria, se non alla virtù che purtroppo non mi appartiene, io desidero dedicare questa mia confessione.
Tradii Catilina non per ragione ideologica ma per mera superficialità di giovane scapestrato e gaudente.

Ero perdutamente innamorato all'epoca di una nobile donna di nome Fulvia, la quale mi negava i suoi favori quand'ero privo di denaro, cioè molto spesso, per l'attrattiva del gioco d'azzardo.
Ebbene, partecipai alla famosa riunione e fui così stupido da parlarne a lei dicendo che se il piano, di cui rivelai ogni particolare che mi era noto, fosse infine giunto a buon fine, l'avrei per sempre trattata come una regina e non mi sarebbe mai mancato il denaro.
Nonostante la mia consegna contraria, quella cretina ne riferì in tutta Roma, non svelando la fonte per fortuna, sino a che, inevitabilmente, la voce giunse all'orecchio del console Cicerone.

Plutarco – Vattene immediatamente Quinto Curione.

Il teste obbedisce.

Plutarco – È notorio che il console convocò Fulvia e con lusinghe e minacce le estorse esaurienti informazioni, ma non il nome della spia e tanto meno l'impegno suo a testimoniare in Senato.
Cicerone comunque lo convocò in seduta straordinaria e ora desidero al riguardo ascoltare uno tra i componenti più illustri allora presente.
Un uomo d'esile corporatura ma dal portamento solenne e sguardo fiero si accosta alla sbarra.

Plutarco – Salve, Marco Porcio Catone, degno pronipote del grande omonimo detto il Censore.
Meriteresti d'essere celebrato per altre luminose prove di fedeltà alla Repubblica e per la natura di simbolo immacolato della romanità più arcaica, tale e quale al bisnonno.
Perdonami quindi se ricorro a te solo per raccontare di un'assemblea del Senato alla quale partecipasti.

Marco Porcio Catone – Mi hai celebrato abbastanza, Plutarco, nelle Vite accostandomi ad Aristide, il magnifico generale ateniese, e sono grato a te per l'occasione che ora mi concedi.

Orbene, la seduta di cui parli avvenne nel giorno precedente a quello in cui si sarebbero riuniti i Comizi Centuriati per l'elezione dei nuovi consoli, vale a dire al principio dell'estate 63.

Conoscevamo tutti, per grandi linee, le motivazioni d'emergenza che avevano indotto Cicerone a convocare un consesso straordinario.

Mi ritrovai quindi entro l'aula affollatissima della *Curia Hostilia* ove Catilina stava circondato dagli accoliti plaudenti ed ostentava sorrisi sprezzanti di insolente sfida rivolta all'intero uditorio.

Cicerone, maestosamente togato, camminando avanti e indietro sulla platea di fronte all'anfiteatro, con ampi gesti delle braccia declamava contro di lui un'accusa di riunione sediziosa, senza peraltro produrre alcuna prova idonea a inchiodare l'insidioso e beffardo avversario.

Catilina era talmente sicuro di sé, circondato dagli amici ossequiosi, da non difendersi affatto.

Contrattaccò anzi, vemente, lo spudorato *parvenù* arpinate che osava provocare lui, esponente di una delle più nobili *gentes* romane.

Si permise addirittura un'ardita metafora: disse che la Repubblica ha due corpi di cui *"uno debole con la testa debole* (alludeva al Senato), *uno forte ma privo di capo* (alludeva al popolo)".

E sarò io questo capo - concluse.

Una frase enigmatica che lì per lì interpretai come manifesto intento a diventare console e non come progetto di sovversione totale.

Se ne andò, infine, sorridente impunito, mentre Cicerone ottenne dal Senato solo un rinvio dell'assemblea centuriata.

Per tale via Cicerone puntava ad erodere la base elettorale di Catilina fatta di contadini che non avrebbero potuto trattenersi troppo a lungo a Roma a causa dei lavori agricoli in atto. Ma anche in questo piano egli fallì poiché l'indugio concesso, di un mese, non fu determinante.

Plutarco – Grazie di cuore, Catone, sei stato più che esauriente.

Il teste ricambia e si allontana con altera dignità.

Plutarco – Catone ha delineato l'immagine suggestiva di un Senato a dir poco perplesso di fronte alla veemente invettiva ciceroniana ma nessuno in realtà, in assenza di prove, prese sul serio l'accusa contro Catilina se non per qualche sommesso brusìo di disapprovazione.
Ora invece vorrei considerare le conseguenze in una dimensione non pubblica, bensì privata, e quindi sollecito l'ascolto di un personaggio che esercitò sempre notevole influenza sull'accusatore.

L'avvenente matrona, imperiosa ed elegante si accosta alla sbarra e rivolge al giudice uno sguardo sfrontato.

Plutarco – Nobile Terenzia, fedele compagna e sostegno morale del marito, almeno sin al momento in cui divenne console, raccontaci di quei giorni successivi alla burrascosa seduta in Senato.

Terenzia – Marco non era granchè preoccupato per la piega dei fatti in corso, se è questo che vuoi sapere, Plutarco.
Direi piuttosto che ne era lieto poiché il pensiero volgeva al modo in cui sfruttare nei termini più proficui la situazione allora attuale.
Gli premeva, innanzitutto, il proposito di lasciare un'orma durevole del suo passaggio, e Catilina si prestava come ottimo strumento.
Ovviamente Marco non si illudeva di raccogliere in tempi così brevi le prove per farlo fuori, mancate in Senato, e così architettò un colpo di teatro da attuarsi ai Comizi Centuriati che doveva presiedere di lì a pochi giorni come console in carica.

Si presentò dunque in Campo Marzio scortato da un notevole gruppo di nerboruti littori indossando egli stesso la corazza sotto la toga che, d'improvviso, in piedi sulla tribuna, lasciò cadere lanciando così alla folla il messaggio: pericolo mortale incombe sul magistrato supremo da parte di Catilina. Non votatelo! Null'altro che una commedia per la moltitudine, in effetti, poiché se Marco avesse davvero fiutato minacce di morte non sarebbe neppure uscito di casa. E invece giocò le sue carte, truccate, e vinse. Risultarono eletti, infatti, Decimo Giunio Silano e Lucio Murena, già amici di Cesare e Crasso, a loro volta non più tanto amici di Catilina. Quest'ultimo quindi, trombato per la seconda volta, rimase solo.

A questo punto i tempi per incastrarlo si ampliavano, giacchè Silano e Murena si sarebbero insediati non prima del gennaio venturo.

Altresì Catilina, spirata l'opzione istituzionale, non poteva fare altro che gettarsi allo sbaraglio nel colpo di stato.

Non più lotta politica pertanto, bensì duello letale a livello personale.

Plutarco – Grazie di cuore Terenzia per la preziosa integrazione.

La teste sorride e si allontana altezzosa.

Plutarco – Parlando di Sallustio, signori della corte, abbiamo preso le distanze sulla monografia relativa alla congiura di Catilina, ma, al contempo, è apparso confermato il valore globale dell'opera.

Ritorni quindi lo storico in questo passaggio critico del racconto.

Sallustio – Insigne Plutarco, avevo ventitre anni all'epoca dei fatti in esame, più che abbastanza quindi per comprendere in prima persona le dinamiche del rovente clima politico romano.

E ne avevo quarantadue quando iniziai a scrivere, essendo già marito di Terenzia, dalla quale ricavai preziose fonti di prima mano.

Intendevo creare allora un'opera dal suggestivo impatto scenico, non un vero e proprio documento storico, ma in ogni caso garantisco che mai apposi una parola consapevolmente non vera.

Tutto ciò premesso, veniamo al racconto dei fatti riannodando il filo a partire dai Comizi Centuriati elettorali rinviati, vale a dire, più o meno, verso la fine dell'estate, ovvero inizio settembre 63.

Impresa ardua, a causa del segreto inerente alla trama che si intrecciò in seguito tra insidiose mosse e contromosse strategiche.

Catilina, per la parte sua, confidando sul proprio carisma personale, raccolse in Roma gentaglia di ogni risma, pescando tra l'aristocrazia frustrata e la più negletta plebe urbana, al fine di fomentare disordini ed appiccare incendi, perpetrare attentati, spargere un terrore diffuso, e quant'altro.

Guidò poi a distanza, in più parti della penisola, l'azione di incaricati a plasmare focolai di rivolta: in Piceno, Umbria, Puglia, e soprattutto in Etruria dove Manlio, ex centurione di Silla, complice di Catilina, armò schiere di coloni veterani sillani impoveriti.

La congiura dunque, secondo i piani, si sarebbe ripartita in un'azione destabilizzatrice, ordita dentro la città, e nell'aggressione contestuale dall'esterno compiuta in vera e propria guerra d'eserciti.

Cicerone, per la parte sua, deciso a innovare l'accusa già presentata in Senato, predispose un'efficiente rete di informatori volta a trovare le prove necessarie per scuotere le coscienze dei senatori più imbelli e quindi indurli ad assumere le difese adeguate.

Si propagò così un clima generalizzato di subdola tensione cittadina, ma soltanto a fine ottobre sembrò consolidarsi una svolta, che non fu decisiva, peraltro, e della quale io non scrissi alcunchè.

Crasso si presentò di notte nella casa di Cicerone recando con sé un fascio di lettere sigillate, indirizzate ciascuna ad un senatore e lesse a lui l'unica che aveva aperto, cioè la propria.

Tali missive, riferì Crasso, erano state consegnate ai servitori di casa, appena dopo cena, da ignoti ceffi incappucciati, e quella che era stata aperta, anonima, conteneva l'avviso di un eccidio imminente contro i senatori, con consiglio di allontanarsi al più presto dalla città.

Cicerone, allora, convenì con Crasso sull'opportunità di una riunione della curia in cui dissigillare le altre lettere e leggerle in pubblico.

Di tale evento, dicevo, non scrissi alcunchè nella mia opera ma ora mi preme aggiungere che, in seguito, circolarono voci insistenti, tali per cui si trattava in realtà di un intrigo voluto da Crasso, vale a dire che era lui l'architetto dell'oscura manovra, e qualcun altro giunse ad affermare che Cicerone avesse approvato *a priori* l'azione.

Un'illazione, Plutarco? Sì, certo, eppure coerente e verosimile.

Se infatti l'intento della strage fosse stato infine caricato su Catilina, Crasso si sarebbe mondato da passate velleità complottiste e avrebbe potuto sfruttare l'occasione di prendere le distanze dall'ex amico che aveva ormai sorpassato i limiti della decenza.

Comunque sia, l'anonimato escludeva ogni certezza di attribuzione a chicchessia, Catilina compreso, presente in Senato nell'assemblea in cui le lettere furono aperte, ma questa volta cupo e silenzioso.

Orbene Plutarco: in aula ogni destinatario lesse a voce alta il proprio documento e ciascuno risultò conforme a quello aperto da Crasso.

Caddero così gli indugi e fu deliberato il *senatus consultum ultimum*, provvedimento d'emergenza con cui si conferiva a un unico console poteri di carattere eccezionale per la pubblica tutela.

Un atto generico, però, non indirizzato a qualcuno in particolare.

Plutarco – Rispondi alla mia precisa domanda, Sallustio, perché mai Catilina avrebbe tratto vantaggio dallo svelare anzitempo i

suoi piani di sovversione cruenta? addirittura ponendo in guardia l'avversario e suggerendo la fuga per salvare la pelle?
Ciò non avrebbe senso, se davvero egli intendeva colpire il nemico.
Ora io immagino che pure tu condividi tale assunto se lasci intendere per dissimulate formule che l'azione in realtà fu opera di Crasso e di Cicerone, addirittura.
Perché allora, al riguardo, non ne parlasti nella tua monografia?
Forse perché non avresti potuto trascurare Cesare, del quale per certo si sarebbe servito Crasso in quell'iniziativa?
Ignorare Cesare, Sallustio, non ti esenta da critica, come al contrario hai affermato in esordio.

Impermalito, il teste tace, gira i tacchi e se ne va a rapidi passi.

Plutarco – Peccato colleghi, rischiamo di perdere un indispensabile sostegno per l'analisi necessaria al giudizio. Tenteremo comunque di blandirlo poiché non possiamo rinunciare al suo contributo.
Ora comunque ascoltiamo di nuovo Catone, come l'altrettanto valido apporto atto a ricostruire gli eventi successivi.

Marco Porcio Catone – Grazie per la fiducia, che dimostri di volere riporre in me, Plutarco. Ma torniamo ai fatti.
Se lettere anonime indubbiamente non potevano assurgere al ruolo di prova, l'atteggiamento del Senato mutò ed assunse termini più decisi rispetto alla seduta pregressa.
Catilina altresì, seppure non fosse stato invitato alla replica, parve meno arrogante, ma non rinunciò alla sfida.
Egli disse infatti che, se fosse insorto un sospetto contro di lui, gli si sarebbe dovuta concedere la custodia cautelare nella casa d'un tutore affidabile, e fece il nome di Cicerone, con sorriso provocatorio.

Siffatta procedura era consueta in Roma, se l'indagato apparteneva a nobile famiglia, e infatti in seguito il Senato l'avrebbe utilizzata, ma nel frattempo si provvide ad allestire presidi armati in siti strategici della città, onde prevenire atti di eversione, da qualunque parte.

Venne anche istituito il coprifuoco, serale e notturno, cosa che irritò non poco la plebe urbana, costretta a rinunciare al divertimento nelle taverne e osterie, e ancora furono promessi lauti compensi in denaro per chiunque portasse informazioni utili ad individuare i congiurati o fiancheggiatori, cosa che scatenò una serie di denunce, dovute però a mirate vendette personali, non a sospetti fondati.

E non solo in città infierì la prevenzione ma anche nel resto d'Italia furono inviati cospicui drappelli al comando dei pretori nei luoghi in cui si temeva la raccolta di bande ribelli pronte ad assalire la città.

Oggetto delle spedizioni furono Etruria, Apulia, Piceno e Capua, ove la scuola di gladiatori, da cui in tempi recenti era insorta la rivolta di Spartaco, rappresentava una spaventosa minaccia.

Anche su tale eventualità di aggressione esterna Cicerone aveva fatto cenno, tanto per incupire un clima di terrore già diffuso, e aveva data per scontata la genesi al solito Catilina, sempre senza alcuna prova.

Pochi giorni dopo inoltre, pervenne in Senato una missiva di Manlio, quel già menzionato capo dei veterani sillani in Etruria, gente esperta nell'uso delle armi e da tempo in agitazione.

Egli prospettava l'attacco a Roma, e al contempo proponeva un patto alternativo per dare migliori condizioni alla sua gente.

Il Senato non si degnò di rispondere, ma ritenne quella un'altra fonte di pericolo. Neppure da tal via peraltro si sarebbe potuto dedurre con certezza il coinvolgimento di Catilina.

Per quel momento, almeno.

Plutarco – Grazie, Catone, per l'affabile disponibilità che concedi a noi, ma non voglio abusarne.

Andiamo invece ora a ribaltare la visuale, per comprendere come la congiura evolveva, e sentiamo colui che, dopo Lentulo Sura, assunse le maggiori responsabilità.

Un grugno brutale e dall'occhio truce accede alla sbarra.

Plutarco – Uomo violento, rissoso, pronto a qualunque misfatto, ma testimone di prima mano, a te la parola.

Marco Cornelio Cetego – Hai maltrattato Quinto Curione, Plutarco, come spregevole traditore, e te ne rendo merito. Se, infatti, il fetido omiciattolo dapprima menò la lingua soltanto per compiacere la sua troia, senza compromettere se stesso, in seguito si vendette a Cicerone mani e piedi come delatore, e da quel momento nulla di quanto avveniva nel circolo dei congiurati restò più segreto per il console, nostro acerrimo nemico.

Quinto comunque non fu mai smascherato perché Cicerone si guardò bene dal bruciare l'inestimabile quinta colonna, che poi avrebbe per certo testimoniato in Senato al momento opportuno. Se fosse avvenuto, mi sarei dilettato a trovare il modo per farlo fuori con il sistema più lento e doloroso possibile.

Non ti consento però di svillaneggiare me, insigne giudice, poiché io fui sempre fedele a Catilina, sin all'ultimo respiro, anche quando tra le nostre file cominciarono a serpeggiare segnali di fronda.

Plutarco pare quasi esprimere un cenno di scusa.

Marco Cornelio Cetego – Posso procedere? Plutarco.

Un cenno di assenso.

Marco Cornelio Cetego – Ordunque Plutarco, tra il turno elettorale settembrino alla carica di console, quando il mio capo fu sconfitto, e il *senatus consultum*, emesso a fine ottobre, quando il cerchio delle indagini cominciò a premere intorno a noi, la congiura, ormai decisa come ipotesi, prese forma sul piano programmatico, ma in termini di carattere generale, senza l'opzione operativa meditata nei particolari. Il mio capo bazzicava libero in città ed osò addirittura farsi beffe del Senato rinnovando la proposta di custodia cautelare già ventilata.

Addirittura la ottenne e fu accolto a casa dall'amico Marco Marcello. Costui però era un congiurato e Catilina non solo conservò la libertà ma anche si atteggiò a vittima sacrificale.

Comunque sia, la sorveglianza generale organizzata da Cicerone, per legali provvedimenti dichiaratamente autorizzati o in clandestina rete di oscura delazione, bloccava qualsivoglia iniziativa da parte nostra. Le ronde presidiavano la città e la gente era esasperata.

Quanto a noi dunque era sancito, solo in linea di massima, che alcuni grandi incendi sarebbero divampati all'improvviso in siti non ancora definiti e che tale evento avrebbe costituito segnale di inizio per una serie di attentati contro i senatori più in vista.

Al contempo sarebbero stati impartiti ordini per movimenti di truppe dalla periferia talchè Roma venisse sorpresa da più parti.

Catilina allora, entro siffatto ambiente prossimo alla conflagrazione, decise di precorrere i tempi e chiamò, ai primi di novembre, un'altra riunione in casa di Marco Porcio Leca, congiurato della prima ora, al fine di distribuire i compiti sino al più capillare dettaglio.

La riunione avvenne e si presentò anche Quinto Curione, non ancora sospettato di tradimento.

Plutarco – Mi risulta che tu fosti protagonista dell'incontro, Cetego, e perciò preferisco affidarne il racconto al padrone di casa nel-

le vesti di un imparziale cronista piuttosto che a te, direttamente coinvolto.
Preparati comunque a continuare.

Strafottente come al suo ingresso, il teste si allontana e prende posto tra il pubblico mentre un altro dallo sguardo indecifrabile si accosta alla sbarra, distinto e rispettoso nell'aspetto.

Marco Porcio Leca – Godevo della stima di Catilina, o Plutarco, ma non ero tra i complottisti più influenti. Presumo, perciò, che casa mia venne scelta per la riunione solo perché sita ai margini della città nel quartiere proletario dei fabbricanti di falci.
Comunque sia, il consesso si svolse di notte e fu molto burrascoso.
Catilina, fuori dalla grazia degli dei, aggredì tutti noi a male parole e ci redarguì per la deplorevole indolenza con cui a suo dire stavamo affrontando un passaggio molto impegnativo che avrebbe esatto ben diversa energia.
Il suo temperamento di soggetto infaticabile e sempre all'erta, pronto all'azione immediata, mai pago di risultati, perennemente ansioso di cogliere altre mete, di certo gli procurava un'enorme frustrazione, ed infatti mai lo vidi eccitato come allora, ai limiti della follia.
Egli tuttavia parve calmarsi all'improvviso, risolvendosi piuttosto ad una pacata riflessione, nel momento in cui un elemento imprevisto si palesò entro il dibattito.
In merito sono incline a ritenere che non si trattò di un tratto casuale, bensì di una preordinata strategia in opposizione al *leader*.
Avvenne infatti che Publio Lentulo Sura, ad un certo punto, sostenne la necessità di ricorrere anche agli schiavi come schiere combattenti, il che sembrò cogliere Catilina di sorpresa poichè egli, memore della propria genesi patrizia, disprezzava gli schiavi.

La proposta comunque provocò un'incrinatura nell'unità di intenti e Catilina capì che l'insidioso contrasto rischiava davvero di minare la sua autorità, sino ad allora assoluta.

Lentulo, il vice nella congiura, si poneva come antagonista pronto ad abbattere il titolare riconosciuto.

Plutarco – Abbiamo ascoltato Lentulo Sura, sulla riunione plenaria che si tenne per la prima volta tra gli adepti di Catilina e quel che ora ci racconti di lui, Marco Porcio, sull'ambizione ad assumere la guida del complotto, è coerente alla sua frenesia di potere, non supportata peraltro da un carisma paragonabile a quello di Catilina.

Mi documentai più che a sufficienza su Sura, allorchè ne scrissi nella tua vita, Cicerone, per potermi permettere siffatta affermazione.

Egli, infatti, era talmente vanaglorioso da credere alle volgari bufale di loschi ciarlatani, tratte dai Libri Sibillini, tali per cui sarebbe stato lui il terzo tra i Cornelii a dominare Roma, quando altri due avevano già consumato il proprio ciclo.

Mi riferisco a Lucio Cornelio Silla, il dittatore a vita spontaneamente autoescluso, e Lucio Cornelio Cinna, un sodale di Mario nel periodo egemone in Roma.

Ma non indugiamo oltre, Marco, procedi nel racconto di quella notte drammatica.

Marco Porcio Leca – Senza indugio Plutarco, però lasciami almeno precisare che la dinamica comunicativa s'era fatta assai complessa e quindi non è importante ciò che venne dichiarato durante la riunione, bensì quello che ognuno formulò in recondito pensiero.

Al riguardo, comunque, senza alcuna pretesa d'aver intuito le riserve mentali di ciascuno, darò una mia interpretazione soffermandomi sui personaggi di maggiore rilievo, cioè Catilina, Lentulo, Cetego.

Quanto a me rimasi senz'altro fedele al capo.
Il capo appunto, mente della congiura, capì che tra i due supporti su cui si reggeva il complotto l'uno non dava più affidamento alcuno e l'altro rimaneva saldo. Soppesò quindi fulmineo il quadro ed intese che l'azione di forza si sarebbe rivelata devastante.
Lentulo, frondaiolo sì, ma sempre personaggio di rango consolare, non poteva essere estromesso senza ritorsione da parte dei complici, mentre Cetego, più giovane per esperienza e poco equilibrato, era in ogni caso un fedele e sicuro alleato.
Il prodotto della meditazione del capo si manifestò, infine, in queste scelte: egli sarebbe partito da Roma, per unirsi alle truppe di Manlio in Etruria, ed avrebbe consegnato le redini della cospirazione in città ai suoi due vicari, ma non prima della morte di Cicerone.
Cioè di un attentato in casa di lui entro la mattina dopo.
Non scordiamo tuttavia la presenza della spia, Quinto Curione.

Plutarco – Grazie, Marco Porcio, per l'eccellente speculazione.
Sarà data però a Catilina, nella parte dedicata, l'occasione di svelare il suo autentico pensiero sul movente che lo orientò a quell'opzione.
Voleva tornare a Roma a cogliere l'aureola della vittoria guidando gli insorti, piuttosto che attenderli avendo preparato l'accoglienza?
O si fidava abbastanza dei luogotenenti rimasti in città per seguire le operazioni militari, troppo critiche e non delegabili?
O ancora non intendeva affatto partire bensì farne trapelare la fasulla informazione, assai vantaggiosa per lui?
Non è dato sapere alcunchè, a questo punto. Riprendiamo pertanto la testimonianza di Cetego che avevo brutalmente interrotto.

Eccolo di nuovo, insolente e protervo più che mai.

Plutarco – Ti ho veduto ascoltare attento il teste precedente, Cetego, e quindi comprendi perché desidero che ora integri il tuo racconto da testimone diretto.

Marco Cornelio Cetego – Leca è uomo degno del massimo rispetto, Plutarco, ed io non posso che confermare quanto ha detto su di me.
La mia lealtà a Catilina comunque era un dato scontato per chiunque e la testimonianza che abbiamo ascoltato rimane puro pleonasmo.
Ci sono del resto due particolari importanti, di quella notte, che Leca non poteva conoscere, ed ovviamente non ha precisato.
Il capo, a quattr'occhi, mi incaricò di sorvegliare Lentulo, durante la sua assenza, riferendo a lui con celerità eventuali azioni sospette, e poi di uccidere Cicerone scegliendo un compagno per tale impegno.
Optai quindi per un tale Quinto Marcio perché affidabile e pressochè sconosciuto nell'ambiente senatorio.
Unico tra gli autori antichi, Plutarco, te ne rendo merito, menzionasti noi due per nome come i virtuali *killers* di Cicerone però le cose non andarono affatto come tu le narrasti: Quinto e io non ci presentammo all'alba chiedendo di essere ricevuti come amici in visita per colpirlo a tradimento: inverosimile ipotesi di cui non so immaginare la fonte. Vero è invece che più tardi, nel mattino, ci infiltrammo, entro la folla dei questuanti quotidiani, determinati a sfruttare l'attimo propizio a pugnalare l'uomo e fuggire nella confusione.
Ignoravamo però che Quinto Curione aveva già messo sull'avviso il console, che non si presentò e noi, dopo la vana attesa, non potemmo fare altro che andarcene con le pive nel sacco.

Plutarco – Per forza, Cetego! Cicerone ci teneva alla pelle, ma in quelle ore mattutine era anche preso da un gravoso impegno.
Stava scrivendo di getto la prima catilinaria.

Venga pertanto la moglie a raccontarci qualcosa in merito.

Terenzia – Marco ed io, Plutarco, parlammo un po' dopo la visita di Quinto Curione, latore delle notizie dalla casa di Leca, ivi compreso il proditorio piano omicida, e non ci ponemmo dubbi sulla necessità di esporre le nuove informazioni in Senato.
Concordammo quindi che, se Curione non poteva essere convocato a testimone sugli ultimi sviluppi, per indisponibilità sua e convenienza nostra, i fatti nuovi, seppure non sorretti da prove sicure, comunque si sarebbero palesati inquietanti, se abilmente presentati. Avrebbero mosso le acque e magari indotto Catilina a compiere un passo falso.
Marco meditò a lungo, sul migliore metodo da seguire, poi si chiuse nello studio e non riemerse sino al pomeriggio.
La prima catilinaria era pronta per essere declamata in Senato.

Plutarco – Grazie Terenzia, solidale moglie di un console. Ora però non posso esimermi dal chiamare l'eccellente testimone della nuova assemblea senatoria che Cicerone indisse con la massima urgenza.

Marco Porcio Catone – Si, Plutarco. Rimasi sconcertato per il così breve preavviso con cui il Senato veniva riunito, per di più in un sito inconsueto, pregno di arcani simboli.
Mi adeguai, pertanto, all'ennesimo colpo di teatro tipico di Cicerone.
Non la solita *Curia Hostilia* c'avrebbe accolti allora, bensì il solenne tempio di Giove Statore: l'edificio marmoreo che secondo tradizione sarebbe stato auspicato in origine da Romolo, primo re, per celebrare *Colui che ferma*, cioè un dio che avrebbe fermato i romani dalla fuga di fronte all'attacco dei Sabini furiosi per il ratto delle loro donne.
Si era raffazzonata in tale maniera una coreografia dalla straordinaria suggestione entro la quale Cicerone si proponeva di recitare

un ruolo di salvatore e procacciarsi un posto fulgido nella Storia come *Colui* che aveva fermato i romani dalla fuga di fronte ad un altro pericolo.

Ebbene, Plutarco, rammenti quanto ho già narrato sull'atteggiamento dell'imputato di fronte alle squinternate accuse di Cicerone fondate sulla delazione segreta di Quinto Curione? Un *mix* di sarcasmo, irrisione, sicumera, sdegno aristocratico, il tutto esibito con plateale superbia tra le acclamazioni degli amici. O sull'altra simile reazione da me riferita quando furono lette in aula le lettere consegnate da Crasso? Quando l'imputato gettò al Senato la sfrontata istanza di custodia in casa del console?

Orbene, in quella nuova occasione vidi Catilina a testa china, isolato e lontano da tutti, come un appestato, persino ingobbito, con le mani adunche tese a stringere spasmodicamente le ginocchia.

Quousque tandem, Catilina, abutere patientia nostra?

Tale fu l'esordio stentoreo di Cicerone, tonante dalla platea contro il truce reietto che pareva un serpente pronto allo scatto mortale. Ma ti prego, Plutarco, dispensami dal seguito, e concedi piuttosto ad Ortensio, eccelso avvocato, il riepilogo della prima catilinaria, come spettatore altrettanto interessato.

Plutarco – Come potrei negarti alcunchè, Marco Porcio Catone. Sia data perciò la parola ad Ortensio.

Ortensio – Obbedisco, Plutarco, seppure non saprei prevedere quale vantaggio deriverà a me, accusatore, dal commento della requisitoria che il titolare attuale della difesa, e accusatore allora, ancora privo di prove incontrovertibili, scaraventò addosso all'imputato.
Sì perché di questo si trattò: una sequela di imputazioni che in realtà si fondavano sulla consapevolezza di non poterne accertare il vero.

Un *bluff* che negli intenti avrebbe dovuto stanare Catilina ed indurlo a combattere in campo aperto.

O tempora, o mores

Cicerone colpì durissimo sin dalle prime battute, citando altri eventi nella Storia della Repubblica in cui aspiranti eversori furono scoperti e puniti senza remore.
Ammonì, quindi, Catilina a che non si illudesse di essere al sicuro da tale esito poiché le sue losche manovre erano note a tutti, come pure le malefatte trascorse per le quali era rimasto impunito.
A conferma di queste ultime intimazioni egli passò subito a fatti più recenti, per non dire immediati, riferendosi alla notte precedente:

In casa di Leca hai diviso l'Italia tra i tuoi; hai stabilito chi lasciare in Roma e chi condurre con te; hai individuato quali quartieri della città incendiare; hai confermato la tua partenza imminente, ma hai detto che avresti aspettato ancora un po' perché ero vivo. Sono stati trovati due soggetti disposti ad uccidermi.

Tale era il contenuto della delazione di Quinto Curione, ma Catilina non fece una piega sentendo dal console ciò che tutti quanti abbiamo ascoltato in quest'aula da Leca e Cetego, in ordine alla riunione della notte precedente.
Nè si scompose più di tanto di fronte all'esplicito invito del console a lasciare Roma al più presto, come peraltro stava già nei piani.

E allora, Catilina? Esiti a fare su mio ordine quel che stavi per fare di tua volontà? - È esilio - mi chiedi? No, non posso ordinartelo, ma se vuoi il mio parere, te lo suggerisco.

Certo, se il console non poteva ordinarlo in prima persona, la Patria, sì, avrebbe dovuto pretenderlo, e così Cicerone ne incorporò il ruolo proseguendo nel discorso come se egli stesso fosse la Patria.

Rinnovò quindi, a più riprese, l'invito a lasciare Roma per andare a raggiungere le bande armate in Etruria.

Al proposito, l'oratore nominò l'ex centurione Manlio come braccio armato di Catilina e destinatario dell'aquila di Mario.

Si trattava della gloriosa insegna argentea strappata al nemico nella battaglia di Porta Collina che Silla donò a Catilina per i suoi meriti, e che Catilina teneva in casa come reliquia di inestimabile valore.

Ed ecco infine l'apoteosi.

Cicerone si rivelò profeta affermando che, se avesse fatto arrestare in immediato Catilina, istigandone la condanna a morte, sarebbe andato incontro alla censura di molti per il non aver rispettato le garanzie di legge sull'appello al popolo.

Non per tale motivo tuttavia disse che se ne sarebbe astenuto, poiché tale era il suo dovere, ma perché siffatto provvedimento non avrebbe neutralizzato la congiura, ne avrebbe solo ritardato il seguito.

Pertanto se ne vadano tutti, i colpevoli, e siano separati dagli onesti!
Si raccolgano in uno stesso luogo! Un muro li divida da noi.

Con queste parole chiuse l'orazione. Catilina, livido in volto, pareva insicuro, ma non dismise affatto la sfida, anzi controbatté con insulti, a Cicerone, nè cedette di un pollice dalla consueta insolenza sapendo che la questione si risolveva nella parola del console contro la sua.

Il Senato però, altrettanto incerto, non assunse alcuna delibera e così Catilina scagliò la sua ultima invettiva.

Se qualcuno tenterà di bruciare la mia fortuna estinguerò l'incendio non con l'acqua ma con il sangue.

Infine se ne andò e, nel corso della notte lasciò Roma.

Plutarco – Grazie Ortensio, hai svolto il racconto senza precostituire elementi in favore dell'accusa, e te ne rendo merito.
Quanto alla fuga di Catilina, ascolteremo da altri come essa avvenne, temo peraltro che nessuno potrebbe mai rivelare l'animo con cui egli la intraprese: se per paura, o fretta di realizzare i piani.
Ora invece desidero sentire un uomo del popolo che ci racconti della seconda catilinaria, pronunciata il giorno dopo in Foro, da Cicerone, inteso a rinnovare subito la suggestione creata in Senato.

Accede alla sbarra un soggetto, canuto di barba e capelli, ma saldo di aspetto ed acuto di sguardo, vestito in modo semplice e dignitoso, con tunica interiore grigia e mantello marrone alla spalla.

Plutarco – Eri presente pur tu, cittadino romano, in quell'assemblea di popolo debordante, ad ascoltare l'alata parola del console.
Racconta qui ti prego, senza trascurare la tua personale opinione.

Valerio Fibulo – Tale è il mio nome. Mi presento al vostro cospetto, eminente giudice e signori della corte.
Ero un umile panettiere della Suburra, iscritto in nona centuria della quinta classe.
Alle elezioni consolari in cui Catilina si opponeva a Cicerone avevo votato senza esitazione per Catilina.
Quell'uomo mi pareva davvero uno che avesse a cuore le condizioni precarie ai limiti dell'indigenza così diffuse tra la plebe che affollava in modo drammatico il mio quartiere, e tanti altri in Roma.

Diffidavo invece del console per la sua smaccata adesione alla cricca degli aristocratici, però volli comunque recarmi al Foro perché ormai da tempo l'allarme di rivolta costringeva la città entro un'opprimente gabbia di tutela armata e appestava di paura le giornate alla gente.
Desideravo capire che cosa davvero, tra tante voci pacate o isteriche, rassicuranti o paurose, irridenti o autorevoli, stesse capitando, o ci si dovesse attendere per l'immediato futuro.
E comunque intendevo ascoltare il decantato fenomeno Cicerone.
L'alata parola però mi parve a dir poco ambigua al principio poichè non riuscivo a capire se Catilina fosse stato cacciato da Roma a calci in culo, o lasciato andare con l'indifferenza di tutti, o accompagnato, in ipocrita cortesia, con tanti saluti.
Ma come - pensai - che stai blaterando, console?

...Quell'uomo pazzo nella sua audacia, empiamente volto a tramare la rovina della patria...

non si sarebbe dovuto arrestare sul posto ed assicurare alla giustizia? Subito peraltro il console rispose a quel mio muto interrogativo.

...Se poi qualcuno m'accusasse di non aver fatto arrestare il nemico mortale, risponderei che la colpa non è mia, ma delle circostanze...

A *paraculo!* - mi sorse spontaneo in mente - Vai dicendo che non hai osato compiere il tuo irrinunciabile dovere soltanto perché la fazione garantista t'avrebbe rimproverato, o gli amici di Catilina boicottato.
E mostri pure, senza vergogna, la faccia tosta di dire che, lasciando libero Catilina, hai operato per il bene del popolo? poiché fuggendo, egli da solo si sarebbe smascherato *nemico pubblico*, non più tutelato dal sacrosanto diritto di questa città, talchè il popolo stesso avrebbe potuto combatterlo in campo aperto.

Ma andiamo, console! Non ti accorgi che sei patetico? Non capisci che quanto più denigri l'uomo, con straordinaria bravura retorica - devo ammettere - tanto più manifesti la tua vigliaccheria morale e civile di magistrato vanaglorioso e incapace?

E se poi rispondesse al vero che il depravato *leader* è neutralizzato, in solitudine, chissà dove, ma ancora proliferano nella nostra città i suoi seguaci, che tu dici di sapere riconoscere a prima vista, perché non li fai fuori in un fascio? No! Esigi da noi l'impegno:

...Quiriti, schierate i vostri eserciti contro le milizie di Catilina...

e speri di cogliere i frutti migliori declamando con enfasi altisonante:

...questa è la patria e io sono il console che vivrà o morrà con voi...

Eminente giudice e signori della corte, perdonate se mi sono lasciato andare così indignato alla critica contro l'autorità costituita.

Non vedevo di buon occhio la vittoria degli abominevoli aristocratici nelle recenti elezioni di settembre, ma neppur ritenevo condivisibile l'ostilità sputata da Cicerone contro il candidato popolare sconfitto.

Non vedevo alcunchè di buono in futuro per l'infima classe plebea a cui appartenevo, sempre con l'orgoglio di essere cittadino romano.

Quanto all'incolumità dei senatori, o personaggi di rango, in genere, francamente m'importava poco. Solo mi tormentava un tarlo molesto generato da tutto quel parlare del console di fiamme ed incendi.

Mi chiedevo, infatti, come avrei potuto salvare quel poco patrimonio che possedevo, casa e bottega di legno, se mai i congiurati avessero attuato l'idea di usare il fuoco come segnale annunciatore di rivolta.

Plutarco – Al pari di te, Valerio, la pensava mezza Roma, mentre tu, Cicerone, avevi abilmente premeditato l'uso di immagini devastanti ed idonee a spaventare la gente, per il presunto attentato ai loro beni, e stornare da Catilina la simpatia della plebe.
Comunque sia, dopo la sua fuga, spontanea o coatta che dir si voglia, la congiura imboccò due direttrici distinte: la guerra civile, alla guida di Catilina dall'esterno, e il terrore macinato all'interno sotto la regia dei vicari Lentulo e Cetego.
Pervenuti al bivio, quindi, seguiamo la traccia di Catilina fuggiasco e rinviamo sull'organizzazione della congiura dentro le mura in città.
Ascoltiamo al riguardo l'*alter ego* militare dell'imputato.
Un uomo anziano, dalla candida criniera, eppur atletico e prestante, di spalle larghe ed alta statura, s'avanza con fiero sguardo.

Plutarco – Il tuo nome, valoroso guerriero, è già stato menzionato in quest'aula, di sfuggita, ma la tua fama merita altra considerazione.
Parlaci quindi di te e della tua parte nella congiura.

Gaio Manlio – È presto detto, Plutarco: fui centurione, nelle legioni di Silla intorno ai trent'anni e combattei in Oriente contro Mitridate. Là incontrai Catilina e militai in seguito, sotto il suo comando, nella battaglia di Porta Collina. Poi le strade si divisero: io, congedato con onore, fui gratificato con una generosa donazione di terra in Etruria e mi stabilii a Fiesole. Catilina si diede alla politica a Roma, all'ombra del dittatore, e così ci perdemmo di vista.
L'Etruria, allora, era stata bersaglio di vendetta da parte di Silla per i precedenti filo mariani. Di conseguenza fioccarono confische di terra a danno degli abitanti allo scopo di istituire colonie da donare ai suoi valorosi veterani.
Ma evidentemente i rudi soldati non possedevano alcuna attitudine a trasformarsi in laboriosi contadini e pertanto, scialacqua-

ti gli averi e gli introiti iniziali, entro pochi anni divennero una massa di indigenti arrabbiata e impoverita, focolaio permanente di sommossa.

Non saprei dire come avvenne, forse fu per l'autorità morale di un ex comandante quale ero, ma di fatto ebbi dalla comunità la qualifica di *leader* riconosciuto, che assunsi di buon grado. Comunque sia, in quella veste non agii da guerrafondaio ad oltranza e, in diverse circostanze, mi improvvisai ambasciatore verso Roma a che le condizioni dei coloni si potessero alleviare pacificamente.

Non trascuravo tuttavia l'ipotesi dello scontro frontale.

Ad esempio tentai un altro approccio diplomatico allorchè seppi che a Roma fervevano gravi disordini al punto che era stato deliberato il *senatus consultum ultimum*.

Contavo allora di ottenere qualche concessione grazie alle difficoltà in corso, ma non vidi risposta.

E provai ancora con Quinto Marcio Re, dopo la fuga di Catilina.

Confidavo su Quinto, come mediatore in Senato, poichè egli era uno stimato comandante, mio ex superiore legato di Pompeo in Oriente, ma egli non capì la mia posizione e se ne venne fuori con il consiglio inaccettabile: venire supplice a Roma per invocare misericordia.

Già in precedenza d'altronde avevo avviato il sodalizio con Catilina, consolidato altresì durante alcune sue puntate a Fiesole, il cuore del mio feudo etrusco.

Assodato pertanto che, a causa dell'indifferenza in Patria, il conflitto armato rappresentava ormai l'unica speranza per un futuro migliore dei miei coloni, offersi la mia spada a Catilina, fuggiasco da Roma, e provvidi ad inviargli incontro un nutrito contingente di armati.

Il che si rivelò determinante ai fini della congiura.

Non corrisponde infatti al vero il tuo scritto, Plutarco: vale a dire che Catilina partì da Roma scortato da trecento soldati eventualmente già pronti a dare battaglia.

Quei trecento erano i miei ed egli li trovò sulla strada verso il nord.
Ne rimase rincuorato, allora, e decise di raggiungermi in Etruria.

Plutarco – Non fu quello, per certo, l'unico abbaglio nelle mie Vite Parallele, Manlio, ne esiste un'infinità di altri, invero, ma sorvoliamo su questo aspetto, che riprenderò al momento opportuno.
Piuttosto sentiamo ora un altro importante personaggio, già citato in quest'aula, in grado di renderci edotti sullo stato d'animo di Catilina dopo la fuga da Roma.
Un uomo massiccio, dall'arcigno sguardo si presenta alla sbarra.

Plutarco – Già avvocato difensore e amico di Catilina, è vero che da lui ricevesti una lettera, di carattere strettamente personale, all'atto in cui lasciò la città?
Perdona l'indiscrezione ma è importante che tu ne parli apertamente ai fini del giudizio, e di te stesso naturalmente.

Quinto Lutazio Catulo – Grazie Plutarco per lo spazio che concedi a me, semplice comprimario nelle burrascose vicende dell'epoca.
Orbene, oltre che sincero amico di Catilina, e avvocato nel processo per lo stupro di Fabia, la Vergine Vestale, posso ricordare per quanto mi riguarda che fui fervente sodale di Silla e che, console, intrapresi la prima guerra civile di un'infinita e sanguinosa serie contro Marco Emilio Lepido, il mio collega rivoltoso mariano.
Dopo averlo battuto sul campo di battaglia mi prodigai a consolidare la costituzione voluta dal dittatore, stracciata in seguito da Pompeo e Crasso, consoli in abbinata.
Divenni poi censore, in coppia con quest'ultimo, ed in quella carica interposi un veto alle ambizioni espansionistiche di Crasso in Egitto, mirate a rompere le uova nel paniere a Pompeo.

A quest'ultimo peraltro avevo invano tentato di romperle io con fiera opposizione ai provvedimenti che gli avrebbero assicurato i comandi prestigiosi contro i pirati ed in Oriente.

Mi candidai ancora a Pontefice Massimo, ma fui sconfitto da Cesare, giovane e pretenzioso bellimbusto. Che Giove lo fulmini!

Mi si presentò un'occasione di farlo fuori, quando in Senato invocò la clemenza per gli accoliti catilinari, ma inaspettatamente Cicerone fermò le guardie che, da *princeps senatus*, gli avevo aizzato contro.

Avrei dovuto allora capire che Cesare era un protetto della Fortuna e che sarebbe toccato a lui neutralizzare la Repubblica.

Ma non indugiamo sui miei trascorsi e torniamo nel solco principale.

Con Catilina dunque mantenni sempre un rapporto amichevole pure dopo la sua giravolta nella fazione avversa alla mia, nè presi partito entro l'asperrima tenzone innescata da Cicerone.

La mia carica di *princeps senatus*, d'altronde, un ruolo onorifico ma privo di alcuna autorità, mi costringeva in una *super partes* neutrale, a cui volentieri mi adeguai.

Circa la lettera che ricevetti da Catilina e della quale desideri sapere, Plutarco, non preoccuparti della discrezione personale.

Essa in effetti era ben diversa dalle altre missive di carattere formale inviate da Catilina ad altri personaggi di riguardo. Conteneva cioè un sentore più intimo e cordiale, però fu comunque consegnata da me in Senato, letta in udienza, e pubblicata da Sallustio, vent'anni dopo.

Quella lettera, pertanto, appartiene alla Storia, ancorchè rivelatrice di un animo umano in condizione di smarrimento ed incertezza.

Sallustio, peraltro, scrisse di Catilina definendolo un abile simulatore e dissimulatore ed io che lo conoscevo bene non posso che convenire su tale prerogativa, anzi, desidero ribadirla.

Epperò, alla fine dell'ultima seduta in cui Cicerone lo accusò di ogni malvagità e depravazioni immaginabile, essa venne meno.

Catilina davvero perse la testa lasciandosi andare a collera autentica, tutt'altro che simulata.
Capii allora che l'uomo, incapace di frenarsi con la consueta abilità di autocontrollo, era in realtà preda di turbamento profondo e paura.
Dopo la fuga girò un'insistente diceria tale per cui egli, vistosi ormai perduto, aveva abbandonato il progetto di sovversione e s'era deciso a raggiungere Marsiglia come esule.
Cicerone stesso parlò di tale ipotesi innanzi al popolo però disse che non ci credeva affatto poiché l'uomo preferiva l'esistenza di bandito, e tale sarebbe rimasto per ripresentarsi più minaccioso che mai.
Solo con me Catilina fu sincero e così scrisse:

Lucio Catilina a Quinto Catulo. La tua amicizia, nota per esperienza e carissima fra i tanti pericoli che mi circondano, infonde coraggio a questa mia perorazione. Non ho pertanto intenzione di presentare la difesa di un nuovo progetto: bensì, in nome della mia consapevole innocenza, ho deciso di comunicarti una giustificazione che tu per la fede degli dei potrai senza dubbio riconoscere sincera.
Inasprito da iniquità e offese, defraudato del frutto delle mie fatiche, non potevo più ottenere quel grado di dignità che mi competeva.
Mi ero sobbarcata la tutela degli infelici e degli oppressi non perché ritenessi impossibile soddisfare in altro modo i debiti contratti, bensì perché scorgevo uomini indegni onorati di pubblici riconoscimenti e comprendevo di esserne escluso a causa di ingiusti sospetti.
È a questo titolo pertanto *che inseguo la speranza di serbare il resto della mia dignità.*
Volevo scriverti molto di più, però giunge notizia che si apprestano ad assalirmi. Ti raccomando mia moglie Orestilla che affido alla tua amicizia. Difendila da ogni oltraggio.

E questo è quanto, Plutarco. Io non dubito che Catilina fosse davvero costretto dalla più oscura disperazione, anche se non sono altrettanto certo della buona fede nel dirsi vittima.
In ogni caso non mi compete giudizio in merito ma la lettera attesta a me, interlocutore privilegiato, che il mio amico, inasprito come non mai, non intendeva affatto arrendersi all'avversità, e che l'esilio auto inflitto a Marsiglia, se mai fu pensato, sarebbe stato solo una pausa.

Plutarco – Come in effetti risulterà, Catulo, poichè ormai siamo alla stretta finale degli eventi.
Catilina aveva raggiunto Manlio e stabilito il suo stato maggiore in Etruria per poi proseguire verso la Gallia ad arruolare uomini e armi ai fini della sua clamorosa riscossa.
Sallustio, d'altronde, conferma la tua interpretazione:

Catilina raggiunse Manlio recando le insegne di comando e quando la notizia arrivò Roma, il Senato lo proclamò "nemico pubblico".

Concludi dunque sull'imputato. Noi torneremo per parlare della fine.

Quinto Lutazio Catulo – Sì Plutarco, la guerra venne dichiarata con decreto in cui si stabilì che il console Gaio Antonio Ibrida assumesse la guida militare suprema e che, alla testa di una possente armata, si recasse in Etruria per bloccare ogni via di fuga a Catilina.
All'altro console, Cicerone, il decreto attribuì l'onere di assicurare la difesa in Roma e perseguire i complici di Catilina per annientarli.

Plutarco – Grazie Catulo per l'onesta testimonianza.

Il teste ringrazia a sua volta e si avvia all'uscita

Scena 4: la sconfitta (63)

Dalla scoperta delle prove alla condanna dei congiurati.

Plutarco – C'eravamo lasciati malamente con Sallustio ma ora lo ho citato di nuovo, per iscritto, affinchè torni rasserenato tra noi al fine di concludere il suo racconto.

Ecco l'uomo, un po' immusonito ma disponibile.

Plutarco – Ti ringrazio insigne storico per la nobile magnanimità di cui dai prova, avvicinandoti di nuovo a questa corte, e ti informo che siamo giunti, per altri testimoni, al momento in cui Catilina scoprì le carte e dall'Etruria si accinse alla battaglia, raschiando il barile delle risorse disponibili da opporre alle preponderanti forze governative.
Nulla è stato detto ancora invece sulla coordinata linea direttrice che continuò ad agire in Roma sotto la regìa dei vicari Lentulo e Cetego. Riprendi quindi, ti prego, la narrazione da quest'ultima visuale.

Sallustio – E sia Plutarco, bando alle polemiche. Non dubito tuttavia che mi lascerai confutare in seguito il sarcasmo con cui hai interrotto il racconto che ora mi preghi di riprendere.

Plutarco – Farò di meglio, Sallustio, ascolterò Cesare.

Sallustio – Non chiedo di più, ma veniamo agli eventi in Roma, cosa che esige rinnovata attenzione sulla cronologia.
8 novembre 63, è la data precisa in cui si tenne l'assemblea senatoria durante la quale Cicerone recitò la prima catilinaria ed ottenne quella concordia totale contro Catilina che precedentemente era mancata, al punto che l'imputato decise di lasciare Roma.

Il console, tuttavia, non rimase totalmente soddisfatto poiché tra gli astanti c'erano ancora, relativamente tranquilli, gli adepti di Catilina, che egli, pure conoscendoli come tali, non poteva denunciare a causa dell'esasperante carenza di prove (Lentulo, Cetego, e tanti altri).

La seconda catilinaria, declamata di fronte al popolo il giorno dopo, rafforzò la sua posizione ma non apportò miglioramenti di rilievo.

Un fatto nuovo, che palesava un nesso con l'affare Catilina, impegnò Cicerone per qualche giorno ancora, ma senza importanti sviluppi: Lucio Licinio Murena, uno dei due consoli eletti per l'anno a venire, fu accusato di broglio elettorale e Cicerone, suo sostenitore contro al candidato Catilina, assunse la difesa nel processo intentato da Servio Sulpicio Rufo, trombato e pretendente a subentrare.

Murena era alleato di Cicerone, e questi contava su di lui affinchè la lotta contro l'imputato si risolvesse comunque a buon fine, se i tempi si fossero dilatati oltre al suo mandato.

Il genere d'accusa era frequente all'epoca e Murena fu assolto, entro il mese, mentre Cicerone, nell'arringa difensiva, non perse occasione di rinnovare fuoco e fiamme contro Catilina.

La svolta risolutiva tuttavia si materializzò subito dopo.

Consentimi peraltro, Plutarco, poiché non ho elementi di certezza sul come davvero si svolsero i fatti, di sospendere la mia testimonianza e di riprenderla allorchè avrai ascoltato altri testi meglio informati.

Plutarco – Meglio informati? Forse, Sallustio, però quanto disposti al vero? Comunque sia, poichè non sussiste altra soluzione, sentiamo quei soggetti che, a quanto mi risulta, non hanno affatto convinto gli inquirenti in fase di indagini preliminari.

Sallustio – Purtroppo è una storia viscida, Plutarco.

Plutarco – Vedremo, Sallustio. Avanti il primo!

Un uomo non vecchio, eppur devastato nel volto da profonde rughe, si accosta alla sbarra con fare circospetto.

Plutarco – Presentati a noi, tu che per primo prendesti l'iniziativa di occulti contatti, e raccontane con scrupolo di verità.

Publio Umbreno – Questo il mio nome: ero un liberto di condizione sociale ed economica agiata, grazie al sostegno del mio ex *dominus*, il pretore Publio Cornelio Lentulo Sura.
Esercitavo commercio di stoffe e tessuti per mio conto e al contempo mantenevo il ruolo di consigliere privilegiato per lui, talchè mi erano ben note le pieghe della cospirazione in cui si trovava coinvolto.
Sapevo per esempio che, dopo la partenza di Catilina, l'insurrezione in città, programmata per fine novembre, era stata rinviata al giorno dei Saturnali, cioè 17 dicembre, e che Lentulo si stava dannando nei preparativi dell'azione e nella ricerca di altri apporti.
Fedele al capo qual ero e desideroso di aiutarlo per quanto possibile, mi balenò l'idea di sfruttare le mie valide relazioni di mercante con le genti galliche per avvicinarmi a un certo Brogo, il preposto di una delegazione di Galli Allobrogi, presente a Roma in attesa di udienza presso il Senato.
Gli Allobrogi erano una tribù molto bellicosa, stanziati in una valle tra i fiumi Rhodanus e Iseris. All'epoca della spedizione di Annibale per l'invasione d'Italia attraverso le Alpi, unici tra gli altri popoli si erano opposti al condottiero cartaginese, senza successo, e in seguito avevano offerto asilo al re dei Galli Salii, in guerra con noi romani.
Al rifiuto di consegnare il re, i romani li assalirono e sottomisero, al comando di Quinto Fabio Massimo, pronipote del temporeggiatore, perciò denominato *Allobrogicus*.

Erano trascorsi circa ottant'anni da allora e il gruppo di ambasciatori del quale sto parlando aveva ricevuto mandato di esporre al Senato una protesta per le continue angherie subìte dai governatori romani.

Pensai a Lentulo, e non posi tempo in mezzo, giacchè ritenevo che la potente cavalleria allobrogica avrebbe potuto fare la differenza nella guerra civile che si prospettava, e così abbordai Brogo *ex abrupto* in Foro: "Sei qui per implorare la misericordia di Roma e non vedi che potresti avere la città dalla tua parte in guerra".

Dissi pure, come scrisse Sallustio: "Soltanto che vi riveliate uomini, posso suggerirvi il modo per sottrarvi alla sciagura dell'oppressione romana che incombe sul vostro popolo".

Perplesso, l'uomo mi soppesò da capo a piedi ed io subito sciorinai il mio credito commerciale presso le genti galliche, e l'amicizia che mi legava agli uomini della congiura, soprattutto al capo futuro dittatore che sarebbe stato generoso verso gli Allobrogi in caso di successo.

Brogo, non da sprovveduto, si dimostrò interessato.

Mi ascoltò con attenzione, ma pretese infine più solide garanzie sulle mie parole e quindi stabilimmo di incontrarci di lì a poche ore presso il tempio della Salute, alle falde del Quirinale.

Disposi a stretto giro la manovra, incontrai di nuovo Brogo nel luogo concordato e lo condussi in casa di Sempronia, una della tante nobili matrone amiche di Catilina, al cospetto di Lentulo e Publio Gabinio Capitone, un altro esponente di punta della congiura.

E qui Plutarco si esaurisce il mio contributo alla vicenda per il quale l'ex *dominus* mi ringraziò, arcicontento.

Fui presente al colloquio tra Lentulo, Gabinio e Brogo, in cui ciò che avevo detto trovò conferma da due personaggi di indubbia autorità.

E non solo! Lentulo consegnò a Brogo un elenco di congiurati al fine di convincerlo sulle possibilità di successo e infondergli coraggio.

Una lista gonfiata a dismisura invero considerato che vi erano inclusi addirittura i nomi di Cesare e Crasso.
Il Gallo infine se ne andò, fiducioso e meditabondo al tempo stesso.

Plutarco – Anch'io ti ringrazio, Umbreno, per un racconto che pare attendibile. Avanti ora il secondo!

Un uomo pingue e brizzolato, dallo sguardo di faina, avanza in aula al cospetto del giudice.

Plutarco – Presentati a noi, senatore mercante. Narra della tua parte nell'episodio degli ambasciatori Allobrogi con scrupolo di verità.

Quinto Fabio Sanga – Questo il mio nome: ero sì senatore mercante in rapporti cordiali con numerose tribù galliche, talchè in quei giorni ero stato nominato promotore per le istanze degli Allobrogi.
Brogo poi era un affezionato amico a livello personale.
Un giorno quest'ultimo mi si presentò a casa e raccontò per filo e per segno di un suo colloquio a quattr'occhi con Umbreno, e di un altro, di poco successivo con Lentulo e Gabinio, sui quali mi risulta essere stato ampiamente riferito in quest'aula.
L'amico Gallo era preso da emozioni contrastanti.
Desiderava da un lato agire per il bene della sua gente, accettando la lusinga catilinaria, però considerava con terrore la vendetta di Roma, se le cose avessero preso una piega contraria.
D'altronde non escludo che Brogo fosse incline al doppio gioco, vale a dire che intendesse fingere di unirsi ai catilinari per improvvisarsi invece spia in favore di Roma ed ottenere così un lauto compenso.
Anzi, *melius re perpensa*, maturai un'opinione per cui quella fosse la sua opzione preferita e non dichiarata.

Comunque sia, egli mi chiese consiglio raccomandando riservatezza, e mi consegnò pure la lista dei congiurati avuta da Lentulo.

Io presi tempo riservandomi la risposta e mi ritrovai in grave dubbio tra l'amicizia personale e la lealtà alla Patria. Che cosa feci dunque? Chiesi subito un colloquio con Cicerone. Egli mi accolse immediatamente e ascoltò il racconto sull'approccio con Brogo. Vide anche la lista dei congiurati, e deprecò la presenza dei nomi di Crasso e Cesare, ma colse al volo una straordinaria carta vincente per acquisire le prove della cospirazione.

Mi ordinò infatti di suggerire a Brogo quel doppio gioco, che pure io avevo immaginato, e di inviarlo da Lentulo a chiedere lettere firmate dai complottisti e sigillate con inconfutabile marchio personale.

Tali missive - disse Cicerone - avrebbero dovuto contenere dettagli compromettenti sull'esistenza della congiura, sui nomi degli accoliti e su impegni di compenso verso i Galli, qualora avessero collaborato alla vittoria di Catilina con la propria cavalleria e creando tumulti in Gallia, tali da dividere le forze governative.

Il console aggiunse che Brogo avrebbe dovuto giustificare la propria richiesta spiegando a Lentulo che solo mostrando garanzie firmate da uomini di rilievo avrebbe potuto convincere il Consiglio di tribù allobrogica a buttarsi nell'avventura a fianco di Catilina.

Io riferii tutto all'amico Gallo, che fu entusiasta dei consigli ricevuti. E qui, Plutarco si esaurisce il mio contributo alla vicenda per il quale Cicerone mi ringraziò, arcicontento.

Plutarco − Anch'io ti ringrazio, Sanga, per questo racconto che pare degno di credito. Ritorni ora Sallustio.

Sallustio − Non so quanto sinceri siano i testimoni appena ascoltati. Ci sono infatti altri autori antichi che narrano di un percorso diverso, rispetto a quello presentato: Cicerone avrebbe dall'inizio innescato la manovra mobilitando Sanga, affinchè parlasse con

Umbreno, a che arpionasse Brogo proponendogli l'incontro con Lentulo.
Ma a te solo Plutarco compete il giudizio sulla verità dei fatti e così mi adeguo al tuo pensiero.
Non è importante del resto sapere come davvero si svolsero quei fatti poiché, almeno, è certo che l'imputato, la persona centrale in questo processo, non fu coinvolto nell'*affaire*.
Anzi, sarebbe interessante disquisire in via accademica sul se egli lo avrebbe condotto con maggiore acume rispetto a Lentulo.
Io personalmente ne sono convinto.
Comunque sia, tutto quanto architettò Cicerone si svolse esattamente come previsto. Brogo infine ottenne le lettere richieste: gli sarebbero state consegnate a mezzanotte, in un luogo convenuto, appena prima della partenza dei delegati Galli per il ritorno in Patria ove avrebbero portato a buon fine l'incarico dell'alleanza con Roma.
Il console ne fu informato in anticipo da Sanga, ed a quel punto non gli rimase che trovare il modo adatto a trafugare le missive per poi sfruttarle al massimo della loro potenzialità devastante.
Venne subito elaborato il piano, ma consentimi, Plutarco, di delegare il racconto dell'esecuzione a colui che fu incaricato di assistervi, con il compito di stendere una relazione come testimone oculare.

Plutarco – Accordato, Sallustio.

Un ometto insignificante ma dallo sguardo furbetto si accosta timido alla sbarra.

Plutarco – Ascoltiamo dunque questo prezioso contributo.

Tirone – Questo il mio nome: segretario particolare di Marco Tullio Cicerone ero il collaboratore più fidato, in particolare per perizia nel trascrivere sotto dettatura i suoi discorsi o redigere per lui i verbali di sedute in Senato, trasferendo sulla cera parola per parola, grazie a un metodo di sintesi da me inventato.

Non fui entusiasta dell'onere che mi venne attribuito, allora, poiché non ero un uomo d'azione, ma il *dominus* non ammise discussioni.

Occorreva una specie di cronista rapido e attento nell'osservare, e al tempo stesso scrivere a futura memoria l'azione progettata.

Quale azione? Eccola qui, Plutarco.

Il gruppo degli ambasciatori Galli, informato prima della partenza da Roma, sarebbe stato intercettato lungo l'Aurelia, all'altezza di Ponte Milvio, per lasciarsi sottrarre le lettere incriminanti.

Partii così per la missione insieme con i pretori Flacco e Pomptino, e una squadra di littori.

Giunti sul ponte, dopo alcune miglia, Flacco gridò "Emilio Scauro!". Alla parola d'ordine convenuta un centinaio di legionari con le facce annerite di fuliggine sbucò dagli arbusti d'intorno, e i pretori presero ciascuno metà del contingente per appostarsi nascosti all'imbocco ed all'uscita del ponte, in attesa di fare scattare la trappola.

Trascorsero alcune ore nel silenzio assoluto, sinchè apparve dalla via di Roma un gruppo di cavalieri, a cui venne lasciato libero passo sul Tevere, ma, quando i cavalieri giunsero all'estremità, ivi trovarono il gruppo di Pomptino schierato con torce accese e spade sguainate.

I cavalieri si arrestarono, invertirono la marcia, e si videro innanzi un uguale muro prontamente formato da Flacco ed i suoi, me compreso.

Saltare dai parapetti sarebbe stato un suicidio e d'altronde la trappola era stata concepita come una mera sceneggiata.

I Galli erano informati, dicevo, e Cicerone stesso s'era raccomandato di non usare violenza ma solo di procedere ad un finto arresto.

Avvenne invece che un cavaliere si buttò all'assalto dalla mia parte e colpì a morte un legionario prima di essere disarcionato.

Costui di certo sarebbe stato massacrato dai compagni, se Flacco non fosse subito intervenuto. Questi però, all'atto della cattura, riconobbe Tito Volturcio, seguace di Catilina, e s'accorse pure che portava una borsa di cuoio in cui erano riposte le preziose lettere.
Per quanto ne sapevo, non avrebbe dovuto esserci resistenza da parte dei Galli, già al corrente dell'imboscata, tant'è che essi scesero dai cavalli e si arresero cedendo le armi.
Non mi spiegavo pertanto l'assalto, se non da qualcuno ignaro della manovra, qual era Volturcio.
Appresi, in seguito, che gli era stato affidato l'incarico di scortare i Galli sino all'accampamento di Catilina, in Etruria, e di custodire le lettere sigillate per consegnarle ai Galli solo alla ripartenza. Invece le lettere passarono da Volturcio a Flacco, da Flacco a me, da me a Cicerone, quando tornai a Roma.

Plutarco – Grazie Tirone, vedo che il *dominus* ti sorride con affetto. Ma ora procedi, Sallustio.

Sallustio – Precisiamo innanzitutto ai fini di corretta cronologia che la messinscena sul ponte Milvio avvenne nella notte tra il due e il tre dicembre e che Cicerone, all'alba, identificò, dal sigillo personale, il nome dei mittenti:
Lentulo, autore di due lettere, Cetego, Gabinio, Statilio, Cepario.
Il console le tenne intatte per evitare contestazioni ma ordinò in ogni caso l'arresto dei cinque e li fece condurre, sotto custodia, al tempio della Concordia, ove il Senato era già stato convocato.
Quanto agli Allobrogi, revocò lo stato d'arresto e prestò riguardi nei loro confronti. Li fece poi partecipare all'assemblea, come testimoni. Si avvalse inoltre di Volturcio, sempre come teste, e dei due pretori, Flacco e Pomptino, che portarono con sé in aula uno scrigno di legno ove erano contenute le sei lettere.
Dopo l'esordio di Cicerone sul modo in cui era entrato in possesso di tali documenti, e dopo il riconoscimento dei sigilli, dai mittenti, le lettere furono finalmente aperte e lette in pubblico.

Risultarono tutte indirizzate al Consiglio di tribù allobrogica, tranne una di Lentulo destinata a Catilina, della quale parlerò in seguito.

Il testo si rivelò incontrovertibile, nel senso di una corruzione tentata nei confronti di eventuali alleati affinchè si unissero alla congiura in corso mettendo a disposizione la propria cavalleria. L'azzardo del console si rivelò dunque vincente. Egli aveva preferito tenere le missive intatte ben sapendo che, se non avessero contenuto le prove da tempo cercate, si sarebbe definitivamente screditato.

Cicerone allora cominciò l'interrogatorio e si rivolse a Volturcio per primo il quale, dapprima reticente e poi disponibile, per la promessa di impunità, confermò l'esistenza della congiura, fece una sequela di nomi come aderenti, oltre a quelli già presenti in aula, ed illustrò le modalità del piano operativo fatto di incendi ed uccisioni in massa.

I Galli a loro volta confermarono i contatti intervenuti con Lentulo e Gabinio e ne descrissero i passaggi in estremo dettaglio.

Lentulo e gli altri quattro insorsero indignati, negando siffatte parole. Nel frattempo, perquisite le case degli accusati, giunse la notizia per cui Cetego teneva nascosto un'impressionante arsenale di armi, delle quali l'uomo si giustificò affermando di essere un collezionista.

Questo fu l'ultimo risibile tentativo di autodifesa dopodichè i cinque, sotto incalzante pressione, calarono le braghe e confessarono.

Il Senato, quindi, ratificò l'arresto e dispose la custodia cautelare dei cinque, ognuno presso un diverso tutore, stabiliti da Cicerone per la mancanza di volontari, tra i quali Crasso e Cesare.

Quest'ultima fu invero una designazione non certo casuale giacchè il sospetto di connivenza nella congiura persisteva nei confronti di quei due ed un loro rifiuto lo avrebbe per certo alimentato.

Cicerone d'altronde voleva offrire l'occasione di stroncarlo.

Nel pomeriggio il console pronunciò in Foro la terza catilinaria.

Plutarco – Ti interrompo, Sallustio, per ridarti quindi parola, poiché anche sulla terza catilinaria vorrei ascoltare un cittadino, come già è avvenuto per la seconda.
Un uomo di mezza età, bassa statura, dalle gambe arcuate, in grezza tunica, accede alla sbarra fissando torvo il giudice da sotto in su.

Pure tu presente in Foro in quel gelido pomeriggio racconta, ti prego, senza diffidenze, la tua impressione sul discorso del console.

Sesto Volusio – Tale il mio nome, eminente giudice, ero macellaio di là del Tevere, iscritto in trentesima centuria della quinta classe.
Anch'io avevo votato per Catilina alle elezioni consolari come uomo campione delle infime classi, ma nei mesi successivi crebbe in me la diffidenza nei suoi confronti, essendo subissato da terrificanti voci di rivolta che evocavano incendi e distruzioni in città.
Non ero pertanto male disposto nei confronti del console, che già dal tempio della Concordia, alla fine della seduta, aveva fatto diffondere la notizia della congiura sventata neutralizzando i timori ricorrenti.
All'esordio dell'orazione, però, rimasi fastidiosamente colpito dalla *trombonaggine* a cui l'oratore diede fiato nel citare, esprimendosi in costante prima persona, l'impegno sempiterno a vegliare sul popolo di contro alla malvagia banda di sovvertitori e incendiari.
Il fuoco, infatti, sembrava ormai la parola d'ordine atta ad eccitare il terrore ancestrale della plebe.

...Loro intenzione era incendiare la città in ogni zona come era stato stabilito in partenza.

La narrazione dei fatti recenti, comunque, fu estremamente precisa: dalle oscure manovre di *intelligence*, all'imboscata sul ponte Milvio, e quindi all'interrogatorio stringente degli accusati, in Senato, con la deliberazione finale a loro carico.
L'apoteosi del console sarebbe stata roboante, secondo lui:

In mio onore è stata decretata una cerimonia di ringraziamento agli dei per la prima volta dalla fondazione di Roma tributata a un civile. La motivazione è: "per aver salvato la città dall'incendio, i cittadini dal massacro, l'Italia dalla guerra".
Se confrontiamo il ringraziamento con altri trascorsi la differenza è che quelli furono sanciti per vittorie militari, e questo, unico, per la salvezza dello Stato.

Paradossalmente poi il console riconobbe una lode a Catilina, seppur espressa in termini negativi. Affermò infatti che se l'uomo non fosse stato esiliato, probabilmente nessuna lotta avrebbe infine portato alla vittoria, come quella conseguita contro i suoi cialtroni luogotenenti.
E ancora via! con un'altra autocelebrazione abilmente mascherata da elogio agli dei immortali:

…Se sostenessi d'averli fermati sarei un presuntuoso, atteggiamento imperdonabile. No, è stato Giove, salvando il Campidoglio, i templi, la città intera, voi tutti!
Guidato dagli dei, io mi sono limitato a prendere le decisioni, e sono arrivato a disporre di prove schiaccianti…

Salvo poi ricascare nell'incenso a sè stesso:

In toga avete vinto, grazie a uno solo, a me, comandante in toga.

E diamoci un taglio, console! Macchè:

...A ricompensa della mia opera non chiedo alcun premio al valore, nessuna dimostrazione di onore o testimonianza di lode, ma solo che sia eterno il ricordo di questa giornata.
È dentro il vostro cuore che desidero siano riposti i miei trionfi, tutte le attestazioni di onore, le testimonianze di gloria, i riconoscimenti di stima! *Sia il vostro ricordo a glorificare la mia impresa, la parola a farla crescere, le opere storiche ad accompagnarla negli anni e a renderla grande. Penso che l'esistenza di Roma ed il ricordo del mio consolato vivranno per lo stesso tempo, spero per l'eternità...*

Qualche remora comunque doveva albergare in cuor suo se infine si decise a rivolgere al pubblico siffatta invocazione:
...È vostro dovere provvedere affinché domani il mio operato non si ritorca contro me. Ho provveduto a che non vi nuocessero i piani scellerati degli uomini più temerari, ora sta a voi preservare la mia incolumità...

A paraculo! - mi sorse spontaneo in mente.

Plutarco – Più che altro un previdente buon profeta, Sesto Volusio. Cicerone l'avrebbe poi pagata cara. Ma torniamo a te, Sallustio.

Sallustio – Al calare della sera nel Foro, Plutarco, Cicerone concluse la terza catilinaria, diretta al popolo, così ebbero fine gli straordinari eventi di quell'intensa giornata, ma già in quella successiva riprese il dibattito in Senato, per decidere la sorte degli accusati ormai indubbi colpevoli perchè rei confessi.
Cicerone vi esordì richiamando la solennità del momento e conferì al Senato la paternità della decisione finale dichiarando che, nonostante l'essenziale ruolo da lui svolto nella vicenda, non si sarebbe espresso sul tema poiché desiderava che il supremo organo dello Stato non ne rimanesse in alcun modo influenzato.
Secondo l'ordine da lui stabilito, quindi, si svolsero all'inizio alcune schermaglie, mirate a colpire la partecipazione occulta di

Crasso e di Cesare alla congiura, dimostratesi assolutamente infondate.
Poi furono invitati a parlare i consoli designati per l'anno a venire. Silano e Murena si pronunciarono per la pena capitale.

Plutarco – Non adontarti, Sallustio, se sospendo di nuovo il tuo dire, ma sappi che lo faccio al fine di onorare la mia promessa.
Poiché infatti, dopo i primi tredici voti orientati alla pena capitale, fu il momento di Giulio Cesare, desidero che egli si presenti prima che tu, Sallustio, commenti il suo discorso.

Il Pontefice Massimo, trentasettenne, elegante e dall'affabile ironico sguardo, entra in aula altero nel rispettoso silenzio del pubblico.

Plutarco – Abbiamo già ascoltato qui Crasso e Pompeo con i quali ti trovasti a condividere il potere in Roma, salvo in seguito conseguirlo per te solo. Non è concepibile pertanto che tu manchi all'appello.
D'altronde non potrei sottrarmi alla promessa di dare soddisfazione a Sallustio, per la mia impertinenza nei suoi confronti.
A te la parola dunque, Cesare, parla alla Corte in totale libertà.
Immagino che avrai non poco da dire sull'imputato e sui rapporti che intrattenesti con lui.

Cesare – Sono stato informato, Plutarco, della diatriba intercorsa tra te e Sallustio, talchè hai contestato a lui scarsa credibilità a causa di una sospetta reticenza a fare il mio nome nell'arruffato scenario della congiura di Catilina.
Ebbene, insigne giudice, innanzitutto ritengo doversi lodare Sallustio per la limpida lealtà, e non beffeggiarlo, così come ti sei permesso.
Gli hai concesso poi parole di rammarico per non dover rinunciare al suo prezioso apporto, ma quel che è detto non può essere ritirato ed io intendo qui riabilitare lo storico, non per gratitudine

personale, ma in ossequio alla sua dignità e ineccepibile competenza.

Sallustio, infatti, mi ignorò nel narrare la storia della congiura perché semplicemente non c'era nulla di infamante da riferire su di me.

E mi spiego, Plutarco.

Conobbi Catilina quando, di ritorno dal governatorato in Africa, egli cominciò a frequentare il selezionato circolo di Crasso immaginando di procurarsi il sostegno necessario ad accedere alla carica consolare. Un favore che il mio mentore gli avrebbe senz'altro garantito, sia per la stima nata durante il servizio comune sotto le bandiere di Silla, sia per la convinzione di conseguire comunque un utile, se non fosse poi subentrato a inibire la candidatura il processo per concussione.

Crasso ed io, in seguito, subimmo costantemente la calunnia d'essere stati conniventi con Catilina ed i suoi progetti di eversione a causa di quello che avvenne nell'ambito della cosiddetta prima congiura, ma il vero è che l'imputato, allora, fu un soggetto di scarsa rilevanza.

E, secondo me, inidoneo al disegno, se non dannoso.

Io francamente non mi sarei aspettato alcunchè di buono da un uomo così virulento e settario nel blaterare di morti ammazzati, di incendi e distruzioni di massa, con occhio spiritato e fanatico gesticolare.

Doti di straordinaria resistenza fisica, e determinazione d'animo, egli le possedeva, come pur di acuta intelligenza e carisma personale, ma il delirante coacervo d'ambizione smodata e di propensione alla più drammatica teatralità, dirottavano siffatte qualità dai migliori intenti, ed alla fin fine ne decretava un insuccesso sicuro sul piano concreto. Di ciò riuscii a persuadere Crasso, talchè Catilina restò escluso dai progetti della prima congiura, fallita altresì per una mia avversione a qualsivoglia obiettivo di inutile violenza.

La posizione di Catilina pertanto, e la nostra entro il partito popolare, andarono divergendo sempre più, talchè Crasso ed io scegliemmo ad un certo punto di agevolare Cicerone.

Il clima di tensione, infatti, alimentato ad arte dai veementi proclami del console contro l'eversione, rischiava di rinvigorire Pompeo come *deus ex machina* da richiamare in Patria al più presto.

E tu puoi immaginare, Plutarco, quanto tale prospettiva allarmasse il mio mentore, talchè venne al punto di concepire il piano delle lettere anonime che Cicerone sfruttò per ottenere i pieni poteri.

Svelo in questa maniera il retroscena reale, oggetto di tante illazioni, poiché almeno esso rende inconfutabile il nostro mutamento di rotta nei confronti di Catilina.

Io comunque non temevo affatto Pompeo, anzi pensavo che servirmi della rivalità tra lui e Crasso avrebbe giovato alla mia carriera.

Ma lasciamo perdere. Già si è detto: è tutt'altra storia.

Infine, per quanto riguarda il mio intervento in Senato nel giudizio contro i catilinari rei confessi, mi preme rammentare che, a causa dei persistenti sospetti di connivenza, Crasso decise di darsi malato.

Non si presentò in aula, mentre io sì, e rischiai la vita.

Quinto Lutazio Catulo, infatti, *princeps senatus* e notorio amico di Catilina, istigò la fronda contro me che ero riuscito a orientare buona parte dell'uditorio su miti posizioni (invero mi odiava visceralmente per la sconfitta subita alle elezioni a Pontefice Massimo) e così diede inizio a un tafferuglio in cui mi vidi all'improvviso sotto la minaccia diretta delle guardie chiamate a sedarlo.

Per fortuna Cicerone mi sottrasse d'autorità alle spade.

E questo è quanto, insigne giudice.

Concedi ora a Sallustio di narrare il mio discorso sui congiurati.

Plutarco – La tua magnificenza storica ti consente di concludere con un ordine perentorio nei miei confronti, Cesare. Comunque, hai detto la tua, in parole convincenti e attendibili.

neanche una piega da parte di Cesare.

Plutarco – Ligio all'ordine ricevuto, ti invito a procedere, Sallustio.

Sallustio – Obbedisco altrettanto ligio, Plutarco, dopo il graditissimo interludio di Cesare, e mi accingo a riferirne l'intervento svolto entro il dibattito sulla pena da erogare ai cinque accusati. In merito mi preme evidenziare che nella mia opera quel discorso fu il tratto più lungo che scrissi su Cesare, perché importante, ancorchè non decisivo, e comunque sia lo riferisco adesso a sintesi dal verbale autentico che venne redatto allora per ordine di Cicerone, unica fonte da cui attinsi la conoscenza.
Non apporterò alcun commento, affinchè sia dissipata ogni ombra di faziosità.

"Padri Quiriti - disse Cesare - chiamati a deliberare su una questione di incerta natura, siate immuni da sentori di odio, amicizia, rancore e pietà. A nessuno sfugge l'enormità di pericoli corsi dallo Stato, che altri hanno già menzionato con dovizia di immagine raccapricciante, ma nessuna simpatia o collera sia comunque consentita.
Silano, hai proposto la pena capitale e non intendi come la morte sia una liberazione dai tormenti, più che pena. Perché non hai indicato la fustigazione o l'esilio, piuttosto?
Invero, qualunque pena sia decretata contro gli assassini della Patria apparirà giusta ed ampiamente meritata. Eppure vi esorto a meditare, senatori, sul quanto la vostra decisione influirà nei casi futuri, poiché gli abusi procedettero sempre da provvedimenti di per sé giusti.
Quando infatti il potere si consolida in mano agli uomini disonesti, il peggiore arbitrio cresce a dismisura e le pene straordinarie, applicate contro abietti colpevoli, finiscono erogate anche contro innocenti.

Non avvenne forse così in Atene, sconfitta ed umiliata da Sparta, che prescrisse al nemico il regime dei trenta tiranni, dapprima sì idoneo a estirpare la mala pianta della delinquenza, e poi reo d'avere seminato il terrore nell'intera popolazione? E qui a Roma, pochi anni fa? Quando Silla fece radicale giustizia dei criminali più turpi e poi si diede alle stragi indiscriminate.

Vi invito pertanto, senatori, a far nostro l'esempio di sapienza e virtù che i nostri antenati esercitarono in passato per creare e conservare la potenza civile e morale dello Stato ormai solidamente acquisita.

Perciò non debbono accogliersi proposte eccezionali.

E se mai paresse a voi che la mia proposta sia quella di lasciare liberi i colpevoli e di rafforzare così l'esercito di Catilina, vi sbagliate.

Propongo piuttosto che a questi colpevoli d'aver concepito la rovina dello Stato, ancora non tentata, badate bene, siano confiscati i beni e che, essi stessi, siano spediti in esilio, che non si interponga appello alla delibera, e chi contravvenisse sia proclamato nemico dello Stato e dell'ordine pubblico".

Plutarco – Ineccepibile relazione Sallustio. Considerato però come tu non intendi esporti oltre, aggiungo io a commento che l'eloquenza di Cesare trascinò parte dell'uditorio verso la più clemente soluzione ed *in primis* Silano, che in seguito chiese parola per rettificare la sua proposta per la pena di morte.

Sallustio – Sì Plutarco, l'elegante eloquenza e il prestigio di Cesare avevavo incrinato l'asse che pareva consolidato, riportando in auge i dubbi ed i ripensamenti.

Per un altro verso poi anche i partigiani di Pompeo volevano rinviare il giudizio e attendere il ritorno del grande condottiero per affidargli la guerra contro Catilina.

Cicerone, il cui desiderio non espresso era palese per tutti, comprese subito l'entità del pericolo incombente e decise di correre ai ripari.
Lo fece in realtà con l'orazione denominata quarta catilinaria, buttata giù lì per lì e pronunciata subito dopo il discorso di Cesare.
Essa fu meno interessante delle altre precedenti, ma nel contempo un capolavoro del dire e non dire.
Cicerone infatti voleva a tutti costi la morte dei congiurati però si era impegnato a non esporsi in merito e del resto auspicava che il Senato intero se ne assumesse la responsabilità.
Propongo quindi che venga Catulo a raccontare la quarta catilinaria.

Plutarco – Così sia, Sallustio.

Quinto Lutazio Catulo – Consentimi, Plutarco, di premettere che la mia posizione entro il dibattito s'era ormai consolidata nella corrente ostile ai cinque rei confessi perché, già dubbioso sulla buona fede di Catilina, avevo trovato conferma dalle inconfutabili testimonianze di Volturcio e degli Allobrogi.
Che poi Cesare si fosse allineato con la parte opposta, era un motivo in più per indurmi alla pena capitale.
In effetti io nutrivo contro lui un odio viscerale per avermi sottratto la carica di Pontefice Massimo, al punto tale che tentai addirittura di smuovere Cicerone affinchè inducesse i testi a false dichiarazioni per accusare Cesare come complottista catilinario.
Il console respinse siffatta proposta ma soltanto perché, secondo me, il coinvolgimento in processo di un personaggio così illustre avrebbe distolto l'attenzione dal suo obiettivo primario: la condanna capitale con esecuzione immediata dei cinque.
Accolsi comunque con favore l'intervento non previsto di Cicerone e ora ne parlerò, tralasciando i toni di pura retorica ai quali l'uomo non era proprio in grado di rinunciare.
Di realmente essenziale il console disse:

Ora vi prego, padri coscritti, qualunque cosa accada, qualunque sia il vostro pensiero, dovete decidere prima di notte.
Qualunque misura decidiate, dovete fare giustizia, presto!

Passò quindi ad illustrare le contrastanti opinioni di Cesare e Silano, che non aveva ancora modificato la propria, senza lasciare trapelare alcun commento favorevole o contrario. Anzi, elogiò Cesare per la mitezza e indulgenza, salvo poi scoccare un fendente micidiale:

Lentulo, per distruggere le fondamenta dello Stato ricorre ai Galli e chiama gli schiavi alla rivolta, ordina a Cetego di trucidare tutti noi del Senato, a Gabinio di sopprimere il resto del popolo, e a Catilina infine di devastare e saccheggiare l'Italia intera! Quello che dovete temere è che le vostre delibere paiano troppo blande in presenza di un crimine mostruoso!
E molto più dobbiamo temere di apparire crudeli verso la patria se saremo clementi nella condanna, piuttosto che implacabili verso i nostri peggiori nemici.

Proseguì ancora pronunciando un appello all'unità ed alla concordia:

...si prendesse una decisione con fermezza essendo in discussione la sicurezza del popolo, la vita di mogli e figli, gli altari sacri, i templi, i santuari, le abitazioni dell'intera città, l'impero, la libertà, la vita dell'Italia, lo Stato nel suo complesso.

E infine non trascurò il ricorso a inconfutabile logica giuridica, quale era il suo stile.
Rammentasse Cesare che la *lex Sempronia* di Caio Gracco sanciva sì l'appello al popolo (*provocatio*) per i condannati a morte, ma solo se cittadini romani a pieno titolo, non certo per nemici pubblici come in effetti dovevano essere considerati Lentulo e soci.

Il che, peraltro, non rispondeva al vero poiché solo Catilina era stato proclamato "nemico pubblico".

Plutarco – Grazie Catulo, può bastare. Riprendi pure, Sallustio.

Sallustio – Intervenne Catone a questo punto, in allora tribuno della plebe, e fu altrettanto persuasivo in linea opposta rispetto a Cesare.
Sull'onda di Cicerone egli ribaltò il tavolo.

"Padri Quiriti - disse Catone - dissento totalmente dalle proposte che ho ascoltato inneggianti alla clemenza poiché il crimine meditato dai personaggi oggi accusati, ancorchè non tradotto in esecuzione, deve essere prevenuto con inflessibile severità, per la salvezza del popolo e per i vostri beni personali, ai quali tanto tenete.
Poc'anzi Cesare ci ha intrattenuto argomentando sulla morte e sulla inopportunità di siffatta pena che secondo lui, in quanto fine di ogni angoscia, sarebbe preferibile all'esilio e privazione dei beni, come se ai malvagi non fosse riservato nell'oltretomba altro percorso rispetto ai buoni, cioè in luoghi tenebrosi, squallidi, orribili.
Egli ha indicato invece il confino come pena più severa.
Probabilmente perché non teme che gli esuli potrebbero anche essere liberati dagli amici per poi ripresentarsi e procedere nei loro piani.
Cosa che avverrà certamente se ci dimostreremo irresoluti.
Cittadini della migliore nobiltà hanno cospirato di distruggere Roma, chiamato alla guerra i Galli, nostri irriducibili nemici.
Catilina minaccia, ci punta il pugnale alla gola, e voi esitate.
Ancora indugiate. Siete incerti sulle deliberazioni da prendere subito contro questi perfidi nemici arrestati proprio dentro le mura?
Ecco dunque Quiriti il mio pensiero: poiché, per l'infame tentativo di uomini scellerati la Patria versa oggi in pericolo, ed essi stes-

si, per la denuncia di Volturcio e degli Allobrogi, sono rei confessi d'avere architettato contro tutti i cittadini massacri e incendi, suggerisco che, secondo antico costume degli antenati sulla flagranza criminale, i rei confessi siano condannati a morte".

Plutarco – Non risulta alcunchè dai verbali di quella seduta circa un episodio che d'improvviso produsse uno scroscio di squillanti risate. Io infatti appresi da altra fonte l'azione del meccanismo psicologico collettivo che stemperò per un istante quel clima di tensione estrema di cui l'aula era satura dopo i discorsi di Catone e di Cesare.
Che cosa accadde dunque? Ecco, onorevole pubblico.
Mentre Cesare stava pronunciando una replica, gli giunse tra le mani da un inserviente un biglietto che sbirciò alla svelta.
Non sfuggì la manovra a Catone seduto pochi seggi più in là, il quale insorse coma una vipera calpestata e gridando accusò Cesare d'avere testè ricevuto istruzioni dagli amici di Catilina.
Cesare sorrise e consegnò a Catone il biglietto invitandolo a leggerlo ad alta voce in pubblico.
Lo scritto era firmato da Servilia, la sorella di Catone nonché amante in carica di Cesare, e conteneva l'invito a un convegno serale di tono inequivocabilmente erotico.
Il boato fu incontenibile. Catone restituì la tavoletta a Cesare in malo modo tacciandolo di "sciagurato".
Ma fu solo una pausa di buonumore nella drammatica seduta poiché, nonostante il ridicolo diffuso, Catone aveva riparigliato le carte dei "falchi" dopo la sortita messa a segno da Cesare per le "colombe".
Procedi ora, Sallustio.

Sallustio – Siamo all'epilogo, Plutarco. Nessuno infatti osò prendere la parola dopo i tuoni e fulmini di Catone.
Nel silenzio seguente il console troncò ogni indugio e colse al volo il clima favorevole ai suoi *desiderata*. Ordinò che si andasse

subito al voto con modalità palese, nel senso che ogni senatore si accostasse a Cesare oppure a Catone.
La maggioranza sfiorò l'unanimità: il Senato decretò la condanna a morte con esecuzione immediata e senza appello alcuno.

Plutarco – Il trionfo di Cicerone parve allora universale tra il Senato ed il popolo ma, come aveva pronosticato, quattro anni dopo gli si ritorse contro quando Clodio, allora tribuno della plebe *longa manus* di Cesare, e nemico personale dell'ex console, fece sancire una legge retroattiva che puniva chiunque avesse disposto condanna capitale contro un cittadino senza *provocatio ad populum*.
Cicerone subì per questo un anno d'esilio, ma quando tornò a casa la burrasca catilinaria era ormai trascorsa e quasi dimenticata.
Riprendiamo pertanto l'ultimo atto della tragedia in Roma, affidando il racconto a Tirone, il fedele scriba segretario che restò al fianco del *dominus* sino a notte fonda, dopo l'assemblea fiume in Senato.

Tirone – Grazie Plutarco. E vengo subito ai fatti svolti all'imbrunire della tempestosa giornata.
Vista l'inoppugnabile risultanza del voto, il *dominus* provvide senza dubbio a che quattro soggetti del rango consolare andassero ognuno a prelevare i condannati nelle dimore private in cui erano custoditi.
A sé stesso riservò la cura di Lentulo.
Non avevo mai visto un assembramento di folla stipata in Foro come quello che accolse Cicerone al suo arrivo, ma non ci furono applausi, bensì un grave silenzio carico d'aspettativa, poiché dal Senato erano trapelate solo voci contraddittorie e indistinguibili.
La massa si aprì al nostro passaggio. Il *dominus* e io imboccammo la via del Palatino, scortati dai littori, per raggiungere la casa di Publio Cornelio Lentulo Spintere, un parente del nostro Lentulo e suo tutore per l'occasione.

Non fu necessaria neppure una parola tra il prigioniero e Cicerone. Lentulo comprese e si diede docile e dignitoso.
Raggiungemmo poi il *Carcer* sulla falda orientale del Campidoglio e salimmo i gradini sino ad una angusta galleria scavata nel tufo che ci condusse in una stanza cieca, maleodorante di escrementi e paura.
Erano lì già presenti gli altri quattro accompagnatori, *il carnifex*, con gli assistenti, ed i prigionieri, stesi sul pavimento, strettamente legati.
Tra loro soltanto Cetego dava segni di vita e di ribellione.
All'ordine di Cicerone, uno a uno i cinque vennero calati nel buco al centro della stanza, unico accesso a quella delle esecuzioni.
Altri li strattonarono da sotto per le gambe ed io non vidi più nulla.
Solo il *dominus* guardò al lume di una torcia il lavoro finito.
Percorremmo quindi a ritroso la galleria sinchè emergemmo nell'aria limpida della sera.
La moltitudine traferita dal Foro ci accolse con il Senato schierato in testa, in una luce fantasmagorica di fiaccole accese.
Tutti fremevano nell'attesa della parola del console, ed egli infatti ne pronunciò con voce tonante soltanto una: *vixerunt* (portava male in occasioni così solenni parlare esplicitamente di morte).
Dopodichè esplose l'applauso, e Cicerone si sciolse in lacrime.

Scena 5: morte gloriosa (gennaio 62)

La battaglia di Pistoia

Plutarco – Sventata la congiura in Roma, ai primi di dicembre 63, Catilina già da un mese era latitante in Etruria. Continua quindi, Sallustio, su quest'ultimo fronte risalendo a ritroso al 8 novembre 63, data in cui Cicerone declamò la prima catilinaria.

Sallustio – 8 novembre 63 è anche la data della fuga di Catilina dalla capitale, sulla quale per il momento non è dato capire quanto essa fu spontanea o coartata dagli insistenti "inviti" di Cicerone.

L'imputato ci svelerà il suo animo autentico su quel tratto del quale, dicevo, nessuno potrebbe affermare se si sentisse fuggitivo disperato oppure agguerrito combattente in ritirata strategica.

Catilina dunque aveva lasciato Roma con una scorta di pochi amici e s'era imbattuto quindi nei trecento uomini inviati da Manlio.

Ad Arezzo aveva raccolto un altro cospicuo contributo, consegnato a lui dall'amico Gaio Flaminio, ed infine aveva raggiunto Fiesole, ove Manlio lo attendeva con i suoi veterani sillani.

Schiere di giovani rivoluzionari erano accorsi da Roma con speranze di gloria e onore, contadini e neglettti d'ogni specie avevano legato la propria sorte a quell'esercito, desiderosi di ruberie e saccheggi.

Ad un certo punto Catilina s'era persino risolto a ricevere gli schiavi: opzione che l'aveva precedentemente messo in urto con Lentulo.

Rammenti in proposito, Plutarco, la lettera affidata da quest'ultimo a Volturcio affinchè fosse consegnata al *leader* in fuga? ovvero la sua seconda di quelle trafugate nell'imboscata su ponte Milvio. Così ne riportai il testo nella mia monografia:

Chi io sia capirai da colui che ti ho inviato. Considera la situazione drammatica in cui ti trovi e ricorda d'essere uomo. Pensa a quanto i tuoi interessi esigano e chiedi l'aiuto di tutti, anche dei più umili.

Lentulo si rivolgeva a Catilina con un tono da superiore gerarchico e insisteva su un'azione che il capo aveva sempre respinto, ma che poi si era risolto ad adottare di propria iniziativa, poichè per certo non si trovò mai tra le mani quella lettera.
Comunque sia, ai primi di dicembre l'esercito ribelle poteva ritenersi consolidato in circa dodicimila uomini, val a dire nell'equivalente di due legioni, ma armati e addestrati solo in piccola parte.
Catilina ne aveva assunto la guida alzando le insegne di proconsole, oltre alla gloriosa aquila di Mario.
Dalla parte governativa, però, le forze armate erano molto superiori.
Alle due legioni guidate dal console Antonio Ibrida in arrivo dal sud, incalzanti i ribelli verso i territori montuosi dell'Etruria, se ne erano aggiunte altre tre agli ordini del pretore Quinto Metello Celere.
Queste ultime procedevano con manovra avvolgente dal Piceno, al fine di interdire al nemico i più agevoli valichi dell'Emilia.
Catilina, per parte sua, voleva raggiungere in qualche modo la Gallia Cisalpina, ove avrebbe potuto procurarsi nuove risorse.
Ma dovette rinunciare per l'impossibilità di transiti e s'attestò quindi in un pianoro di ridotte misure tra Fiesole e Pistoia ove la superiorità numerica contraria sarebbe stata in parte annullata.
Ai piedi dei monti appenninici innevati, in una chiara giornata, ebbe luogo infine la battaglia decisiva, preceduta dal memorabile discorso di Catilina, che nessuna sintesi potrebbe riprodurre quanto all'ardore guerresco ed all'antica *dignitas* romana:

So bene, o soldati, che le parole non producono il coraggio e che un esercito non cambia da vile in valoroso, o da pavido in animoso, per

un discorso del generale. Quant'è il coraggio che ciascuno ha in sé per indole naturale ed educazione, tanto è in grado di manifestarne in guerra ed è inutile stimolare chi non percepisce l'incentivo della gloria o del pericolo: il timore gli tura le orecchie!
Ma io vi ho convocati per darvi qualche avvertimento ed insieme per esporvi il motivo della mia decisione. Voi sapete bene, soldati, quale rovina abbia rappresentato per i nemici e per noi la viltà di Lentulo: e come, in attesa di rinforzi dalla città, io invero non abbia potuto muovere alla volta della Gallia cisalpina.
E voi capite al pari di me quale sia ora la nostra situazione.
Due eserciti nemici, uno proveniente da Roma e l'altro dal Piceno, ci tagliano la strada. La mancanza di grano e di ogni altra risorsa ci impedisce, quand'anche lo volessimo, di recarci altrove.
Ma ovunque vogliamo marciare, noi dovremo aprirci il passo con le armi. Per questo vi esorto ad essere moralmente forti e risoluti: ed a ricordare, quando darete battaglia, che voi portate nelle vostre mani le ricchezze, l'onore, la gloria, la libertà stessa e la patria.
Se vinciamo, tutto ci sarà assicurato: avremo viveri in abbondanza e libero ingresso nelle province.
Ma se per paura ci ritireremo, tutto questo si volgerà contro di noi: nessun rifugio, nessun amico aiuterà chi non ha saputo proteggersi. E in più, o soldati, abbiamo ben altra necessità di combattere che i nostri nemici: noi ci battiamo per la patria, la libertà, la vita mentre loro non hanno alcun interesse a combattere per il dominio di pochi. Perciò andate all'attacco con maggior baldanza, memori dell'antico valore. Avreste potuto passar la vita in esilio, nell'estremo disonore: qualcuno avrebbe potuto, anche dopo la confisca dei beni, restare a Roma ad aspettare la carità altrui.
Ma si tratterebbe di soluzioni vergognose e intollerabili per uomini d'onore; e così avete deciso di affrontare il presente rischio.
Se volete uscirne indenni occorre coraggio, poichè solo il vincitore può mutare la guerra in pace.
Aspettarsi salvezza dalla fuga, quando non si impegna più il nemico sotto la minaccia delle armi che ci proteggono, è una pazzia.

È una legge che in guerra corre *maggiore pericolo chi più teme: il coraggio è come un muro di difesa.*
Quando vi guardo, soldati, quando considero le vostre gesta, sono preso da una grande speranza di vittoria.
L'ardore ed il valore vostro mi infondono fiducia: senza dire della necessità, che trasforma in valorosi anche i deboli.
D'altronde, l'angustia della località non permette al nemico, sia pur numeroso, di prenderci nel mezzo.
Ma se il destino sarà avverso, vendete a caro prezzo la vita.
Non lasciatevi catturare e sgozzare come bestie. Combattete da eroi ed imponete al nemico una vittoria cruenta e luttuosa.

Plutarco – Lo squilibrato conflitto fu condotto per parte governativa dal legato Marco Petreio, futuro vicario militare di Pompeo, in luogo del console Gaio Antonio Ibrida, datosi malato.
Non c'è altro di più da ricordare sull'uomo che, già congiurato della prima ora, non ebbe l'ardire di affrontare il fiero nemico.
Dalla parte dei ribelli Catilina assunse il ruolo di unico condottiero.
Ora concludi, Sallustio, con le stesse parole di lode a Catilina che dovesti riconoscergli nell'estremo sacrificio.
Sallustio – Sì Plutarco, il cinque di gennaio la battaglia si svolse in modo non dissimile dal tipico scontro in campo aperto, con il primo impatto tra le schiere armate alla leggera.
Ma non vale parlarne a lungo.
In questa fase si combattè furiosamente, e con sorte incerta, sinchè l'impiego da Petreio della guardia pretoria distrusse il fronte nemico e condusse alla rapida vittoria.
Rileva piuttosto rammentare che alla fine:

avresti potuto constatare quanta audacia e forza d'animo reggesse l'esercito di Catilina. Infatti, quasi ogni soldato coprì col suo corpo esanime il luogo occupato da vivo, combattendo, e pochi, fra quelli che la coorte

pretoria aveva scompigliati, erano caduti più lontano, ma tutti colpiti nel petto.
Quanto a Catilina, fu trovato lontano dai suoi, in mezzo ai cadaveri nemici. Ancora palpitante, conservava l'ardore di tutta la sua vita.

Plutarco – Grazie Sallustio, imprescindibile e pressochè unica fonte storica. Ma sia data finalmente la parola all'imputato.

Scena 6: dichiarazione spontanea dell'imputato

Lucio Sergio Catilina – Roma, antica Patria del diritto, traboccava di avvocati dal variegato talento, nella mia epoca tardo repubblicana: eminenti prìncipi del Foro, dignitosi soggetti di medio livello, loschi figuri striscianti, sderenati azzeccagarbugli, e quant'altro. In più occasioni ebbi necessità di procurarmene uno, poiché non ero proprio quel che si dice uno "stinco di santo", ma che si pervenisse a mobilitare la crema della professione intorno alla mia degna persona, davvero non me lo sarei aspettato.

Nella prima categoria, che ho menzionato, l'eccellente Marco Tullio Cicerone mi perseguitò come avversario politico, e poi come nemico pubblico. Quinto Ortensio Ortalo invece, altrettanto esperto leguleio, mi difese nel processo per concussione al ritorno dall'Africa.

Ora, con incredibile disinvoltura, i due si sono scambiati le parti, ma tant'è: forse proprio in ciò risiede la massima bravura forense, su cui non mi rimane altro che confidare per il meglio.

Ringrazio entrambi, comunque, per l'impegno che dimostrano.

Ma di che cosa si dibatte qui, insigne giudice e onorevole pubblico?

Orbene, se non fosse per gli scritti di Cicerone e Sallustio, invero io non sarei stato elevato al livello storico che mi impose il marchio del tenebroso cospiratore per antonomasia.

Né, d'altra parte, nessuna notizia sarebbe mai stata tramandata su di me come quella su un patrizio ardimentoso e pronto a distruggere gli iniqui privilegi della propria casta per un ideale di giustizia.

Sì Plutarco, questo è il dilemma: Catilina aspirante al potere assoluto per via rivoluzionaria, fondamentalmente egoistica? Oppure Catilina paladino del popolo di fronte all'arroganza aristocratica?

Quest'ultima è la rappresentazione che a parer mio si adegua di più a quanto intrapresi nella Storia, Plutarco, e tu, seppur appartenente alla schiera innumerevole dei miei detrattori, come giudice hai assunto lo scrupolo del dubbio.
Ecco perché nutro fondate speranze sul tuo sereno giudizio.
Ebbene sì, di certo fui l'anima nera ispiratrice di una congiura contro l'ordine costituito, e non incruenta nelle intenzioni, ma perché mai la parola *congiura* assume ineluttabilmente un significato negativo?
O meglio: fu davvero una congiura? E non piuttosto una lodevole via di ripristinare le antiche glorie della Repubblica?
Non dovrebbe forse dirsi congiura anche il patto tra Crasso, Pompeo, Cesare, più volte citato come altra storia rispetto alla mia?
Forse no, se in esso vediamo la parvenza di bonario accordo.
Ma quale immensa catastrofe di lutti e conflitto civile causò infine, per concludersi comunque in una dittatura di casa Giulia?
Magari io fui solo un modesto dilettante rispetto a loro, e tuttavia mi atteggiai con volontà diretta esclusivamente a servire il popolo.
Per ambizione personale sì certo, ma con intento rivolto al bene ed al rispetto dei supremi valori della romanità più antica.
Fallii purtroppo in entrambi gli obiettivi, di carriera istituzionale e di rivolta. Pagai con la vita, però non procurai danno alla Repubblica, poiché non realizzai alcuno dei propositi denunciati come il pericolo più terribile mai occorso alla città, dall'interno, ancorchè li ritenessi strumentali all'ideale che avevo in mente.
Premesso quindi siffatto profilo a mia discolpa, in generale, vediamo ora con diversa propensione ed in maggior dettaglio le accuse che mi furono rivolte dal momento in cui optai per il consolato.
Prima di allora infatti mi ero distinto in ambito militare e poi politico sotto l'egida di Silla, percorrendo un brillante *cursus honorum*, e non subii mai condanne giudiziali ma soltanto chiacchiere e sospetti.

Innanzitutto smentisco, nella maniera assoluta, la suggestiva iperbole sallustiana secondo cui, di ritorno dalla campagna militare in Oriente agli ordini di Silla, avrei trascorso il tempo nell'arruolare gentaglia di malaffare di ogni specie e chissà per quali astrusi scopi.
Ma quando mai? E con quale denaro? Non ne ebbi dalla famiglia, né è vero che mi arricchii con le proscrizioni sillane.
Vediamo poi il presunto stupro della Vestale Fabia.
Invero si trattò di un intrigo ordito dal mio nemico giurato Clodio, lo stesso che, da tribuno della plebe, architettò la rovina di Cicerone.
Con Fabia infatti avevo un rapporto di mera natura patrimoniale, per l'acquisto di un piccolo podere, e da lei ricevetti una sera un biglietto d'invito ad un incontro notturno urgente nell'*Atrium Vestae*.
Ingenuamente accettai ma, giunto al suo cospetto, ella cascò dal pero negando d'avermi mai scritto alcunchè.
Dopodichè, all'improvviso, la *Virgo Maxima* irruppe sulla scena e ci sorprese gridando ai quattro venti la sacrilega tresca.
Il successivo processo, istituito in grande pubblico clamore, accertò le infide manovre di Clodio, che aveva falsificato lo scritto, talchè si ritrovò costretto a cambiare aria, sinchè la rivolta servile di Spartaco mise in ombra il pruriginoso scandalo.
Fummo quindi assolti, ma, dicevo: i dolori veri iniziarono quando, di ritorno dal governo in Africa, presentai la candidatura a console per il partito popolare.
Morto Silla, abbandonai il partito aristocratico e puntai sul sostegno di un altro sostenitore di parte opposta: Marco Licinio Crasso.
Non si è mai visto alcunchè di simile nella Storia? ...Ma andiamo!
Il ribaltone politico non sarà proprio una regola generale ma neppure una scandalosa eccezione.

Comunque sia, gli avversari ottimati a quel punto, preoccupati per la mia potenziale ascesa, si servirono proprio di Clodio, che di nuovo varcò il mio cammino.

Il losco individuo allora portava ancora il nome patrizio originario di Publio Claudio Pulcro, che sarebbe cambiato in Clodio, per adozione da una famiglia plebea, allo scopo di assumere la carica di tribuno da esercitare a fini tutt'altro che idealistici.

Gli aristocratici quindi gli conferirono incarico di intentare processo contro di me per le presunte malversazioni compiute da propretore in Africa, talchè siffatta pendenza giudiziale, come è noto, fermò il mio accesso alle elezioni nei successivi due anni.

È altrettanto noto peraltro che infine fui assolto, grazie a te Ortensio ed al denaro di Crasso, e quindi decadde l'insidioso ostacolo alla mia aspirazione magistratuale, e mi presentai ai Comizi Centuriati.

Cicerone, mio avversario in quella tornata, ha ammesso da testimone in questa sede che durante la campagna elettorale andò a sfrucugliare tra gli scheletri nel mio armadio senza curarsi del vero o del falso.

Ma tu, Plutarco, lo hai perentoriamente zittito, affermando che egli si stesse preparando a tessere argomenti per la difesa.

Nient'affatto! Insigne giudice, poiché Cicerone avrebbe detto la pura verità, se tu gli avessi permesso di proseguire, e cioè che i fulmini da scagliare contro di me, in quell'epoca, sarebbero stati predisposti per mera propaganda, non per indagini seriamente documentate.

La demonizzazione del concorrente politico è sempre stata, e sempre sarà, in ogni tempo e luogo, un modo di lotta fisiologico nei sistemi di governo e, come tale, non se ne deve mai accettare acriticamente il contenuto menzognero.

Questo sostengo, riferendomi ai discorsi di Cicerone che senza prova alcuna contrabbandarono al pubblico le mie più turpi nefandezze ed i miei più orrendi crimini.

Ne siano lampanti esempi la celebre sua orazione *in toga candida* ed il *commentariolum petitionis*, redatto da suo fratello Quinto.

Non voglio commentare tali cloache diffamatorie di abietta vergogna da cui germinarono i frutti malati di invereconde fantasie distorte.

Sallustio ne ha parlato in esordio di udienza, concedendovi un ampio respiro, ma io nego tutto, indistintamente, e in particolare respingo la più incredibile delle congetture, vale a dire l'assassinio di mio figlio per compiacere una donna che non era sua madre.

Il ragazzo morì di febbre, questa è la verità, ed io ne patii l'indicibile disperazione di padre amoroso nei confronti della sua unica creatura, sulla quale peraltro avevo puntato ogni speranza di immortalità.

Comunque sia, Cicerone risultò console eletto, insieme con l'imbelle Gaio Antonio Ibrida, mentre io, terzo nella contesa, rimasi al palo.

Avevo profuso considerevole impegno nel programma radicale per la plebe, come un insieme di atti che Ibrida, proveniente al pari mio dal circolo di Crasso, s'era vincolato a condividere.

Ma quest'ultimo cedette alla lusinga avversaria e pure Crasso revocò il suo appoggio perché angustiato dalla mia iniziativa di promuovere la soppressione generale dei debiti.

Puoi bene immaginare, Plutarco, quanto potesse andargli a genio una simile prospettiva se tieni conto che il prestito ad usura costituiva per lui la più lucrosa fonte di introiti. Io però ne avevo fatto il cavallo di battaglia e non intendevo transigere.

Contavo piuttosto sulla rivincita grazie al consenso trasversale tra la plebe urbana e i ranghi della decaduta aristocrazia.

Ex militante sillano, ero trasfigurato nel vendicatore dei torti subiti dalle classi più degne per l'opera di biechi reazionari riuniti in circoli esclusivi, atti a perpetuare l'esercizio del malgoverno prevaricatore, con conseguenti privilegi.

Contro di loro peraltro, ingordi latifondisti, concepivo in favore della plebe rurale un piano di riforma riferendomi alle trascorse esperienze dei Gracchi, dei tribuni Glaucia e Saturnino, di Marco Livio Druso, i precedenti fautori dell'equa distribuzione che pagarono con la vita il coraggio delle loro iniziative in favore del popolo.

Nonostante tale prima sconfitta alle elezioni, dunque, godevo di un notevole seguito che mi faceva ben sperare nella rivalsa per l'anno a venire, e invece fui di nuovo sconfitto grazie a brogli elettorali.

Compresi allora che la via istituzionale per sanare l'invincibile presa della corruzione nelle stanze del potere mi era negata e la *congiura*, già vagheggiata in scelta alternativa, divenne l'opzione obbligata.

Orbene, Signori della Corte ed insigne pubblico, a fronte di tale dato di fatto, incontrovertibile, è emerso più volte nel corso del dibattito il dubbio sul quando in realtà io avrei iniziato a concepire nell'intimo pensiero il piano eversivo contro la Repubblica.

E non paia questa una dicitura deteriore poiché, secondo una visione storica diversa, e correttamente intesa, si dovrebbe parlare piuttosto di catarsi delle istituzioni.

In secondo luogo è subentrato l'interrogativo sull'autentico mio stato d'animo nel momento in cui lasciai Roma per l'ultima volta, cioè sul se fui sospinto a detta azione per proposito già maturato o per timore di rappresaglie immediate fomentate da Cicerone.

Nessuno al riguardo ha azzardato risposta, poiché l'intimo pensiero è impenetrabile, e quindi ecco ciò che in verità posso raccontare.

Io non consideravo il consolato come supremo punto di ascesa della carriera politica, in rapporto all'ambizione di realizzare a Roma un riassetto davvero radicale dell'istituzione repubblicana. Un unico anno di gestione, e condiviso con un collega a pari grado, non sarebbe stato sufficiente per conseguire siffatto obiettivo.

Ben altri disegni avevo in animo per Roma infatti, e quindi si intenda che i termini di "congiura, cospirazione, complotto, piano eversivo o quant'altro" costituiscono la rappresentazione deteriore del vero mio ideale che definirei, dicevo, "catartica rivoluzione".

In questo senso potrei affermare che insorse connaturato a me stesso quello che viene superficialmente definito piano eversivo.

Che poi il consolato non mi fosse stato neppur attribuito, per broglio elettorale, divenne un mero incidente, ovvero l'occasione, purtroppo infausta, che mi costrinse ad accelerare i tempi, comportando infine la catastrofe.

Avevo ormai compreso tutto ciò, nel preciso momento in cui lasciai il Senato dopo la prima catilinaria: l'edificio stava per crollare e la mia partenza, programmata per rientrare vittorioso, si trasformò in una fuga precipitosa.

Il mio stato d'animo d'allora traspare chiaramente dalla lettera che in fretta e furia scrissi all'amico Catulo, ovvero quello d'un uomo privo di risorse ma indomito e pronto alla fine gloriosa.

Radunai perciò i miei compagni di sventura, che ebbero fiducia nella mia guida, sino all'epilogo.

Finì male, contro il sordido sistema dei loschi farabutti in toga orlata di rosso, ma sarebbe toccato a Cesare l'onore di realizzare l'obiettivo nei successivi vent'anni: un altro nobile decaduto amico del popolo.

Scena 7: requisitoria

Ortensio – Non soltanto nel clamoroso processo contro Verre che tu hai menzionato nell'esordio, Plutarco, uscii sconfitto dall'inflessibile logica inquirente di Cicerone, ma pure nell'oppormi alla *lex Manilia*, atta a conferire il sommo comando a Pompeo contro Mitridate, re del Ponto, dovetti cedere, sovrastato dall'eloquenza del mio ex allievo, sempre più rampante in Foro.
Di lui rimane intatta nei secoli la pregiata ed abbondante produzione letteraria, filosofica, giuridica, di me invece nulla, ma forse è proprio questa la ragione della macroscopica discrepanza tra noi.
Cicerone infatti era un eccellente oratore ma ancor di più un superbo rielaboratore per iscritto della parola pronunciata dal vivo, su cui non sempre dava il meglio di sè, mentre io non fallivo un colpo e tuttavia non ne conservai alcuna memoria, come invece provvide lui.
Ora però di nuovo a cimento uno contro l'altro voglio proprio vedere che cosa succederà nei confronti dell'imputato Catilina.
Riprendiamo da principio quindi sulla sequela delle infamie che egli ha tentato di ridimensionare, addirittura rilanciando in un'immagine rutilante di integrità morale e civile incompresa.
Il tutto, a suo dire, in difesa dei supremi valori della romanità.
Consideriamone pertanto i presunti vizi privati e le pretese pubbliche virtù, come lo stupro della Vestale Fabia, tanto per cominciare.
Ebbene, che cosa narra al riguardo il nostro imputato su quest'ultimo rimarchevole episodio?
Davvero egli avrebbe *ingenuamente* accolto l'invito ad un colloquio notturno nella sacra *aedes* delle sacerdotesse, come si trattasse di una taverna normalmente aperta ad ogni genere di incontro?
È verosimile immaginare che Catilina, pur ammettendo che Clodio lo avesse attirato in quel subdolo inganno, anche essendosi

prodigato a rendergli agevole l'ingresso, intendesse solo gestire una trattativa di compravendita immobiliare dall'esiguo valore? Ma come? Un uomo attraente, notoriamente bene disposto a lasciarsi coinvolgere in avventure galanti, si sarebbe ritrovato nella possibilità di avvicinare in ambiente intimo una ragazza molto bella, per parere unanime, la quale gli avrebbe anche chiesto di presentarsi all'insolita ora, e non prefigurò l'ovvia conclusione di una visita clandestina? Anzi si presentò candido e con le pergamene catastali sottobraccio? Io francamente sarei in grave imbarazzo nel propinare siffatta bufala. Eppure è proprio ciò che Catilina ci narra.

E peraltro, se egli se ne uscì assolto dal processo seguente, non pare alla Corte quanto meno singolare che il suo esperto avvocato, Quinto Lutazio Catulo, non avesse allora trovato altri argomenti difensivi se non che i due sarebbero stati sorpresi dalla *Virgo Maxima* vestiti? Ma fammi il piacere!...povero maltrattato Catilina.

Diciamo, piuttosto, che la passione sfrenata soverchiò ogni prudenza e che tu, arrapato come un toro, ti intortasti in piedi la Vestale contro il muro, nell'irresistibile impulso, alla faccia dei valori romani.

Orbene, se Catilina passò per il rotto della cuffia dall'imputazione di stupro, questo avvenne, sì, per perizia del difensore e per corruzione del pubblico ministero, ma soprattutto per protezione incondizionata da parte di Lucio Cornelio Silla, onnipotente dittatore a Roma.

Tuttavia, signori della corte ed eminente pubblico, non è mio intento fondare soltanto su tal risibile peccato veniale un'accusa di condotta scellerata che invero si manifestò per ben altri esecrabili misfatti.

Io credo infatti, attraverso il boccaccesco episodio, non d'avere colto in fallo l'imputato, poichè di poca cosa si tratta, ma di essere risalito al più ampio principio per cui l'uomo in realtà, visceral-

mente incline a mentire e travisare i fatti in furbesca inventiva, abbia sempre inteso consegnare alla Storia l'immagine di sè come quella di una vittima sacrificale dell'altrui perfidia.
Simulatore e dissimulatore – scrive Sallustio –.
Poniamo perciò in siffatta luce tutte le altre infamie, la cui menzione l'imputato respinge, per apodittico argomento, e in particolare quella sull'omicidio di Gratidiano, aggiungo io.
Con quale ardire hai negato anche questo crimine, Catilina?
Non è forse vero che l'avvocato, e amico, Catulo ti conferì l'incaricò di vendicare suo padre, indotto al suicidio da quel Gratidiano, guarda caso anche fratello della tua ripudiata moglie?
E non ti vide, poi, tutta la folla che gremiva il Foro, marciare tronfio esibendo la testa mozzata della vittima, per deporla al piede di Silla, così munifico con gli assassini dei suoi nemici?
Di tale natura dunque è il personaggio Catilina, o signori della Corte: una persona indegna di considerazione sulla propria attendibilità, un bugiardo spergiuro matricolato, suadente e mellifluo.
Ecco perché, seppure di molti altri misfatti di gioventù non sussista la prova certa, aleggia comunque un dubbio perenne e inquietante su di lui per fama perversa ampiamente alimentata dalla letteratura.
Tutto ciò, comunque, attiene alla vita privata, mentre nell'esperienza militare gli vanno certo accreditati chiari meriti ed in quella politica il *cursus honorum* fu meritevole e non sospetto.
E per quanto ancora attiene all'accusa di concussione da governatore nella provincia d'Africa, neppur andrei a sfrucugliare più di un tanto, dal momento che un'onesta amministrazione da parte dei romani era l'eccezione, più unica che rara, a fronte della regola generale fatta di latrocinio indiscriminato.
Chiudiamo così il tratto sui vizi privati senza troppe recriminazioni, e rivolgiamo piuttosto l'attenzione all'impulso interiore nella scalata istituzionale al potere e nella congiura, su cui intendo soffermarmi in più approfondita analisi.

Riconsideriamo dunque Catilina in veste di propretore uscente dalla provincia d'Africa, pronto a candidarsi al consolato.

La premessa di tale aspirazione fu un audace salto della quaglia dagli aristocratici ai popolari.

Ebbene, Signori della Corte, è doveroso, al fine di un equo giudizio, comprendere la genesi di quella scelta ideologica strategica entro un contesto più chiaro rispetto a quanto riferisce l'imputato.

Egli infatti ne parla incidentalmente e non offre spiegazioni, anzi, dà per scontate le proprie valide ragioni richiamando alcuni precedenti di affine dinamica vissuti nel passato dalla Repubblica.

Si tratta però di esempi non omologabili alla sua avventura.

Catilina si è riempito la bocca, sulla traccia dei Gracchi, di Glaucia e Saturnino, di Marco Livio Druso, ma ha tralasciato Clodio, nemico irriducibile, che io reputo più simile a lui rispetto agli altri citati.

Sui Gracchi, soprattutto, un confronto è fuori luogo: primi coraggiosi fautori della riforma agraria, a favore del popolo, agirono in movente ideale di equità sociale autentico ed incontaminato, ma pagarono con la vita il loro prorompente ardore.

Glaucia e Saturnino, un pretore ed un tribuno della plebe, alleati del console Gaio Mario, in provvedimenti a carattere popolare, forse non furono proprio immacolati nella sfida contro l'avversario, ma al pari dei Gracchi si impegnarono, e vennero barbaramente uccisi.

Marco Livio Druso, anch'egli con carica di tribuno, addirittura fondò una commissione delegata a distribuire terra al popolo e perciò subì infine un'uguale sorte letale.

Siffatti tre modelli Catilina ha menzionato, come illustri archetipi al suo piano d'azione, ma del tutto a sproposito, secondo me.

Nessuno di loro, infatti, antepose la propria ambizione personale alla ricerca di un equilibrio sociale atto ad assicurare la pace e la maggior gloria della Repubblica e delle sue istituzioni.

Nell'animo di costoro, infatti prevalse l'afflato idealistico, l'anelito alla solidarietà sociale, mentre, di simile sentore, non sussiste alcuna traccia nell'esperienza di Catilina.

Egli, spudoratamente, vorrebbe lasciarci credere che, all'improvviso, avrebbe rintracciato in se stesso la vocazione di cavaliere errante che gli sarebbe stata foriera di successo allora, e ora ci somministra nella spigliata tracotanza di un imbonitore da fiera.

No, signori della Corte, non ci induca in inganno costui poiché non fu affatto la memoria dei Gracchi, o di altre eminenti figure, la forza ispiratrice di un complotto mascherato da missione ideale.

Catilina, invero, perseguì un genere di squallida demagogia asservita al proprio potere e si avviò nella ricerca di un modo di applicazione estremo, per la tutela delle masse plebee, idoneo a giustificare la sua smania dominatrice, ma non ebbe occasione di esprimerlo in veste di magistrato e quindi, caparbio, si diede a tutt'altra via.

Alla stessa stregua, d'altronde, agì Clodio.

Il detestato avversario di Catilina, dicevo appunto, chiese l'adozione da una famiglia di umili origini per accedere alla carica di tribuno, e quindi blandì il popolo con esorbitanti provvedimenti di legge in suo favore, ma al solo fine di innalzare se stesso, e senza alcuno spirito di altruismo.

Ovviamente anche per lui l'avventura finì nel sangue, in una volgare rissa da osteria, da brigante di strada qual era, non certo in onorevole battaglia. E qui sottolineo la distinzione in onore e merito di Catilina.

Procediamo, comunque, con il suo percorso.

Quando tornò dall'Africa erano passati oltre dieci anni dalla morte di Silla, il suo mentore, nonché *leader* di parte aristocratica, e, seppure gli *optimates* prevalessero ancora, al governo in Roma, egli per parte sua era consapevole di godere esiguo credito nei circoli oligarchici, a causa delle ombre diffuse intorno alla sua persona.

Il "salto della quaglia" rimaneva quindi per lui l'esclusiva possibilità di rimanere a galla, e chi meglio di Crasso, il suo ex comandante ed allora esponente di rilievo dei popolari, avrebbe potuto garantirgli la sponda migliore per l'avventura politica, passaggio intermedio per una dittatura del popolo, o sul popolo?
È tutto qui, in realtà, Signori della Corte, il grande spirito idealistico che animò l'azione di quell'improvvisato demagogo fautore di colpo di stato, Catilina: e sia nella prima congiura in cui minimo si rivelò il suo contributo, sia nell'altra, stroncata da Cicerone, in cui l'imputato si impegnò allo spasimo ed infine sbattè il muso.
Catilina così ha parlato della propria sconfitta a chiusura di discorso: ha detto che la svolta sovversiva al libero esplicarsi per via legale di aspirazioni politiche volte all'interesse del popolo gli fu imposta da un'astiosa cricca di loschi senatori da ritenersi, secondo lui, autentici furfanti vergognosamente coalizzati contro il bene della gente entro un sistema democratico.
I circoli esclusivi dell'aristocrazia gli avrebbero interdetto per mezzo di abietti intrighi l'ascesa al consolato, intendendo mantenere intatto il degenerato sistema di influenza reazionaria, da tempo consolidato, e tale per cui si sarebbe perpetuato il loro ripugnante dominio.
Catilina, quindi, ci ha delineato una prospettiva secondo la quale egli si trovò costretto alla guerra civile, non avendola voluta, e solo dopo avere subito un processo fondato sul nulla e una valanga di calunnie.
A malincuore quindi, sempre a suo dire, avrebbe impugnato le armi per distruggere le malsane prerogative senatorie.
Ci ha contrabbandato insomma siffatte menzogne affermando che gli avversari si arrabattarono con insano furore a distruggere sul nascere la pura ventata libertaria. Ma non è così, signori della Corte e insigne pubblico: si tratta di un'inversione poiché è vero l'esatto contrario.

Catilina, infatti, propretore uscente dalla provincia d'Africa, cercò il supporto di Crasso nel seguito di carriera già avendo concepito un progetto di ghermire con la forza il potere assoluto.
Egli sapeva che il suo mentore era un personaggio troppo in vista per osare un colpo di mano in prima persona, e che volentieri lo avrebbe agevolato concedendogli ampia discrezione.
Cesare però, astuto e lungimirante luogotenente di Crasso, comprese che la smisurata ambizione del nostro sarebbe stata deleteria proprio per quella propensione a metodi violenti e sanguinari che dimostrava di preferire nell'agone politico, e riuscì infine ad alienargli il favore del comune anfitrione e finanziatore.
Fallì in allora la cosiddetta prima congiura, erroneamente attribuita a Catilina, ma il seguito dimostra il malefico spirito dell'imputato.
Egli infatti, privo di ogni autorevole appoggio, rinnovò comunque la sfida istituzionale e abbandonò la ricerca di qualsivoglia alleanza.
Da solo esasperò ai limiti estremi il percorso *populistico* della specie più insensata per procurarsi apprezzamento della plebe, ma si trattò, invece, di una bugiarda vocazione democratica che in realtà puntava alla sovversione mirata al proprio esclusivo tornaconto.
Perseguendo tal via fu sconfitto due volte alle elezioni consolari, ma non se ne una fece ragione e, senza remore, continuò ad inseguire il proprio scopo attraverso omicidi di massa, incendi e distruzioni.
Concludo, signori della Corte ed eminente pubblico.
Siete forse in grado di immaginare quanto, davvero. stesse a cuore al nostro la promozione, il benessere del popolo, se era pronto invero a ridurre in cenere la città ed a sterminare l'intero Senato?
Riservando poi a sé stesso il gradito dono della morte di Cicerone?
Per l'attitudine all'inganno, dunque, per la ferocia incondizionata nel perseguire il potere, per tutto quanto ho illustrato sulla dis-

soluta vita privata, invoco una condanna esemplare al cospetto della Storia.

Scena 8: arringa

Cicerone – Ben venga questo nuovo confronto tra noi, Ortensio, nel quale forse il tuo talento prevarrà, considerato che Catilina si ritrovò schierati contro innumerevoli critici e denigratori, sia all'epoca a noi contemporanea, sia in eterogenei periodi storici. Ricordiamo peraltro che il giudice stesso non può dirsi esente da tale coinvolgimento nell'esecrazione collettiva.
Per un altro verso tuttavia, Signori della Corte ed eminente pubblico, l'esito finale di questo giudizio non mi pare poi così scontato.
A parte infatti la tua incensurabile onestà intellettuale, Plutarco, sulla quale nessuno oserebbe neppure balbettare qualche dubbio, l'essenza dell'accusa di complotto cruento, che abbiamo ascoltato, si fonda su una sequela di ipotesi soltanto progettate e mai realizzate.
I fatti non sussistono, dunque, mentre il tratteggio umano e storico di Catilina, merita una speculazione più attenta di quanto sia concesso ricavare da una pletora di scritti diffamatori, citati qui in sommi capi, e prodotti da autori non proprio disinteressati all'atto pratico.
Alludo anche a me stesso, naturalmente, e altresì, nonostante il pieno impegno a neutralizzarlo che assunsi duemila ed oltre anni orsono, io ritengo di potermi presentare in limpida buona fede per difendere un uomo che davvero rappresentò per me un'ossessione lacerante ed al quale io ispirai sentimenti di odio profondo. Ma furono in realtà le contingenti esigenze politiche che portarono al conflitto senza esclusione di colpi tra l'ambizione sfrenata di noi due aspiranti al successo ed al potere, sia pur attraverso diversi metodi.
Adesso invece, svanite le peculiari premesse storiche, l'articolazione di questo mio intento difensivo è l'argomento più efficace che potrei svolgere in ausilio a Catilina poichè godo del privilegio

di conoscere bene le trame di un'accusa da me stesso a suo tempo elaborata.

Tutti i pregiudizi contrari, pertanto, accumulatisi nella Storia in capo all'imputato, saranno compensati dall'esposizione dei fatti connessi alla sua autentica personalità, densa di luci e ombre, sì, ma certo non visceralmente malvagia come la tradizione pretende.

Mi preme ricordare, del resto, che il mio primo incontro con Catilina avvenne in circostanze che avrebbero potuto trasformarsi, da un lato, in amicizia reciproca e, dall'altro, nella mia ammirazione unilaterale per un commilitone di eccezionale coraggio e resistenza fisica.

Fummo infatti ufficiali subalterni nel corso della guerra marsica e, in tale occasione, compresi il suo considerevole valore militare.

Memore di tale qualità, nell'ultimo atto dell'avventura che ci indusse al mortale duello, preferii affidare al collega console, Marco Antonio Ibrida, il compito di distruggerlo in campo di battaglia: impegno che Ibrida evitò dandosi malato, e al quale io mi sottrassi sin da principio perchè, considerata la mia inettitudine alle armi, sarei stato capace di perdere, nonostante la superiorità di risorse, contro un'indomita furia sobillata dal carisma di Catilina.

Si rammenti poi quanto ho già detto in esordio sulla mia propensione ad accollarmi la sua difesa nel processo intentatogli per concussione, al ritorno dalla provincia d'Africa.

In allora infatti non ero schierato ancora con la parte degli *optimates*, e perciò intuii in Catilina un prezioso alleato di parte *populares*, per i quali egli aveva già attuato la scelta.

Soltanto in seguito sarei diventato il portabandiera dell'aristocrazia e nemico di Catilina, astro dei *populares* nella corsa al consolato.

Allo stato della visione che si stava delineando, quindi, mi candidai e reputai più facile cercare sostegno in un altro malleabile concorrente, Ibrida appunto, piuttosto che nell'incorruttibile Catilina.

Da allora cominciarono i dolori della forsennata campagna elettorale nella quale mi dedicai, in frenetica passione, a demolire l'immagine del mio avversario utilizzando ogni mezzo possibile.
Non è questa, però, la sede adatta a narrare in dettaglio l'accozzaglia di fandonie che scaraventai addosso a Catilina per alimentare odio e discredito nei suoi confronti.
Basti rammentare, al riguardo, che nulla di quanto produssi agli atti poteva dirsi seriamente provato e che, se la fama perversa dell'uomo insorse allora, grazie alla mia eloquenza, penso di risultare credibile adesso, se riconosco la falsità di fondo negli argomenti utilizzati che poi si cristallizzarono in perpetuo nella Storia.
Tale mia condotta fu mera propaganda, d'ordinaria amministrazione, nè mi si accusi ora se mi servii allora di metodi infidi, comunemente diffusi nel contesto dell'accanita contesa politica, di cui nessuno che puntasse ad una carica di rilievo avrebbe potuto fare a meno.
Qualsivoglia sleale espediente, fosse pure a scopo di legittima difesa, andava bene in ogni caso alle necessità del momento.
Rimanga dunque assodato, su tale mia sommaria descrizione, che la fama costruita da me intorno a Catilina non contemplava scrupolo di verità alcuno, ma valeva a rafforzare la suggestione che, presumevo, l'uomo facilmente avrebbe destato.
Sgombrata quindi dalla calunnia l'immagine che, secondo Ortensio, attiene all'imputato, prima del passo in cui, per la prima volta, perse la contesa al consolato, veniamo all'argomento cruciale che riguarda i tentativi di ascesa al vertice e la successiva famigerata congiura.
Ebbene, Signori della Corte, è noto che nella corsa al consolato vinsi Catilina grazie al voto degli aristocratici e dei plebei più facoltosi.
La plebe "proletaria" invece, rappresentata da un patrizio convertito alla causa di popolo, a cui sinceramente si era dedicato per restituire la sacrosanta dignità, rimase delusa, seppur l'imputato

si fosse allora reso portatore di una piattaforma politica molto ardita.

Tale esito peraltro fu tutt'altro che straordinario, si trattò infatti di un risultato dovuto alla fisiologica alternanza al potere.

Né mi pare più che tanto disdicevole da parte di Catilina avere scelto di competere sul fronte opposto a quello in cui si era destreggiato per la carriera militare e politica.

Ortensio ha accennato con disprezzo al "salto della quaglia".

E perché mai? Non sarebbe stata per certo la prima volta nella storia ultra millenaria dell'umanità, e neppure l'ultima.

Catilina d'altronde fu coerente, da candidato sconfitto, nel contestare i miei primi atti decisamente antipopolari che intrapresi da console, come ad esempio la resistenza alla riforma agraria portata avanti dal tribuno Publio Servilio Rullo.

Comunque sia, tralasciamo l'esibizione di meriti e demeriti personali e diamo per acquisiti gli stadi della congiura nei termini ricostruiti in quest'aula da numerosi testimoni.

Per conoscenza diretta potrei contestarne alcuni, e confermarne altri.

Poco mi importa tuttavia.

Mi preme piuttosto ristabilire l'equilibrio storico e processuale sulla figura dell'imputato fondandomi sul vero atteggiamento da parte mia nei suoi confronti.

E dico "vero" perché, se per averlo umiliato alle elezioni, Catilina mi avrebbe certo volentieri strangolato con le sue mani, io, al contrario, non nutrivo affatto avversione contro di lui a titolo personale.

Anzi, ne avrei protetto l'incolumità, per quanto stesse in mio potere, giacchè, dal momento in cui percepii le prime avvisaglie del progetto eversivo che stava ordendo, capii che mi si presentava un'irripetibile occasione di contestarlo, in pubblico, e farlo fuori, lucrando in gloria la riconoscenza della Repubblica che in effetti mi gratificò del titolo di salvatore della Patria.

La strategia dunque si compì a pieno grazie a Catilina, il quale altresì dovrebbe, a sua volta, essere grato a me per la fama che gli procurai, mentre, di per sé, sarebbe rimasto un illustre sconosciuto, o degno al massimo di una misera nota nel gran libro della Storia.

La congiura infatti fu una burletta, diciamocelo senza infingimenti, e di siffatta affermazione ero convinto già da principio.

Se ingigantii il pericolo, perseguendo l'uomo, sinchè morì sul campo di battaglia, lo feci nel dissimulato proposito di esaltare me stesso, e agii per conseguire notorietà pubblica perpetuabile nella Storia.

Io ero, infatti, avidissimo di elogi e, dicevo, ambivo alla gratitudine della Repubblica, ma essa si rivelò effimera poiché, solo quattro anni dopo la morte dell'imputato, fui condannato all'esilio per l'aver fatto eseguire con la massima celerità la condanna a morte degli accoliti catilinari senza concedere la *provocatio ad populum*: cioè l'appello spettante ai cittadini giudicati rei di pena capitale.

Quell'esilio, ancorchè protrattosi soltanto per un anno, fu sufficiente a farmi rivedere gli eventi che l'avevano causato in luce più serena e ne maturai il movente che ora mi induce a difendere l'imputato.

Dell'illuminante pensiero, esposi l'essenza quando, tornato a Roma, ricevetti il mandato di rappresentare il giovane Celio, mio ex allievo, accusato d'aver perpetrato azioni di violenza contro gli ambasciatori egiziani inviati dal re Tolomeo XII.

Tra l'altro, nel giudizio si contestava a Celio d'essere stato un intimo amico di Catilina e io, per il peculiare addebito, diedi libero sfogo in arringa al mio reale pensiero sull'imputato, la cui presenza era ormai sepolta e dimenticata:

Chi più di lui gradito in un certo periodo agli uomini più eminenti? e chi più legato ai peggiori? Quale miglior cittadino in certi momenti, e quale più orribile nemico della città? Chi più propenso ai piaceri e pronto alle fatiche? Più avido nel carpire e prodigo nel donare?

Meraviglioso in lui il conquistare molti all'amicizia e mantenerli nel rispetto, mettere i propri beni in comune, per aiutare gli amici con il denaro, credito, sacrificio, ed anche col delitto ove necessario, o con l'audacia, il cambiare l'indole propria, e torcerla or di qua or di là, vivere in modo austero con le persone serie e lieto cogli spensierati, austero coi vecchi, cameratesco coi giovani, sfrontato coi facinorosi, lussurioso coi corrotti. Di siffatta multiforme natura, come aveva potuto raccogliere intorno a sé da ogni parte la disperata canaglia? Infatti manteneva nelle sue schiere tante persone probe grazie alla presenza della virtù, e mai si sarebbe prodotta da lui la criminale furia devastante contro lo stato, se un tale cumulo di vizi non avesse trovato fondamento di duttilità e di perseveranza.

Comprendete bene dalla lettura testuale, Signori della Corte, che tale esposizione non costituì per certo un'apologia dell'imputato, peraltro incompatibile, come tale, con il trascorso contrasto sul piano politico e personale intercorso tra noi.
Alternando infatti la lode alla critica, scrissi sentendomi in dovere di tributare omaggio al valore di un uomo straordinario per coraggio ed audacia profusi nella tenzone contro un monolitico avversario.
Mi riferisco al Senato romano, naturalmente, ma non all'istituto nel complesso, bensì alla maggioritaria e deviante espressione di becero egoismo aristocratico, che ai nostri tempi aveva annullato le più pure e nobili arcaiche origini.
Tale era l'obbrobrio che Catilina intendeva combattere.
Orbene, Signori della Corte, mi si dia credito: sulla metamorfosi del Senato, accennata in pochi tratti, potrei parlare molto più a lungo in sperimentata cognizione di causa, poichè per anni dovetti accettare il sussiego e la superbia di classe quando, da avvocato provinciale alle prime armi, tentavo di farmi valere.
Ecco quindi la fonte dell'illuminante pensiero che ho citato poc'anzi ed in cui ritrovo ora la guida: nello scrivere la postuma riabilitazione dell'acerrimo nemico, riflettei su quanto invero noi

fossimo affini in ideologica sintonia, eppure diversi in modo radicale nella prassi.

Catilina infatti, d'indole ribelle e battagliera, a un certo punto si vide battuto sul piano istituzionale ma, determinato com'era, non si arrese e abbracciò la lotta armata contro la corruzione e l'iniquo privilegio.

Io invece, incline alle sottili strategie, scelsi di integrarmi nel sistema per oppormi piuttosto dall'interno, poiché, se caldeggiavo il governo dei migliori, non pensavo che tali fossero i colleghi allora attuali.

La concordia degli ordini, ovvero il mio prediletto sistema di gestire la cosa pubblica, non esigeva affatto l'immutabile conservazione, ma il ricambio legale, non eversivo, della classe politica.

Altra questione costituisce il fatto per cui mi sarei infine arroccato su un atteggiamento immobilista, poiché ritenevo che il cambiare tanto per cambiare, fine a se stesso, avrebbe condotto al peggio.

In ogni caso Catilina ed io perseguimmo in simultanea lo stesso fine, per opposte modalità dovute pure alle circostanze contingenti, e mai lo perdemmo di vista in categorica fermezza.

Questo è quanto, Signori della Corte e insigne pubblico.

Vado quindi a concludere rivendicando per l'imputato la prerogativa di uomo generoso ed idealista, votato a levare il marcio in un sistema abietto per egoismo ed avidità.

L'abominevole nomea che gli venne cucita addosso dagli avversari, me compreso, si ispirò alla più spregevole menzogna architettata per paura di un personaggio che davvero, con il suo carisma, avrebbe da solo potuto guidare la rivoluzione una volta raggiunto il potere.

Ma non ebbe successo in tale proposito e la congiura fu una burletta, come ho già affermato, senza spargimento di sangue, se non il suo.

Sia così riconosciuto a Catilina l'onore dovuto alla burrascosa vita.

Siano ridimensionate le artificiose imputazioni scaraventate sempre in mala fede contro di lui per la presunta dissoluta vita privata.

Siano inoltre giustamente apprezzati i piani di ridistribuzione sociale della ricchezza da lui concepiti e valutati i piani eversivi per quel che realmente furono, tentativi mai condotti a buon fine.

Sia assolto in formula piena l'imputato Catilina, e sia riconsegnato alla reale dimensione storica che gli spetta.

Scena 9: sentenza

Plutarco – È fuori da ogni equilibrato dibattito la ragione per cui al nostro imputato non si debbano accordare le garanzie connaturate al processo in generale, e in particolare per questo processo che stiamo celebrando, condotto da soggetti protagonisti all'epoca degli eventi.
Né d'altronde io stesso, vissuto duecento anni dopo tali eventi, potrei dirmi non coinvolto, considerato che nella speculazione storica presi posizione in maniera tutt'altro che imparziale contro Catilina.
Ma questo l'ha già detto Cicerone, poc'anzi, quindi ritengo che se ne sia parlato abbastanza.
Rimane stabilito comunque che il giudizio sarà equo, come Catilina ha auspicato dichiarandosi disposto ad accogliere l'esito senza alcun timore di me, che pure accettai come veritiere le più orride cronache di misfatti da lui compiuti per suggellare nel sangue la congiura.
Orbene, insigne pubblico, se le fonti storiche pressochè uniche della celeberrima congiura devono essere attribuite a Sallustio e Cicerone, desidero altresì ripercorrere quanto io scrissi su Catilina.
È dovuta infatti una sorta di autocritica anche da parte mia, oltre che dal difensore, ex accusatore, al fine di distinguere il vero dal falso.
Menzionai Catilina, per la prima volta, in immediato riferimento alla assunzione della carica consolare da parte di Cicerone, evidenziando il grande consenso da lui ricevuto, ed aggiunsi che "vi erano tuttavia quelli che tentavano di sconvolgere gli assetti politici per l'interesse personale e non per il bene comune".
Definii costoro *rivoluzionari*, in quanto determinati a cogliere tutte le opportunità di debolezza governativa dovuta all'assenza da

Roma dell'esercito, che allora era impegnato in Oriente con Pompeo.

Ma questa invero fu un'affermazione a dire poco tendenziosa, vale a dire il frutto di un pregiudizio, poichè quei *rivoluzionari* non erano i *cattivi* per antonomasia, opposti ai *buoni* rappresentati da Cicerone.

Si trattava infatti della naturale controparte a carattere progressista in competizione elettorale rispetto ai conservatori. Questi ultimi però non erano i migliori solo perché detti *optimates*. Ogni giudizio di merito sarebbe stato in realtà fuori luogo.

Io invece rincarai la dose citando Catilina come il capo indiscusso di "quella gente" a cui appiccicai l'etichetta di malvagi senza se e senza ma, e lo qualificai come "un uomo audace, con mire di grandezza, di carattere mutevole e autore di tanti crimini" delineandone un ritratto assai poco lusinghiero nel complesso.

Rafforzai quindi le fosche tinte pescando a piene mani tra le chicche della sua depravazione nel florilegio degli autori contemporanei e tra i più agguerriti contro di lui.

Ne feci un utilizzo enorme, e totalmente acritico, giungendo persino a suffragare esplicitamente il peculiare evento che neppure Sallustio e Cicerone osarono mai narrare in aperte parole.

Alludo al simposio con carne umana di cui sproloquia Dione Cassio, che Catilina avrebbe imposto ai suoi adepti per consolidare in empia azione il patto di complicità cospiratoria.

Ma ora basta! Smettiamo una volta per tutte di rimestare il calderone diffamatorio che Cicerone ex detrattore ha ridimensionato e Sallustio ha riconosciuto essere la caratteristica pregnante della sua gran opera storica, sì, ma dall'impianto teatrale finalizzato alla tragedia.

L'accusa stessa, sia pure dando per scontata la malevola propensione alla scellerata condotta privata dell'imputato, e tuttavia senza alcuna prova consolidata, ne ammette la scarsa rilevanza.

Risolviamoci dunque a pensare che il vizio, il tenore di vita smodato, la corruzione, la perfidia, tutti i crimini più o meno reali di Catilina, non sono fondati su prove inconfutabili.
Non sussiste possibilità di discernere il vero dalla demonizzazione.
Concludiamo perciò sull'imputato come privato cittadino e sulla sua condotta morale civile, più o meno censurabile, poichè non è questo il nucleo pulsante del processo.
Rivolgiamo invece la nostra attenzione, nella prospettiva politica, sul personaggio pubblico, e valutiamo se spetti a lui la lode di romantico idealista oppure il biasimo di apprendista tiranno.
Tale alternativa costituisce il fulcro del dilemma che poi ci condurrà alle considerazioni finali.
Catilina stesso d'altronde ne ha delineato l'essenza con parole simili: paladino del popolo, contro la prepotenza oligarchica?
O aspirante al potere assoluto, in via rivoluzionaria puramente egoistica con metodi violenti e prevaricatori?
Orbene, tra dette istanze, io accreditai, ai miei tempi, quella per cui il nostro imputato avrebbe intrapreso la carriera politica solo come uno strumento per acquisire il potere assoluto a titolo personale.
Assunsi cioè l'esegesi deteriore dell'aspirante al potere assoluto.
Ora, invece, mi domando quanto un tale assunto corrisponda al vero, e intendo valutarlo alla luce di un riesame ideologico-sociale entro le istituzioni della Repubblica, ormai da tempo avviluppata in profonda crisi economica-politica.
Ascolti, pertanto, l'insigne pubblico la ricostruzione dei fatti come io la propongo e sulla quale fonderò il mio giudizio.
Innanzitutto non vedo proprio come si possa muovere un rimprovero a Catilina per quello che Ortensio ha definito "salto della quaglia".
È noto, infatti, che l'edificio costituzionale voluto da Cornelio Silla si sfaldò subito dopo la sua morte e che i più fedeli seguaci, Crasso e Pompeo, ne decretarono da consoli la fine.

Perché mai attendersi alcunchè di diverso da Catilina, adepto di peso assai inferiore rispetto ai due, e comunque non propenso alla carriera militare con Pompeo ma piuttosto al *cursus honorum* cittadino, e con l'aiuto di Crasso, novello esponente di rilievo dei *populares*?

Eccolo, infatti, candidato console di parte popolare per l'anno 63 in veste fautrice di un programma riformista talmente ardito da indurre i conservatori a sostenere Cicerone, non romano e non nobile.

Catilina fu sconfitto, ma non rinunciò affatto a quel programma, vi si dedicò invece imperterrito operando dietro le quinte.

Mi riferisco a un disegno di legge del tribuno della plebe, tale Publio Sestilio Rullo che, in breve cenno, Cicerone ha citato come fosse un provvedimento di scarsa rilevanza.

Non resti gabbato il pubblico dalla *nonchalance* del console in carica poiché invero il progetto di Rullo, se realizzato, avrebbe determinato una vera e propria rivoluzione, molto più radicale di quanto avessero mai immaginato di fare i fratelli Gracchi, o chi altro per loro.

Tutto l'*ager pubblicus* della Repubblica, sia italico sia oltremare, che fosse stato acquisito per guerra, o appartenente a latifondisti di antica data, sarebbe stato espropriato e distribuito in singoli appezzamenti di dieci iugeri alla plebe minuta oppure in erigende colonie.

Ciò sarebbe avvenuto secondo istruzioni stabilite da un comitato di dieci membri da eleggersi entro l'assemblea della plebe e tra uomini allora presenti in città (*decemviri*).

Tale requisito rappresentava evidentemente una norma *ad personam* contro Pompeo, impegnato in Oriente.

Due eccezioni però erano previste come oggetto di esproprio, ovvero le terre d'Etruria e Numidia: guarda caso regioni ove Catilina nutriva particolare motivo di interesse: nell'una infatti erano stanziati quei veterani di Silla che costituivano la sua ferma base elettorale, mentre nell'altra esercitava diritto di usufrutto il re Iempsale, complice di lui nelle ruberìe in Africa.

Da siffatta considerazione deriva il vero, eminente pubblico: Catilina era l'anima pensante dell'iniziativa mentre il tribuno Rullo, figura di umile rilievo, agiva da prestanome di un uomo non neutralizzato da una battuta d'arresto elettorale.

Con geniale scelta di tempo infatti, essendo privo d'autorità, Catilina si servì del tribuno affinchè rendesse pubblico il disegno di legge nel mese di dicembre, cioè nell'interregno in cui i consoli uscenti (Lucio Giulio Cesare e Gaio Marco Figulo) cedevano le insegne del potere ai subentranti non ancora insediati (Cicerone e Ibrida).

Probabilmente Catilina non s'aspettava che la proposta fosse accolta, anzi, immagino che non lo desiderasse affatto.

Egli piuttosto avrebbe inteso predisporre un clima di sedizione atto a favorire il rinnovo della proposta da parte sua non appena eletto per l'anno successivo, conseguendone da console tutto il merito.

Cicerone a sua volta dovette aver compreso siffatta occulta manovra, e, già dall'inizio del suo mandato consolare, si battè feroce in Senato per spuntare le armi a Catilina, ma in pratica, con le orazioni *de lege agraria*, mise sin troppo in auge il piano e quindi lo agevolò, quando ancora la congiura era solo un vago pensiero.

Avvenne così che Catilina, a metà mandato, ripropose la candidatura al consolato e nel programma, oltre a rinnovare la proposta di legge agraria, lanciò la bomba della cancellazione totale dei debiti.

Tali provvedimenti uniti in rapida successione avrebbero comportato un mix devastante contro gli aristocratici latifondisti e i ricchi plebei, banchieri e usurai, che gli avrebbe dato per contro il sostegno corale del popolo verso altre avventure di carattere monarchico dittatoriale.

Purtroppo per lui, tutt'altra piega presero gli eventi.

Catilina fu di nuovo trombato e dovette accantonare le sue ambizioni istituzionali per buttarsi a capofitto nel gorgo della sovversione.
Un percorso già architettato, invero, ma assai pericoloso.
Orbene, eminente pubblico: a quali obiettivi sarebbe stata improntata questa nuova fase? Il trionfo del popolo o la dittatura personale?
Comunque sia, Cicerone, non posso condividere la tua affermazione tale per cui la congiura sarebbe stata una burletta.
Fosti abile nel demolire Catilina in Senato, come accusatore, ma ora, da difensore, gli rendi un pessimo servizio tacciandolo da mediocre.
Tu persuadesti sì un Catilina smarrito alla fuga precipitosa da Roma, e tale decisione parve a tutti il preludio della sua catastrofe.
Invece quella partenza squinternata si trasformò in marcia trionfale al nord che gli procurò il marchio di nemico pubblico.
A Roma tuttavia i suoi adepti delegati, Lentulo e Cetego, non furono affatto all'altezza della situazione poichè nessuno tra loro possedeva la visione lungimirante del *leader*.
Essi agirono con un'asfittica tattica eversiva, non secondo l'organico disegno che Catilina aveva in mente, vale a dire il ricompattamento della plebe minuta verso la democrazia, che Roma non conobbe mai nella Storia.
Siffatto idealistico programma non ebbe modo di concretizzarsi nella completa manifestazione, e Catilina cadde eroicamente sul campo di battaglia, ma io voglio rivalutare con il mio giudizio la figura poiché dopo lui la voce del popolo di Roma tacque definitivamente.
Giulio Cesare raccolse il legato e ne riutilizzò la potenzialità ma non per istituire la democrazia, bensì un primato tirannico, pure in forma imperiale: l'esatto contrario di ciò che avrebbe voluto l'imputato.

P.Q.M.

Sia assolto Lucio Sergio Catilina con formula piena da ogni addebito al cospetto della Storia.

Depurato dagli insulti, dalla maldicenza e dalla diffamazione, egli fu davvero il romantico idealista paladino del popolo, votato alla causa della democrazia in ossequio ai principi dell'antica Repubblica in cui la generosità verso il più debole risplendeva come patrimonio morale adamantino dell'elevata arcaica aristocrazia.

L'avidità sfrenata della nuova nobiltà, imbastardita con le ambizioni della nascente borghesia, vide solo violenza nell'azione di Catilina, e punì il suo coraggio prima con la calunnia, poi con la condanna.

Epilogo

Plutarco – Due ingredienti comuni nella complessa personalità degli imputati m'hanno indotto all'assoluzione finale nonostante la sinistra reputazione da loro accumulata nella Storia: coraggio e fascino.
Del primo non è ammissibile disconoscere la presenza, sia sul campo di battaglia, sia nella schermaglia politica diplomatica. Le rocambolesche traversie di ognuno infatti non manifestano alcuna condotta dettata da codardia.
Del secondo invece l'analisi è più articolata ed io intendo seguirne il filone soffermandomi in maggiore approfondimento giacchè ravvedo in esso l'elemento più rappresentativo dei tre filibustieri.
Bellezza, eleganza, stile, carisma, intelligenza, magnetismo, astuzia, intelligenza, ambiguità, perversione, crudeltà, mistero tenebroso.
Siffatte componenti, seppure in mutevoli proporzioni, caratterizzano i nostri personaggi e creano un ascendente accattivante e lusinghiero, sì, ma al contempo bieco e scellerato.
Consideriamo ad esempio il requisito dell'avvenenza esteriore.
Una nota positiva condivisa emersa durante il processo.
Orbene, se la bellezza fisica non immancabilmente implica presenza di *quel che*, suadente e indefinito, che potrebbe appartenere anche ad un soggetto brutto a vedersi, essa stessa, riunita in simbiosi alle altre attrattive di cui ho stilato l'elenco, peraltro non esaustivo, moltiplica all'infinito la potenzialità di seduzione.
Questo è proprio quanto ebbero in dono dalla natura le tre canaglie: bellezza innanzitutto, e intelligenza per sapersene servire.
Ma non solo: trascurando l'aspetto erotico, del quale traspare appena qualche accenno nella narrazione dei vari testimoni intervenuti, non deve omettersi il carisma innato con cui i nostri tre briganti seppero conquistare l'entusiasmo delle folle, grazie alla

magnifica eloquenza, e dei *leaders* al loro servizio, per la coinvolgente autorevolezza.

Sin qui, dunque, le qualità positive designano i personaggi ma non è dato tuttavia prescindere da altre accezioni meno nobili delle quali la leggenda nera si nutre: inganno, menzogna, crudeltà, violenza.

Comunque sia il fascino rimane intatto, solo assume tinte fosche che non alterano la suggestione che si genera al cospetto dei tre.

D'altronde è doveroso ricordare che essi vissero in tempi calamitosi e dovettero affrontare tante insidie, di cui l'ultima fu letale.

Appare tragico doverlo appurare ma è terribilmente vero che, in ogni tempo e luogo, la caduta fragorosa, la morte epica, l'epilogo cruento, meglio ancora se vile e proditorio, conferiscono alla vittima garanzia assoluta di immortalità e di inossidabile memoria.

© Francesco Di Pietro - Settembre 2019
© Mnamon - Settembre 2019
ISBN 9788869490620

www.ingramcontent.com/pod-product-compliance
Lightning Source LLC
Chambersburg PA
CBHW032146080426
42735CB00008B/601